AF384068

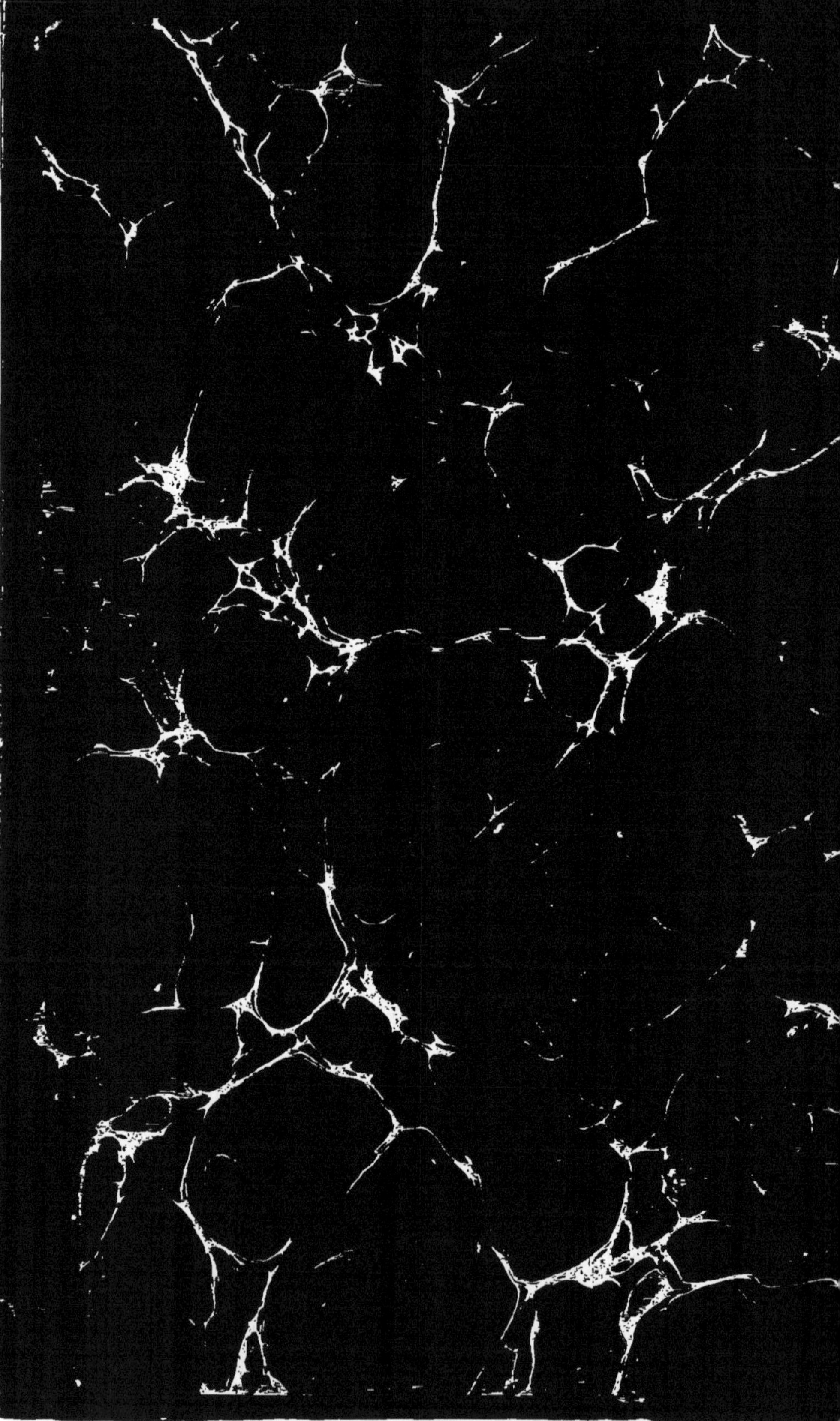

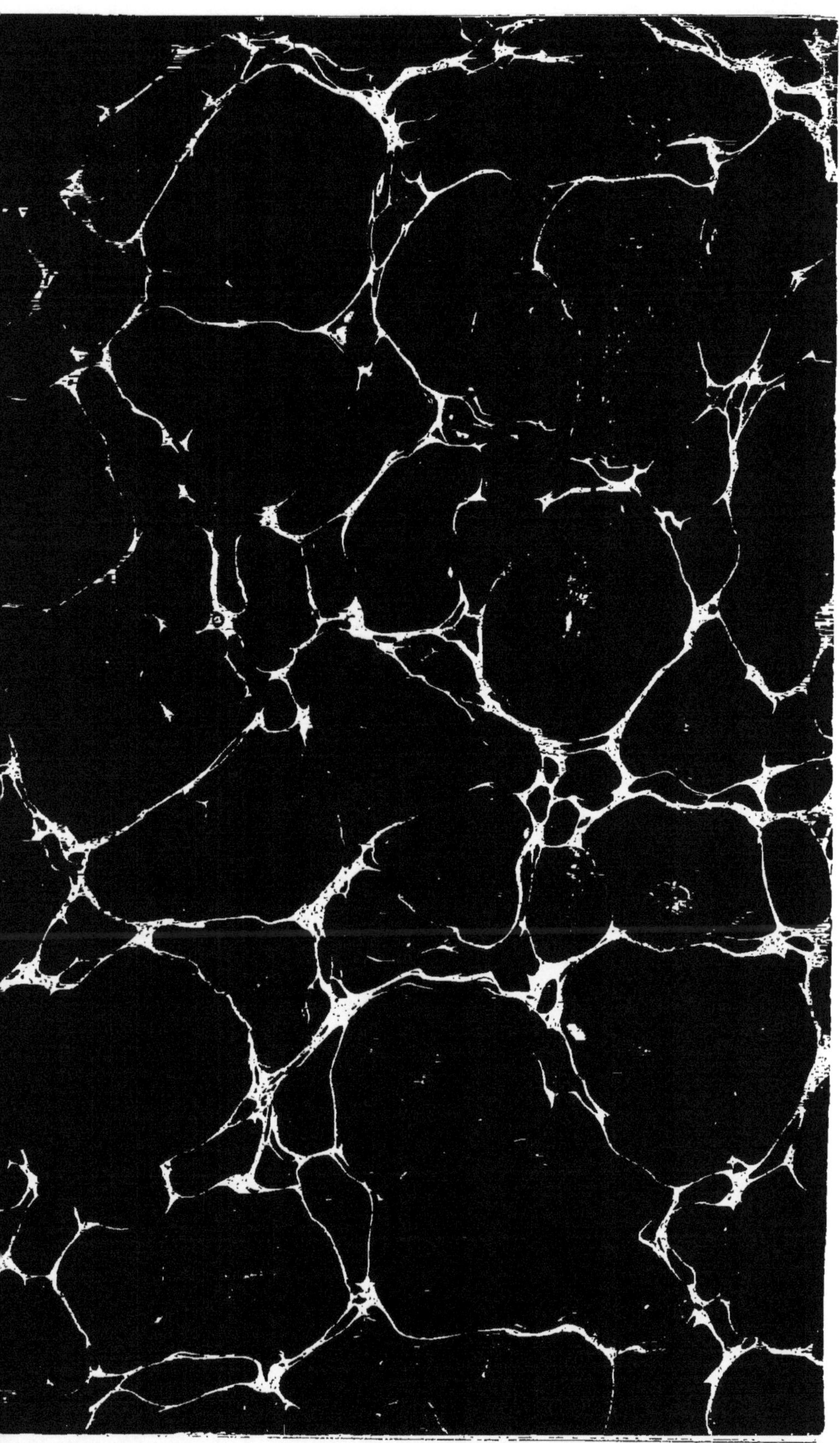

THÉORIE

DE LA

PROPRIÉTÉ

OUVRAGES DE P.-J. PROUDHON

OEuvres anciennes. 16 volumes gr. in-18 jésus, le volume....   3 50

Tomes 17 à 19. *Mélanges divers et inédits, articles,* etc. 3 vol.
   gr. in-18 ....   10 50

Tome 20. *La Philosophie du Progrès. — La Justice poursuivie*
   par l'Église. 1 vol. gr. in-18.....................   3 50

Tomes 21 à 24. *La Justice dans l'Église et dans la Révolution.*
   4 vol. gr. in-18 jésus.............................   14 »

Tomes 25 et 26. *Les Nouvelles de la Révolution* (suite inédite
   de la *Justice*). 2 vol. gr. in-18..................   7 »

OEuvres posthumes. *France et Rhin.* 1 vol. gr. in-18......   2 50

   — *De la Capacité politique des Classes ouvrières.* 1 vol.
      gr. in-18.........................   3 50

   — *Théorie du Mouvement Constitutionnel.* 1 vol. gr.
      in-18...............................   3 50

   — *Théorie de la Propriété,* suivie d'un Nouveau Plan
      d'Exposition perpétuelle. 1 vol. gr. in-18......   3 50

   — *La Bible annotée. — Les Évangiles.* 1 vol. gr. in-18.   4 »

   — *Les Actes des Apôtres; les Épitres; l'Apocalypse.*
      1 vol. gr. in-18.....................   5 »

Imprimerie L. Toinòn et Cᵉ, à Saint-Germain.

THÉORIE

DE

LA PROPRIÉTÉ

SUIVIE D'UN

NOUVEAU PLAN D'EXPOSITION PERPÉTUELLE

PAR P.-J. PROUDHON

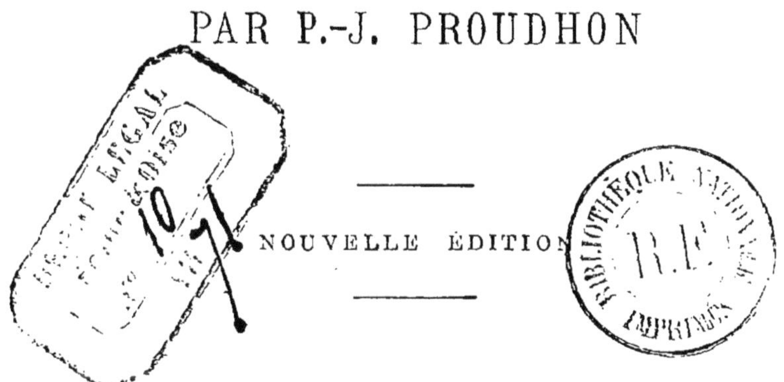

NOUVELLE ÉDITION

PARIS

LIBRAIRIE INTERNATIONALE

15, BOULEVARD MONTMARTRE ET 13, FAUBOURG MONTMARTRE

A LACROIX, VERBOECKHOVEN ET Cᵉ, ÉDITEURS

A Bruxelles, à Leipzig et à Livourne

—

1871

Tous droits de traduction et de reproduction réservés.

AVERTISSEMENT AU LECTEUR

Dans la préface placée en tête du livre de l'*Art*, nous avons pris l'engagement de dire au public en quel état se trouve le manuscrit de chacune des œuvres posthumes de Proudhon.

Celui que nous publions aujourd'hui contenait deux notes ainsi conçues :

I. « Avertir le lecteur de bien distinguer cette
« forme de posséder (la *possession*), que tout le
« monde, savants et ignorants, même des légistes,
« confond avec la PROPRIÉTÉ, donnant le nom de
« celle-ci à l'autre. »

II. « PROPRIÉTÉ. Donner une analyse exacte et
« ferme de toutes mes critiques :

« 1ᵉʳ *Mémoire* (1840) ;
« 2ᵉ *Mémoire* (1841) ;
« 3ᵉ *Mémoire* (1842) ;

« *Création de l'ordre* (1843);

« *Contradictions économiques* (1846);

« *Le Peuple*, etc. (1848-1852);

« *De la Justice* (1858);

« *De l'Impôt* (1860);

« *De la Propriété littéraire* (1862). »

Proudhon ne voulait pas faire paraître sa *Théorie de la Propriété*, bien qu'elle fût prête dès 1862, ainsi qu'il l'annonçait dans ses *Majorats littéraires*, avant que le programme tracé dans les deux notes précédentes, et surtout dans la seconde, fût rempli. L'auteur n'ayant pas eu le temps de faire lui-même ce travail, nous avons cru, dans l'intérêt de sa mémoire, qu'il nous incombait de le suppléer. Il s'agissait principalement pour lui de montrer que ses idées sur la propriété s'étaient développées suivant une série rationnelle dont le dernier terme avait toujours son point de départ dans le terme précédent, et que sa conclusion actuelle n'a rien de contradictoire avec ses prémisses.

Ce résumé forme les soixante-deux premières pages de l'Introduction. Nous y avons pris la forme *Je*, comme si Proudhon parlait lui-même : 1° parce que l'idée de cette analyse lui appartient; 2° parce que ce travail tracé d'avance ne constitue pas de notre part une production personnelle, originale; 3° parce qu'il se compose en grande partie de citations textuelles de l'auteur; 4° parce que nous y avons intercalé quelques-unes de ses notes inédites; 5° enfin parce que, dans les dernières pages du chapitre, Proudhon prend la parole comme s'il avait fait lui-même ce résumé.

Le lecteur ainsi averti, nous n'avons pas hésité à citer, à l'appui des idées de l'auteur, un fait judiciaire qui s'est passé depuis sa mort, et qui a inspiré à M. Eugène Paignon un de ses meilleurs articles (voir Introduction, page 10).

Dans le reste de l'ouvrage nous n'avons fait, comme dans le livre de l'*Art,* que de l'agencement, de la mise en ordre ; choisissant, entre plusieurs expressions d'une même idée, la plus lucide, la plus complète ; reportant aux chapitres qu'elles concernent les notes éparses, complémentaires, explicatives, dont la place était naturellement indiquée par leur contenu.

Ajoutons enfin que les divisions par chapitres n'étaient pas faites, mais que les titres se trouvent tout entiers en forme de sommaire à la première page du manuscrit.

J. A. LANGLOIS.   F. G BERGMANN.
G. DUCHÊNE.   F. DELHASSE.

THÉORIE

DE LA

PROPRIÉTÉ

CHAPITRE PREMIER

INTRODUCTION

§ Ier. — Des diverses acceptions du mot *propriété*.

J'ai promis en 1840, j'ai renouvelé ma promesse en 1846, de donner une solution du problème de propriété; je tiens parole aujourd'hui. A mon tour de la défendre, cette propriété, non contre les phalanstériens, les communistes et les partageux, qui ne sont plus, mais contre ceux qui l'ont *sauvée* en juin 1848, en juin 1849, en mai 1850, en décembre 1851, et qui la perdent depuis.

1

La propriété, question formidable par les intérêts qu'elle met en jeu, les convoitises qu'elle éveille, les terreurs qu'elle fait naître. La propriété, mot terrible par les nombreuses acceptions que notre langue lui attribue, les équivoques qu'il permet, les amphigouris qu'il tolère. Quel homme, soit ignorance, soit mauvaise foi, m'a jamais suivi sur le terrain même où je l'appelais? Que faire, qu'espérer, lorsque je vois des juristes, des professeurs de droit, des lauréats de l'Institut, confondre la PROPRIÉTÉ avec toutes les formes de la *possession*, loyer, fermage, emphytéose, usufruit, jouissance des choses qui se consomment par l'usage? — Quoi, dit l'un, je ne serais pas propriétaire de mon mobilier, de mon paletot, de mon chapeau, que j'ai bien et dûment payés! — On me contesterait, dit l'autre, la propriété de mon salaire, que j'ai gagné à la sueur de mon front! — J'invente une machine, crie celui-ci; j'y ai ai mis vingt ans d'études, de recherches et d'essais, et l'on me prendrait, on me volerait ma découverte! — J'ai, reprend celui-là, produit un livre, fruit de longues et patientes méditations; j'y ai mis mon style, mes idées, mon âme, ce qu'il y a de plus personnel dans l'homme, et je n'aurais pas droit à une rémunération!

C'est aux logiciens de cette force que, poussant jusqu'à l'absurde la confusion des divers sens du mot *propriété*, je répondais, en 1863, dans mes *Majorats littéraires* : « Ce mot est sujet à des acceptions fort différentes, et ce serait raisonner d'une manière bouffonne que de passer, sans autre transition, d'une acception à l'autre, comme s'il s'agissait toujours de la même chose. Que diriez-vous d'un physicien qui, ayant écrit un traité sur la lumière, étant propriétaire par conséquent de ce traité, prétendrait avoir acquis toutes les *propriétés* de la lumière, soutiendrait que son corps d'opaque est devenu lumineux, rayonnant, transparent; qu'il parcourt soixante-dix mille lieues par seconde et jouit ainsi d'une sorte d'ubiquité?... Au printemps, les pauvres paysannes vont au bois cueillir des fraises, qu'elles portent ensuite à la ville. Ces fraises sont leur produit, par conséquent, pour parler comme l'abbé Pluquet, leur *propriété*. Cela prouve-t-il que ces femmes soient propriétaires? Si on le disait, tout le monde croirait qu'elles sont propriétaires du bois d'où viennent les fraises. Hélas! c'est juste le contraire qui est la vérité. Si ces marchandes de fraises étaient propriétaires, elles n'iraient pas au bois chercher le dessert des propriétaires : elles le mangeraient elles-mêmes. »

Cherchons encore, pour bien faire comprendre ma pensée et bannir toute équivoque, d'autres acceptions du mot *propriété*.

L'article 554 du Code civil dit : « Le PROPRIÉTAIRE DU SOL qui a fait des constructions, plantations et ouvrages avec des matériaux qui ne lui appartenaient pas doit en payer la valeur; il peut aussi être condamné à des dommages-intérêts, s'il y a lieu. Mais le *propriétaire des matériaux* n'a pas le droit de les enlever. »

Inversement l'article 555 dispose : « Lorsque les

plantations, constructions et ouvrages ont été faits par un tiers et avec ses matériaux, le propriétaire du fonds a droit ou de les retenir ou d'obliger ce tiers à les enlever. — Si le propriétaire du fonds demande la suppression des plantations et constructions, elle est aux frais de celui qui les a faites, sans aucune indemnité pour lui ; il peut même être condamné à des dommages-intérêts, s'il y a lieu, pour le préjudice que peut avoir éprouvé le propriétaire du fonds. — Si le propriétaire préfère conserver ces constructions et plantations, il doit le remboursement des matériaux et du prix de la main-d'œuvre, *sans égard à la plus ou moins grande augmentation de valeur que le fonds a pu recevoir.* »

Bien que le législateur emploie le mot de *propriétaire*, qu'il s'agisse du fonds ou des matériaux, on voit que cependant les deux personnes ne sont pas sur le pied d'égalité. Le possesseur, simple usager, locataire, fermier, qui a planté, reboisé, drainé, irrigué, peut être condamné à détruire de ses mains ses travaux d'aménagement, d'amendement, d'amélioration du sol, si mieux n'aime le propriétaire du fonds lui rembourser ses matériaux et sa main-d'œuvre, s'attribuant gratuitement et intégralement la plus-value donnée à sa terre par le travail du colon. Ainsi réglé par les chapitres 1 et 2 du titre II, livre II, du Code civil sur le *droit d'accession :* « Tout ce qui s'unit et s'incorpore à la chose appartient au propriétaire. »

Les choses ne se passent pas autrement dans la pratique.

De temps immémorial, la Sologne, par exemple, était citée comme une contrée maudite, aride, sablonneuse, marécageuse, insalubre autant qu'infertile; des garennes, quelques étangs poissonneux, des landes, des ajoncs, de maigres pâtis pour les moutons, dont la dent ronge l'herbe jusqu'à la racine, de rares champs de sarrasin et autres cultures inférieures, quinze ou vingt hectares de superficie pour faire vivre une famille : telle était la condition de ce triste pays. Depuis une vingtaine d'années, l'attention de cultivateurs capitalistes a été attirée de ce côté; ils se sont dit qu'avec les chemins de fer, il serait possible d'une part d'amener sur les terres solognotes les éléments qui leur manquent : plâtre, chaux, engrais, immondices fécondantes des grandes villes, fumiers des casernes, etc.; d'autre part, que les produits agricoles qu'ils obtiendraient auraient leur placement tout trouvé par les mêmes moyens de circulation. Que faire? Acheter des terres et constituer d'immenses domaines? Mauvaise spéculation au point de vue du but qu'il s'agissait d'atteindre. Celui qui, ayant 100,000 francs, en immobilise 50,000 dans l'acquisition du fonds, n'a plus que 50,000 francs à consacrer à l'amendement et à la main-d'œuvre; il diminue de moitié ses moyens d'action. Aussi, au lieu d'acheter le fonds, les nouveaux colons contractèrent des baux de trente, quarante et cinquante ans. L'exemple fut suivi, et la Sologne est aujourd'hui en voie de transformation, disons mieux, de création : desséchements, assainissement, plâtrage, chaulage, marnage, fumure, plantations de pins et autres essences propres aux terrains pauvres, établissement de prairies artificielles, élève en grand du bétail, en vue des engrais autant qu'en vue des produits, substitution des céréales et des plantes industrielles au blé noir, défrichement des landes, remplacement des ajoncs par les trèfles, sainfoins, luzernes : telles sont les merveilles enfantées par l'intelligence, la science et le travail sur les domaines incultes du propriétaire oisif et contemplatif, dont tout le mérite est de *vouloir bien laisser faire,* MOYENNANT RENTE ET TRIBUT.

Il est aisé de comprendre qu'à l'expiration des baux de trente et quarante ans, la valeur originaire du fonds pèsera d'un faible poids dans l'inventaire de l'exploitation, et que si la propriété était vraiment le fruit du travail, la part du locateur ne serait pas lourde à rembourser. Mais le droit d'accession a arrangé les choses d'une autre manière : le propriétaire garde tout *de plein droit*, sans égard à la plus-value que son fonds a pu recevoir. En sorte que le fermier, s'il renouvelle bail, doit payer au propriétaire l'intérêt des sommes qu'il a dépensées, lui colon, pour l'amélioration du fonds ; en un mot, qu'il reste ou qu'il se retire, son avoir est perdu pour lui.

Nous voilà loin des églogues de MM. Troplong, Thiers, Cousin, Sudre, Laboulaye sur la propriété et sa légitimation par le travail, la prime-occupation, l'affirmation du moi et autres considérations transcendantales ou sentimentales. Le public comprend-il déjà que d'un chapeau, d'un manteau à une terre, une maison, il y a un abîme quant à la manière de *posséder*, et que si la grammaire permet de dire, par figure, « la propriété d'un lit, d'une table, » comme on dit « la propriété d'un champ, » la jurisprudence ne souffre pas cette confusion ?

Prenons un autre exemple : « La propriété du sol, dit l'article 552, emporte la propriété du dessus et du dessous. » Grand fut l'étonnement et grosse la clameur des compagnies d'éclairage au gaz, lorsque la ville de Paris leur signifia qu'en vertu de l'article précité, la propriété des tuyaux de conduite établis sous les rues lui appartenait. La loi ici est formelle et ne comporte pas l'ombre d'une équivoque; en vain les compagnies objectaient : Nous avons acheté notre tubulure, nous l'avons fait poser à nos frais; nous avons encore payé à la ville tous les droits de voirie exigés en pareille circonstance; vous nous dépouillez de notre propriété : c'est de la confiscation. La ville répondait, le Code à la main : Il y a propriété et propriété; la mienne est domaniale et la vôtre serve, voilà tout. Si vous ne voulez entrer en composition avec moi pour l'usage de votre matériel, devenu mien, je le vendrai ou l'affermerai à d'autres.

Remarquons ici que la ville ne se réclame pas, comme représentant une collectivité, d'un droit supérieur au droit des individus. Ce qu'elle fait, le premier propriétaire de terrain venu peut le faire, et ne s'en prive pas à l'occasion. Il s'est établi aux alentours de Paris une vaste spéculation sur cette disposition de la loi, ignorée de la masse. Vous voyez force écriteaux :

terrains à vendre, avec facilités de payement. Nombre de bourgeoisillons, d'ouvriers aisés, piqués de la tarentule propriétaire, se sont lotis ainsi de terrains à 6 francs, 10 francs et jusqu'à 20 francs le mètre, sans songer d'abord que le prix de 10 francs le mètre porte le sol à 100,000 francs l'hectare ; ils ont ainsi acheté des gravats dix fois plus cher que ne se vendent les meilleures prairies naturelles de la Normandie ou de l'Angoumois. Puis, les premiers termes et les frais de mutation payés, ils se sont mis à construire. Pour quelques-uns qui ont pu mener à bout l'entreprise, le plus grand nombre s'y sont épuisés. Incapables de payer leurs échéances, ils ont dû abandonner au vendeur, avec le terrain, leur ébauche de construction. Le propriétaire finit ainsi par avoir gratuitement une maison dont l'un a payé les fouilles et les fondations, l'autre les gros murs, celui-ci la toiture, celui-là les aménagements intérieurs. Aussi les facilités de payement s'accordent-elles en raison directe de l'insolvabilité présumée de l'acquéreur : l'intérêt du spéculateur est que son acheteur ne paye pas. Les Parisiens, grâce au nombre sans cesse grossissant des victimes de l'éviction, commencent à comprendre que justice et propriété ne sont pas synonymes.

Terminons cet exposé populaire par un exemple plus saisissant encore que les précédents :

Un industriel loue à bail de vingt ans, à un prix fabuleux, telle encoignure dans un des plus beaux quartiers de Paris, afin d'y établir un café ; il paye religieusement, conformément aux usages, ses six mois d'avance; puis il appelle les peintres, décorateurs, tapissiers, appareilleurs pour le gaz, fabricants de bronzes, de lustres; il meuble avec une même splendeur ses salons et sa cave, le tout à crédit. Observons d'abord cette différence : tandis que les fournisseurs accordent du terme, le propriétaire est payé par anticipation. Au bout de quelque temps, un an, dix-huit mois, l'entrepreneur de café tombe en faillite. Aucun de ses fournisseurs n'est payé; chacun s'en vient pour reprendre qui ses candélabres et sa plomberie, qui ses divans, fauteuils, tables, chaises, qui ses vins, liqueurs et sirops, qui ses glaces, etc., trop heureux d'atténuer d'autant la perte. Mais ils ont compté sans le *privilége du locateur*, articles 2100 et suivants. Le propriétaire, qui n'a rien perdu, grâce à ses six mois d'avance, intervient et dit : J'avais le bénéfice d'un bail avantageux sur lequel il reste encore dix-neuf ans à courir; je doute que je trouve pareil loyer de mon immeuble; c'est pourquoi, pour me garantir le produit intégral de mon contrat, je saisis tous les meubles, glaces, pendules, vins, liqueurs et objets quelconques qui garnissent les lieux; je ne m'inquiète pas qu'ils soient ou non payés. Je suis propriétaire privilégié, tandis que vous êtes de simples marchands et fabricants; la propriété immobilière est régie par le Code civil, et celle des produits et denrées par le Code de commerce. Libre à vous d'appeler vos marchandises et fournitures *propriétés :* la dénomination est simplement honorifique, pour ne pas dire

1.

usurpatoire. La loi a su réduire à sa juste valeur cette impertinente qualification.

Avons-nous forcé, dans notre hypothèse, le sens des articles du Code sur le privilége du propriétaire-locateur? Voici ce que nous lisons dans la semaine judiciaire de *la Presse* (11 septembre 1865), sous la signature de M. Eugène Paignon :

« Une question qui agite le monde judiciaire et aussi le monde des affaires depuis un demi-siècle s'est produite dans ces derniers temps avec une grande intensité, et nous croyons qu'il serait opportun de faire cesser les controverses regrettables auxquelles elle donne lieu, en les faisant trancher d'une manière définitive par une loi. C'est celle-ci : Au cas de faillite de son locataire, le propriétaire a-t-il une créance actuellement exigible qui lui permette d'obtenir le payement immédiat de tous les loyers échus et même de ceux à échoir?

« La question ayant été soumise, par renvoi de la cour de cassation, à la cour impériale d'Orléans, cette cour a consacré le droit du propriétaire dans son étendue la plus large.

« Ce n'est pas seulement un droit de privilége fondé sur l'article 2102 du Code Napoléon que l'arrêt consacre au profit du propriétaire, pour tous les loyers même non échus; la cour d'Orléans reconnaît encore au propriétaire le droit d'exercer contre le failli ou son syndic une action directe tendant au payement de tous les loyers échus et de tous les loyers à échoir, sinon à la résiliation immédiate du bail.

« L'espèce déférée à la cour impériale présentait des circonstances de fait sur lesquelles s'appuyait vivement le locataire pour repousser la résiliation demandée, à défaut de payement, résiliation désastreuse pour la liquidation de sa faillite.

« Le propriétaire demandait le payement immédiat de 58,000 francs environ pour les loyers à échoir jusqu'à la fin du bail. Ce payement eût absorbé, s'il eût été réalisé, au delà même de l'actif de la faillite. Versée aux mains du propriétaire, cette somme lui constituait, par son intérêt annuel, un avantage considérable.

« D'autre part, le locataire alléguait que si, par le fait de sa faillite, il avait diminué les sûretés du propriétaire, les sûretés qui lui restaient étaient cependant de nature à le mettre à l'abri de toute crainte sérieuse :

« 1° L'immeuble, loué depuis six ans, et pour une durée de vingt années, avait été augmenté considérablement dans sa valeur vénale ou locative, par des améliorations dont le chiffre dépassait 20,000 francs;

« 2° La valeur totale des locations consenties par le syndic s'élevait à 5,000 francs au lieu de 2,800 fr., montant de la location originaire;

« 3° Enfin, un mobilier supérieur au mobilier du failli, des marchandises d'une valeur au moins égale à celles qui garnissaient l'immeuble pendant la jouissance du failli, étaient des garanties suffisantes pour le propriétaire.

« Toutes ces considérations n'ont pas paru à la cour de renvoi de nature à modifier la solution de la question. La cour a seulement accordé un délai de trois mois au failli et au syndic pour satisfaire à la demande de payement ; et, à défaut de ce payement dans ledit délai, elle a prononcé la résiliation du bail.

« A la suite de cet arrêt, qui enlevait au locataire toute espérance d'avenir commercial, celui-ci s'est donné la mort.

« On ne peut méconnaître combien rigoureuse est cette solution pour les locataires et pour leurs créanciers.

« D'excellents esprits se sont inclinés devant cette jurisprudence et ont proclamé qu'au pouvoir législatif seul il appartenait de remédier à l'exercice peut-être excessif du droit du propriétaire en modifiant la législation sur ce point.

« C'est au législateur d'aviser, s'écriait M. l'avocat général Moreau, un vigoureux esprit, celui-là, devant la cour de Paris, en 1862, dans ses remarquables conclusions ; quant à nous, organe de la loi existante, il nous suffira de dire : *Dura lex, sed lex.* »

« Nos lois, dit à ce propos l'un des jurisconsultes les plus éminents de notre époque, M. Mourlon, cité par l'auteur de l'article ; nos lois confèrent-elles aux propriétaires-locateurs le droit, quand leur locataire fait faillite, de s'enrichir à ses dépens ou d'achever de le ruiner, quoiqu'ils n'aient à le faire aucun intérêt légitime et appréciable ? Si nous posions la question en ces termes, on nous reprocherait sans doute la singularité et l'irrévérence d'un tel paradoxe.

« Cependant nous n'inventons rien. Quiconque consentira à envisager les choses dans leur réalité se verra contraint de reconnaître que, sous d'ingénieux déguisements, la question que nous venons de poser se plaide tous les jours devant les tribunaux.

« Au reste, laissons parler les faits. De vastes magasins, par exemple, ont été loués pour cinquante années, au prix annuel de 50,000 francs ; le locataire y a apporté des meubles et des marchandises en assez grande quantité pour assurer, dans une juste mesure, la tranquillité du propriétaire. Il a fait plus : il a, par des dépenses considérables et par le succès même de ses opérations commerciales, porté très-haut la valeur locative des lieux qu'il exploite. S'il lui plaisait de céder son bail, ainsi que son titre lui en laisse ou lui en donne le droit, il lui serait facile de trouver preneur à 60,000 francs par chaque année. Après dix ans de prospérité, pendant lesquelles les loyers échus ont été payés au fur et à mesure de leurs échéances, de fâcheux événements, des imprudences, si l'on veut, surviennent, qui entraînent la faillite du locataire. De là, entre le propriétaire d'une part et le failli ou ses créanciers d'autre part, un conflit à régler.

« Je vous laisse le choix, dit le propriétaire : ou payez-moi dès à présent tous mes loyers à échoir, c'est-à-dire quarante fois 50,000 francs, ou résilions le bail.

« Votre alternative, répondent les autres créanciers, ne nous laisse aucune liberté ; comment, en effet, vous payer sur-le-champ deux millions ? Deux millions, c'est plus que l'actif de la faillite. Donc, c'est la ruine du failli et en même temps la nôtre, si la loi nous oblige à subir votre prétention. Si vous aviez un intérêt légitime à vous montrer si implacable, la loi pourrait sans doute être entendue dans le sens de l'alternative que vous nous opposez ; mais à ne considérer que l'équité, que pouvez-vous prétendre ? Des sûretés raisonnables pour le payement de vos loyers éventuels ? Ces sûretés, nous sommes prêts à vous les donner. Le droit au bail dont le failli a, d'après les arrangements que vous avez pris avec lui, l'entière et pleine disposition, nous le céderons à un tiers qui laissera et même apportera, dans les lieux loués, autant de meubles et de marchandises qu'il en faudra pour mettre votre intérêt à l'abri des périls que vous pouvez justement craindre.

« Prenons, si vous le voulez, une autre combinaison. Un concordat avantageux nous est proposé ; nous sommes prêts à l'accepter. Le failli, que nous allons rétablir à la tête de ses affaires, laissera dans les lieux loués tous les meubles et toutes les marchandises qui s'y trouvaient lors de sa faillite ; si même vous l'exigez, il y apportera de nouveaux objets qui donneront à votre gage une étendue qu'il n'a jamais eue, et sur laquelle vous ne pouviez même point compter.

« Nos propositions manquent-elles de justice ? Quel motif honnête vous les peut faire refuser ? Votre gage est-il compromis ? Au lieu de l'amoindrir, nous l'étendons. Or, si aucun péril sérieux ne vous menace, si

la faillite de votre locataire ne vous fait aucun préjudice, ou si le dommage qu'elle vous cause est complétement effacé, quel but pouvez-vous poursuivre, si
ce n'est de faire le mal pour le mal, ou de vous enrichir aux dépens d'autrui ? Vous payer dès à présent et
sans escompte le total de vos loyers à échoir : ce
sera véritablement vous payer *deux fois* au moins ce
qui pourra vous être dû. Résilier le bail, ce sera faire
passer des mains du failli dans les vôtres une portion
de son patrimoine, puisque cette résiliation vous attri-
buera à son préjudice la plus-value locative qu'il a
créée, soit par les relations qu'il a établies entre le
public et les lieux loués, soit par les travaux qu'il y a
exécutés. Sachez donc le comprendre : ce que vous
demandez est hors de toute justice.

« Qu'importe ? réplique le propriétaire ; ce que je
réclame, la loi me l'accorde ; soumettez-vous.

« Cela est douloureux à dire, répond à son tour la
jurisprudence, mais ce qu'il affirme et poursuit est
véritablement son droit. »

Le lecteur doit maintenant comprendre la différence
qui existe entre *possession* et PROPRIÉTÉ (1). C'est de
cette dernière seulement que j'ai dit qu'elle est le vol.
La propriété, c'est la plus grande question de la société
présente ; c'est tout. Voilà quelque vingt-cinq ans
que je m'en occupe ; mais avant de dire mon dernier

(1) Voir, sur la même question, *de la Capacité politique des
classes ouvrières*, pages 136 et suivantes.

mot sur l'institution, je crois utile de résumer ici mes études antérieures.

§ 2. — Résumé de mes travaux antérieurs sur la propriété.

En 1840, lorsque j'ai publié mon premier *Mémoire sur la propriété*, j'ai eu soin de la distinguer de la possession ou simple droit d'user. Quand le droit d'abuser n'existe pas, quand la société ne le reconnaît pas aux personnes, il n'y a pas, disais-je, de droit de propriété ; il y a simplement droit de possession. Ce que je disais dans mon premier mémoire, je le dis encore aujourd'hui : le propriétaire d'une chose, — terre, maison, instrument de travail, matière première ou produit, peu importe, — peut être une personne ou un groupe, un père de famille ou une nation : dans un cas comme dans l'autre, il n'est vraiment propriétaire qu'à une condition : c'est d'avoir sur la chose une souveraineté absolue ; c'est d'en être exclusivement le maître, *dominus ;* c'est que cette chose soit son domaine, *dominium.*

Or, en 1840, j'ai nié carrément le droit de propriété. Tous ceux qui ont lu mon premier mémoire savent que je le niais pour le groupe comme pour l'individu, pour la nation comme pour le citoyen : ce qui excluait de ma part toute affirmation communiste ou gouvernementaliste. — J'ai nié le droit de propriété, c'est-à-dire le droit d'abuser sur toutes choses, même sur celles que nous appelons nos facultés. L'homme n'a pas plus le droit d'abuser de ses facultés que la société d'a-

buser de sa force. « M. Blanqui, disais-je en réponse à
la lettre que cet estimable économiste venait de m'a-
dresser, reconnaît qu'il y a dans la propriété une foule
d'abus et d'odieux abus ; de mon côté, j'appelle exclusivement *propriété* la somme de ces abus. Pour l'un
comme pour l'autre, la propriété est un polygone
dont il faut abattre les angles ; mais, l'opération faite,
M. Blanqui soutient que la figure sera toujours un
polygone (hypothèse admise en mathématiques, bien
qu'elle ne soit pas prouvée), tandis que je prétends,
moi, que cette figure sera un cercle. D'honnêtes gens
pourraient encore s'entendre à moins. » (Préface de
la seconde édition, 1841.)

Comme travailleur, disais-je à cette époque, l'homme
a incontestablement un droit personnel sur son produit.
Mais en quoi consiste ce produit ? Dans la forme ou
façon qu'il a donnée à la matière. Quant à cette matière elle-même, il ne l'a aucunement créée. Si donc,
antérieurement à son travail, il a eu le droit de s'approprier cette matière, ce n'est pas à titre de travailleur, c'est à un autre titre. C'est ce qu'a fort bien
compris Victor Cousin. Pour ce philosophe, le droit
de propriété n'est pas uniquement fondé sur le droit
du travail ; il est fondé tout à la fois sur ce droit et
sur le droit antérieur d'occupation. — Sans doute !
Mais ce dernier droit, qui n'est pas encore celui de
propriété, appartient à tous ; et quand M. Cousin
reconnaît un droit de préférence au premier occupant,
il suppose que les matières sont offertes à tous, qu'elles
ne manquent à personne, et que chacun peut se les

approprier. **Dans cette supposition,** je n'hésite pas à reconnaître que, postérieurement au travail, le droit personnel de possession sur la forme entraîne un droit personnel de possession sur la matière façonnée. Mais la supposition est-elle d'accord avec les faits?

Là où la terre ne manque à personne, là où chacun peut en trouver gratuitement à sa convenance, j'admets le droit exclusif du premier occupant; mais je ne l'admets qu'à titre provisoire. Dès que les conditions sont changées, je n'admets plus que l'égalité du partage. Sinon, je dis qu'il y a abus. J'accorde bien qu'alors celui qui a défriché a droit à une indemnité pour son travail. Mais ce que je n'accorde pas, c'est, en ce qui touche le sol, que la façon donnée implique l'appropriation du fonds. Et, il importe de le faire remarquer, les propriétaires ne l'accordent pas plus que moi. Est-ce qu'ils reconnaissent à leurs fermiers un droit de propriété sur les terres que ceux-ci ont défrichées ou améliorées?...

En bonne justice, disais-je dans mon premier mémoire, le partage égal de la terre ne doit pas seulement exister au point de départ; il faut, pour qu'il n'y ait pas abus, qu'il soit maintenu de génération en génération. Voilà pour les travailleurs des industries extractives. Quant aux autres industriels, dont à égalité de travail les salaires doivent être égaux à ceux des premiers, il faut que, sans occuper la terre, ils aient la jouissance gratuite des matières dont ils ont besoin dans leurs industries; il faut qu'en payant avec leur propre travail, ou, si l'on aime mieux, avec leurs produits, les produits des détenteurs du fonds, ils ne payent que la façon donnée par ceux-ci à la matière ; il faut que le travail seul soit payé par le travail, et que la matière soit gratuite. S'il en est autrement, si les propriétaires fonciers perçoivent une rente à leur profit, il y a abus.

Excédant de la valeur du produit brut sur celle des frais de production, parmi lesquels doit être compris, avec le salaire du cultivateur, le remboursement ou amortissement des dépenses faites dans l'exploitation, la rente foncière, — je l'appelais fermage en 1840, — existe tout aussi bien pour le propriétaire lorsqu'il cultive lui-même que lorsqu'un fermier cultive à sa place. Par elle, les manufacturiers sont, ainsi que les cultivateurs non propriétaires, exclus du partage de la terre, de la jouissance gratuite de la matière, des forces naturelles non créées par l'homme. Ils ne peuvent en jouir qu'onéreusement, avec la permission des propriétaires fonciers, auxquels ils cèdent, pour avoir cette permission, une part de leurs produits ou de leurs salaires. Qu'ils la leur cèdent directement ou indirectement, peu importe ; la rente foncière est un impôt perçu par les propriétaires fonciers sur tous les salaires, y compris les leurs. Et comme cet impôt n'est pas la rémunération d'un travail, comme il est autre chose que l'amortissement des dépenses faites sur la terre, je l'appelle *aubaine*.

« Suivant Ricardo, Mac-Culloch et Mill, le fermage proprement dit n'est autre chose que *l'excédant du produit de la terre la plus fertile sur le produit des terres de qualité inférieure;* en sorte que le fermage ne commence à avoir lieu sur la première que lorsqu'on est obligé, par l'accroissement de population, de recourir à la culture des secondes... Comment des différentes qualités du terrain peut-il résulter un droit sur le terrain?... Si l'on s'était borné à dire que la différence des terres a été l'*occasion* du fermage, mais non qu'elle en a été la *cause*, nous aurions recueilli de cette simple observation un précieux enseignement : c'est que l'établissement du fermage aurait eu son principe dans le désir de l'égalité. En effet, si le droit de tous les hommes à la possession des bonnes terres est égal, nul ne peut, sans indemnité, être contraint de cultiver les mauvaises. Le fermage, d'après Ricardo, Mac-Culloch et Mill, aurait donc été un dédommagement ayant pour but de compenser les profits et les pertes. Quelle conséquence pouvaient-ils en déduire en faveur de la propriété?... »

Qu'ai-je surtout attaqué en 1840? Le droit d'aubaine, ce droit tellement inhérent, tellement intime à la propriété, que là où il n'existe pas, la propriété est nulle.

« L'aubaine, disais-je, reçoit différents noms, selon les choses qui la produisent : *fermage* pour les terres; *loyer* pour les maisons et les meubles; *rente* pour les fonds placés à perpétuité; *intérêt* pour l'argent; *bénéfice, gain, profit* (trois choses qu'il ne faut pas confondre avec le salaire ou prix légitime du travail) pour les échanges... La Constitution républicaine de 1793, qui a défini la propriété : « Le droit de jouir du

« fruit de son travail, » s'est trompée grossièrement ; elle devait dire : La propriété est le droit de jouir et de disposer à son gré du bien d'autrui, du fruit de l'industrie et du travail d'autrui.

« En France, vingt millions de travailleurs, répandus dans toutes les branches de la science, de l'art et de l'industrie, produisent toutes les choses utiles à la vie de l'homme ; la somme de leurs journées égale, chaque année, par hypothèse, 20 milliards ; mais à cause du droit de propriété et de la multitude des aubaines, primes, dîmes, intérêts, pots-de-vin, profits, fermages, loyers, rentes, bénéfices de toute nature et de toute couleur, les produits sont estimés par les propriétaires et les patrons 25 milliards : qu'est-ce que cela veut dire ? Que les travailleurs qui sont obligés de racheter ces mêmes produits pour vivre doivent payer 5 ce qu'ils ont produit pour 4, ou jeûner de cinq jours l'un. »

La première conséquence de ce bénéfice, c'est, en rendant la concurrence universelle impossible, de détruire l'égalité des salaires entre les diverses professions ou fonctions sociales, et, en la détruisant, de créer une division irrationnelle de ces fonctions. La division des travailleurs en deux classes, celle des manœuvres et celle des ingénieurs, celle des dirigés et celle des dirigeants, est tout à la fois irrationnelle et injuste. L'inégalité des salaires entre les diverses fonctions sociales est injuste, puisque ces fonctions sont également utiles, et que par leur division nous sommes tous associés dans la production.

Personne ne peut dire qu'il produit seul. Le forgeron, le tailleur, le cordonnier, etc., etc., coopèrent avec le cultivateur au labourage de la terre, de même que le cultivateur coopère à la fabrication de leurs produits. Le manœuvre est coopérateur dans le travail de l'ingénieur, comme celui-ci est coopérateur dans le sien.

En affirmant dans mon premier mémoire qu'à égalité de travail, les salaires doivent être égaux entre toutes les professions, j'avais oublié de dire deux choses : la première, que le travail se mesure en raison composée de sa durée et de son intensité ; la seconde, qu'il ne faut comprendre dans le salaire du travailleur ni l'amortissement de ses frais d'éducation et du travail qu'il a fait sur lui-même comme apprenti non payé, ni la prime d'assurance contre les risques qu'il court, et qui sont loin d'être les mêmes dans chaque profession : risques de chômage et de déclassement, d'infirmité et de mort ; ce dernier risque, parce que le père de famille doit pourvoir, même après sa mort, à l'existence de sa femme et de ses enfants mineurs.

J'ai réparé ces divers oublis dans mon second *Mémoire* (1841), dans l'*Avertissement aux propriétaires* (1842) et dans la *Création de l'ordre* (1843). « Pour établir l'égalité entre les hommes, disais-je à M. Blanqui dans mon second *Mémoire*, il suffit de généraliser le principe des sociétés d'assurance, d'exploitation et de commerce. » Dans les sociétés d'exploitation et de commerce, — tous les comptables sont là pour l'affirmer, — le droit d'aubaine ne s'exerce que contre l'étranger ; il ne s'exerce pas plus contre l'associé réel que contre les associés fictifs : capital, caisse, portefeuille, matières premières, marchandises diverses. Lorsqu'un associé, fictif ou réel, subit une perte, cette perte est portée, comme le bénéfice, au compte de tous.

Chose contradictoire, et sur laquelle j'ai eu soin d'appuyer à diverses reprises : si nous nous traitons tous en étrangers, c'est-à-dire en ennemis comme propriétaires, nous ne manquons jamais de nous traiter en associés comme travailleurs échangistes. Est-ce qu'en échangeant nos produits contre les siens, nous n'indemnisons pas le fermier du fermage qu'il paye au propriétaire de sa terre ; l'emprunteur, de l'intérêt qu'il paye à son créancier ; le commerçant et l'industriel, des loyers qu'ils payent aux propriétaires de leurs magasins et de leurs ateliers ? — Supprimons toutes les aubaines par lesquelles nous faisons actes de propriétaires ; et *ipso facto* nous sommes tous associés ; pour assurer la perpétuité de l'association, nous n'avons plus qu'à l'organiser en créant collectivement un certain nombre d'institutions de mutualité : assurances mutuelles, crédit mutuel, etc.

Lorsque le travailleur fait entrer dans son salaire apparent une prime d'assurance contre les risques spéciaux qu'il court, c'est celui qui consomme le produit de son travail qui la paye. En échangeant produits contre produits, plus généralement services contre services, tous s'assurent réciproquement contre leurs risques respectifs ; et, comme ce sont ceux qui courent les plus grands risques qui reçoivent les plus fortes primes, on peut dire que la société ou association universelle des travailleurs a pour but de réaliser l'égalité des salaires. Que les aubaines soient supprimées ; que toutes les primes soient versées à des sociétés corporatives d'assurance mutuelle ; et, sans que la charité, toujours insuffisante parce qu'elle est inorganique, ait besoin d'intervenir, les salaires seront égaux entre toutes les professions. S'ils ne le sont pas alors, c'est que les primes auront été mal calculées. Mais la statistique étant ainsi organisée, les rectifications ne se feront pas longtemps attendre. On n'aura jamais sans doute une égalité absolue ; mais, par une série d'oscillations dont l'amplitude diminuera de plus en plus, on s'en rapprochera progressivement ; et l'égalité approximative sera bientôt un fait.

Supposons maintenant, pour fixer les idées, une profession qui compterait 115 travailleurs, savoir 100 compagnons, tous capables de créer des produits de même qualité, et 15 apprentis. Ces derniers devraient-ils, à travail égal, recevoir le même salaire que les premiers ? Je ne l'ai jamais affirmé. Les 100 compagnons devraient-ils gagner, à travail égal, le même salaire que ceux des autres professions si, d'après le chiffre de la population, l'état des besoins et celui de l'industrie, 98 suffisaient ? En aucune façon. J'ai toujours dit, notamment dans la *Création de l'ordre*, que c'était aux consommateurs à avertir eux-mêmes les travailleurs de chaque profession lorsque

leur nombre dépassait la proportion normale. J'ai dit
seulement que, dans une société bien organisée, l'avertissement pouvait être donné autrement que par une
diminution de salaire ; et que cette diminution, qui
est un acte de guerre, ne devait être faite qu'en cas
d'obstination des travailleurs avertis.

J'ai dit que, dans tous les cas, c'étaient les travailleurs qui devaient faire eux-mêmes la police intérieure de leur profession et se réduire au nombre
normal ; — que cette réduction impliquait de toute
nécessité la négation des corporations fermées ; —
que la police intérieure des professions ne devait
être faite par la guerre, ou ce qu'on appelle aujour-
d'hui la concurrence, que dans les cas où elle n'aurait
pu se faire à l'amiable ; — qu'à ce titre les travailleurs d'une même profession devaient s'organiser
en une société d'assurance mutuelle à l'effet d'indem-
niser ceux d'entre eux dont l'intérêt social exigerait le
déclassement.

J'ai dit qu'une fois en nombre normal dans chaque
profession, les compagnons capables de créer des
produits de même qualité n'avaient plus à se disputer
les commandes : celles-ci se partageant nécessairement
entre eux d'une manière égale, si, étant par exemple
au nombre de 1,000, ils étaient également capables
de satisfaire chacun au millième de la commande. J'ai
dit que si quelques-uns d'entre eux, par exemple 100,
avaient alors la force et la volonté d'exécuter chacun
un dix millième au delà du millième, ce serait une
preuve que la corporation contient 10 compagnons de

trop, et que le nombre de ces compagnons doit être réduit de 1,000 à 990 ; ce qui sort de l'hypothèse.

J'ai donc eu le droit d'affirmer que l'inégalité des salaires entre les travailleurs d'une même profession n'est possible, lorsqu'ils sont en nombre normal, que si quelques-uns d'entre eux ne veulent pas ou ne peuvent pas suffire à la commande totale divisée par ce nombre. S'ils ne le veulent pas, s'ils se contentent d'un salaire inférieur, la justice est satisfaite. S'ils ne le peuvent pas, s'ils sont incapables de gagner, dans la profession qu'ils ont embrassée, un salaire à peu près égal à celui des autres, ce sont ou des infirmes, ou des travailleurs mal classés.

Les infirmes, c'est-à-dire ceux qui sont nés ou qui sont devenus incapables de gagner, non pas seulement dans une ou plusieurs professions, — auquel cas ils ne seraient que des travailleurs mal classés, — mais dans toutes, un salaire approximativement égal à celui des autres, doivent être indemnisés par l'assurance mutuelle contre le risque d'infirmité, au moyen de primes payées par les pères de famille pour leurs enfants nés ou à naître, et par les travailleurs pour eux-mêmes. Avec le principe de mutualité, qui a toujours été le mien, et qui défie toutes les attaques, parce qu'il est un corollaire de la justice, la charité est inutile, ou, si l'on aime mieux, elle est redevenue justice en étant organisée d'une manière intelligente et intelligible.

Les travailleurs mal classés n'attestent qu'une chose : la mauvaise organisation de la société et de l'enseignement professionnel. Lorsqu'ils sont très-nombreux, ils attestent surtout l'extrême inégalité des fortunes, conséquence du droit d'aubaine, qui permet rarement au fils du pauvre d'embrasser la profession qui lui convient le mieux, et qui fait rechercher au fils du riche des professions qui ne lui conviennent pas du tout.

Que les citoyens cessent de reconnaître le droit d'aubaine ; qu'ils organisent la cité d'après les données de la justice et de la science, et il n'y aura plus un seul travailleur mal classé ; tous gagneront, à travail égal, des salaires à peu près égaux.

Vous oubliez, objectait-on, que tous les travailleurs d'une même profession ne sont pas également capables de créer des produits de même qualité. Aux saint-simoniens et phalanstériens, qui me faisaient cette objection, je répondais dans l'*Avertissement aux propriétaires* : « Tout talent fortement prononcé donne lieu à une division dans le travail, en un mot, à une *fonction*. Ce talent tombe sous la loi d'égalité dans les échanges, formulée par Adam Smith. » Le cordonnier qui a appris en quelques mois à fabriquer des souliers de pacotille veut-il essayer de faire des chaussures de qualité supérieure : il gagnera moins que l'ouvrier dont l'apprentissage a été complet, encyclopédique ; et cela est de toute justice, puisqu'il n'est qu'apprenti, ignorant de son métier. Mais qu'il se décide à ne faire que des souliers de pacotille, et son salaire réel, c'est-à-dire son salaire apparent, diminué de l'amortissement de ses frais d'apprentissage, sera le même que le salaire réel des cordonniers de l'*autre profession*. Faites la déduction des aubaines et de leurs conséquences ; vous verrez qu'il en est ainsi dans la société actuelle.

Il y a, dit-on, de bons et de méchants artistes, qui pourtant dépensent dans l'exercice de leur art autant de temps et d'argent les uns que les autres : travailleurs bien classés et travailleurs mal classés. Je renvoie, du reste, la question du salaire des artistes à l'analyse que je ferai plus loin de mes travaux sur la propriété littéraire et artistique.

En attaquant la propriété, j'avais eu soin, dès 1840, de protester, au nom de la liberté, contre le gouvernementalisme aussi bien que contre le communisme. L'horreur de la réglementation a toujours été chez moi la plus forte ; j'ai eu dès le début en abomination l'omnipotence centrale, monarchique, quand je me suis dit anarchiste. En 1848, je me suis déclaré opposé aux idées gouvernementales du Luxembourg. J'ai loué le gouvernement provisoire de sa réserve en matière de réformes sociales, et j'ai depuis déclaré maintes fois que cette réserve, tant reprochée, était un titre d'honneur à mes yeux. Mon antipathie pour le principe d'autorité n'a pas faibli. Depuis dix ans, l'étude de l'histoire, faite à mes instants de loisir, m'a prouvé que là était la plaie des sociétés. Le peuple n'a pas été communiste en France en 1848, ni en 89, ni en 93 ou 96 ; il n'y a eu qu'une poignée de sectaires. Le communisme, qui fut le désespoir des premiers utopistes, le cri d'anéantissement de l'Évangile, n'est chez nous qu'une méprise de l'égalité.

La liberté, c'est le droit qui appartient à l'homme d'user de ses facultés et d'en user comme il lui plaît. Ce droit ne va pas sans doute jusqu'à celui d'abuser. Mais il faut distinguer deux genres d'abus : le premier comprenant tous ceux dont l'*abusant* subit seul les conséquences ; le second comprenant tous les abus qui portent atteinte au droit des autres (droit à la liberté et droit à l'usage gratuit de la terre ou des matières). Tant que l'homme n'abuse que contre lui-même, la société n'a pas le droit d'intervenir ; si elle intervient, elle abuse. Le citoyen ne doit avoir ici d'autre législateur que sa raison ; il manquerait au respect de lui-même, il serait indigne, s'il acceptait ici une autre police que celle de sa liberté. Je dis plus : la société doit être organisée de telle sorte que, les abus du second genre y étant de plus en plus impossibles, elle ait de moins en moins besoin d'intervenir pour les réprimer. Sinon, si elle se rapproche progressivement du communisme, au lieu de se rapprocher de l'anarchie ou gouvernement de l'homme par lui-même (en anglais : *self-government*), l'organisation sociale est abusive.

Ainsi, je ne me bornais pas à protester contre les abus que les citoyens, pris individuellement, peuvent faire de la terre ou des matières dont ils sont les détenteurs ; je protestais non moins énergiquement contre les abus que, sous le nom d'État ou sous celui de société, peuvent en faire ces mêmes citoyens pris collectivement.

Donc, me disais-je en 1844, pas de possession réglementée. Pourvu qu'il ait payé les salaires de ceux qui ont donné avant lui une forme, une façon, une utilité nouvelle aux matières dont il est le détenteur, le manufacturier doit être libre de consommer ces matières à sa guise. Il y a plus! il doit être libre de refuser la vente de ses produits au-dessous du prix qui lui plait. Ce n'est pas en établissant le *maximum* que la société détruira les profits du commerce; ce n'est pas en interdisant les prêts usuraires qu'elle détruira l'intérêt : c'est en organisant dans son sein des institutions de mutualité.

Ces institutions une fois créées, quelle différence y aura-t-il, relativement aux biens-meubles, entre la propriété et la possession non réglementée? Aucune.

Si, comme l'intérêt des capitaux et les profits du commerce, la rente foncière était un pur produit de l'égoïsme des personnes, si elle ne résultait pas encore et surtout de la nature des choses, de la différence de fertilité des terres et du chiffre de la population, il ne serait pas impossible de l'annuler par des institutions de mutualité. Dans ce cas, je dirais de la propriété foncière ce que je dis déjà de la propriété mobilière : qu'elle peut devenir irréprochable sans cesser de satisfaire à la définition qu'en donnent les jurisconsultes. Mais ce que je comprends parfaitement, et que je ne dois pas oublier en cherchant à résoudre le problème de la propriété foncière, c'est que la liberté des travailleurs doit être aussi grande dans les industries extractives que dans les industries manufacturières.

Le manufacturier a-t-il besoin, pour être industriellement et commercialement libre, d'être propriétaire de la maison ou de l'appartement qu'il habite avec sa famille, de l'atelier dans lequel il travaille, du magasin où il conserve ses matières premières, de la boutique où il expose ses produits, du terrain sur lequel maison d'habitation, atelier, magasin et boutique ont été construits? En aucune façon. Pourvu qu'il obtienne un bail assez long pour lui laisser le temps de retrouver l'amortissement intégral des capitaux qu'il a dépensés dans sa location, et qu'en raison de la nature des choses il ne peut emporter avec lui à la fin de son bail, le manufacturier jouit, quoique locataire, d'une liberté suffisante.

Le cultivateur qui exploite une terre à titre de fermier jouit-il d'une égale liberté? Évidemment non, puisqu'il ne peut, sans l'autorisation expresse du propriétaire, transformer un vignoble en forêt, en prairie, en terre à blé, en fruitier, en potager, ou réciproquement. Si la différence des terres était telle que de semblables transformations fussent toujours absurdes, la liberté industrielle du fermier serait suffisante : l'appropriation personnelle des terres arables, des prairies, des forêts, des vignobles, des fruitiers et des potagers n'aurait pas plus de raison d'être que celle des rivières et des canaux, des ponts et des routes, des mines et des chemins de fer.

Ainsi, quand on fait abstraction de la rente, ou, plus exactement, de ceux qui en profitent, la propriété foncière se justifie par la nécessité de laisser au cultivateur une liberté égale à celle du manufacturier. Mais elle ne se justifie plus dès que la possession existe sans la propriéte, et la propriété sans la possession, dès que le propriétaire et le cultivateur sont deux personnes différentes.

D'un autre côté, — et c'est là une des antinomies ou contre-lois de la propriété foncière, — si l'on fait abstraction de la liberté du cultivateur, liberté qui n'est pas entière lorsqu'il est simplement fermier, le propriétaire oisif remplit vis-à-vis de lui une fonction justicière. Comment? En commençant par enlever au fermier pendant toute la durée de son bail la rente à laquelle il n'a pas plus droit que les autres citoyens; en lui enlevant ensuite la plus-value qu'il peut avoir donnée à cette rente et qu'il serait tenté de s'attribuer.

Le fermier qui s'engage à payer une certaine rente annuelle au propriétaire foncier n'a-t-il pas évalué par avance les dépenses de toutes sortes qu'il aura à faire sur la terre pendant toute la durée de son bail? N'a-t-il pas calculé qu'il retrouverait dans le prix marchand de ses récoltes l'amortissement intégral de toutes ces dépenses en même temps que la juste rémunération de son travail? J'avoue que le propriétaire foncier, qui n'a pas fait ces dépenses, et qui rentre à la fin du bail dans la possession d'une terre améliorée, d'une terre qui peut lui rapporter sans travail une plus forte rente, n'a pas plus de droit que le fermier à profiter de cette plus-value. J'avoue que si j'étais forcé de choisir entre le propriétaire oisif et le fermier travailleur, je n'hésiterais pas à me prononcer pour celui-ci. Mais le fermier qui a bien calculé n'a pas plus droit à la plus-value de la rente, lorsqu'il a contribué à la créer par son travail, que lorsque la société l'a créée par le progrès de sa population, par l'ouverture d'une route nouvelle, d'un pont, d'un canal, d'un chemin de fer. Le propriétaire oisif n'a certainement aucun droit à garder la plus-value pour lui-même; mais il accomplit un acte de justice en l'enlevant au fermier, dont la société a payé le travail.

« Ainsi, disais-je en 1846 dans le *Système des Contradictions économiques*, la propriété vient à la suite du travail pour lui enlever tout ce qui, dans le produit, dépasse les frais réels. Le propriétaire remplissant un devoir mystique et représentant vis-à-vis du colon la communauté, le fermier n'est plus, dans les prévisions de la Providence, qu'un travailleur responsable, qui doit rendre compte à la société de tout ce qu'il recueille en sus de son salaire légitime; et les systèmes de fermage et métayage, baux à cheptel, baux emphytéotiques, etc., sont les formes oscillatoires du contrat qui se passe alors, au nom de la société, entre le propriétaire et le fermier. La rente, comme toutes les valeurs, est assujettie à l'offre et à la demande; mais, comme toutes les valeurs aussi, la rente a sa mesure exacte, laquelle s'exprime par la totalité du produit, déduction faite des frais de production.

« Par essence et destination, la rente est donc un instrument de justice distributive, l'un des mille moyens que le génie économique met en œuvre pour arriver à l'égalité. C'est un immense cadastre exécuté contradictoirement entre les propriétaires et les fermiers, sans collusion possible, dans un intérêt supérieur, et dont le résultat définitif doit être d'égaliser la possession de la terre entre les exploiteurs du sol et les industriels. La rente, en un mot, est cette loi agraire tant désirée, qui doit rendre tous les travailleurs, tous les hommes, possesseurs égaux de la terre et de ses fruits. Il ne fallait pas moins que cette magie de la propriété pour arracher au colon l'excédant du produit qu'il ne peut s'empêcher de regarder comme sien, et dont il se croit exclusivement l'auteur. La rente, ou pour mieux dire la propriéte, a brisé l'égoïsme agricole et créé une solidarité que nulle puissance, nul partage de la terre n'aurait fait naître. Par la propriété, l'égalité entre tous les hommes devient définitivement possible ; la rente, opérant entre les individus comme la douane entre les nations, toutes les causes, tous les prétextes d'inégalité disparaissent, et la société n'attend plus que le levier qui doit donner l'impulsion à ce mouvement. Comment au propriétaire mythologique succédera le propriétaire authentique? Comment, en détruisant la propriété, les hommes deviendront-ils tous propriétaires? Telle est désormais la question à résoudre, mais question insoluble sans la rente.

« Car le génie social ne procède point à la façon des idéologues et par des abstractions stériles... Il personnifie et réalise toujours ses idées; son système se développe en une suite d'incarnations et de faits, et pour constituer la société, il s'adresse toujours à l'individu... Il fallait rattacher l'homme à la terre : le génie social institue la propriété. Il s'agissait ensuite d'exécuter le cadastre du globe : au lieu de publier à son de trompe une opération collective, il met aux prises les intérêts individuels, et de la guerre du colon et du rentier résulte pour la société le plus impartial arbitrage. A présent, l'effet moral de la propriété obtenu, reste à faire la distribution de la rente... Une simple mutualité d'échange, aidée de quelques combinaisons de banque, suffira... »

L'expression était impropre. Dans ma pensée, il fallait encore autre chose : il fallait l'application à l'intérieur du principe de la balance du commerce.

« Ce principe, avais-je dit dans le même ouvrage, résulte synthétiquement : 1º de la formule de Say : *Les produits ne s'achètent qu'avec des produits*, formule dont **M.** Bastiat a fait ce commentaire, et dont le premier honneur revient à Adam Smith : *La rémunération ne se proportionne pas aux* UTILITÉS *que le producteur porte sur le marché, mais au* TRAVAIL INCORPORÉ *dans ces utilités ;* — 2º de la théorie de la rente de Ricardo...

« L'ÉGAL ÉCHANGE, que la propriété et l'économie politique repoussent avec une même ardeur de l'industrie privée, tous les peuples ont été d'accord de le vouloir, lorsqu'il s'est agi d'échanger entre eux les produits de leurs territoires. Alors ils se sont considérés les uns les autres comme autant d'individualités indépendantes et souveraines, exploitant, selon l'hypothèse de Ricardo, des terres de qualités inégales, mais formant entre elles, selon l'hypothèse des socialistes, pour l'exploitation du globe, une grande compagnie dont chaque membre a droit de propriété indivise sur la totalité de la terre.

« Et voici comment ils ont raisonné.

« Les produits ne s'achètent qu'avec des produits, c'est-à-dire que le produit doit être en raison, non pas de son utilité, mais du travail incorporé dans cette utilité. Si donc, par l'inégale qualité du sol, le pays A donne 100 de produit bruit pour 50 de travail, tandis que le pays B ne donne que 80, A doit bonifier à B 10 p. 100 sur toutes ses récoltes.

« Cette bonification, il est vrai, n'est exigée qu'au moment de l'échange, ou, comme l'on dit, à l'importation ; mais le principe subsiste... »

En publiant, dans les derniers mois de 1846, le *Système des Contradictions économiques*, ou *Philosophie de la misère*, j'annonçais à mes lecteurs un nouvel ouvrage : *Solution progressive du problème social*. Les événements de 1848 ne m'ont pas permis de l'achever. C'est seulement en 1850, dans l'*Idée générale de la Révolution au dix-neuvième siècle*, que j'ai expliqué comment j'entendais la liquidation de la propriété foncière en tant que propriété-vol ; car, le lecteur doit l'avoir compris, je n'avais pas cessé un seul instant de la vouloir en tant que propriété-liberté. C'est, du reste, ce que j'ai rappelé en 1849 dans ce passage des *Confessions d'un Révolutionnaire* :

« Dans mes premiers mémoires, attaquant de front l'ordre établi, je disais, par exemple : *La propriété, c'est le vol !* Il s'agissait de protester, de mettre pour ainsi dire en relief le néant de nos institutions. Je n'avais point alors à m'occuper d'autre chose. Aussi, dans le mémoire où je démontrais, par A plus B, cette étourdissante proposition, avais-je soin de protester contre toute conclusion communiste.

« Dans le *Système des Contradictions économiques,* après avoir rappelé et confirmé ma première définition, j'en ajoute une toute contraire, mais fondée sur des considérations d'un autre ordre, qui ne pouvaient ni détruire la première argumentation, ni être détruites par elle : *La propriété, c'est la liberté!* La propriété, c'est le vol ; la propriété, c'est la liberté : ces deux propositions sont également démontrées et subsistent l'une à côté de l'autre dans le *Système des Contradictions...* La propriété paraissait donc ici avec sa raison d'*être* et sa raison de *non être.* »

Habitué aux longues études, aux patientes recherches, aux mûres délibérations, je fus tout d'abord abasourdi par l'avénement de la République et par la quantité des problèmes qui se posaient du seul fait de cet avénement. Sollicité de prendre part à la discussion quotidienne et de travailler dans le journalisme, j'opposai mon incompétence, l'impossibilité pour moi d'improviser, le péril de parler trop à la hâte devant un public passionné, sur des questions mal élaborées. Comme Béranger, qui refusait le mandat de député par la raison qu'il n'avait pas fait d'études spéciales pour être représentant, je ne me croyais pas à la hauteur de la mission qu'on voulait me confier, d'enseigner le peuple au jour le jour. Pourtant enfin je me décidai; je ne fus pas longtemps à m'apercevoir de la vérité du proverbe : il n'y a que le premier pas qui coûte.

Les lecteurs d'alors ne demandaient pas des solutions longuement, savamment motivées par l'étude de l'histoire, de la justice, du droit; ils voulaient des solutions pratiques réalisables au jour le jour : la Révolution en projets de lois, articles par articles, selon une expression du temps.

Je fus naturellement entraîné, par les nécessités du programme, à négliger mes études de fond et à demander à l'économie politique une issue à la crise. Les grandes questions qui m'absorbèrent à cette époque se trouvent éparses dans les journaux *le Représentant du Peuple*, *le Peuple* et *la Voix du Peuple*, sous les titres d'*Organisation du crédit*, *Banque d'échange*, *Banque du peuple*, *Mutuellisme*, etc. La question de propriété n'y apparaît point d'une façon spéciale; elle n'y figure qu'en raison du lien intime qui existe entre toutes les catégories économiques.

Ma fameuse proposition du 31 juillet, d'un impôt du tiers sur le revenu, un sixième au profit du fermier ou locataire, un sixième au profit de la nation, ne doit pas même être considérée comme une application de mes principes. Il s'agissait, ne l'oublions pas, de solutions immédiates, au jour le jour. Dans la crise qui frappait

toutes les formes de la production, agriculture, industrie manufacturière, commerce, la rente restait intacte,
inviolable, inviolée; les produits agricoles tombaient
de moitié, le fermage ne baissait pas; les locataires
voyaient leurs salaires réduits de 50 p. 100; le propriétaire n'acceptait pas de réduction sur le loyer; les
impôts avaient été augmentés des fameux 45 centi-
mes, et le rentier de l'État touchait intégralement ses
arrérages; il les touchait même par anticipation. En
résumé, le travail produisait moitié moins et payait
tout autant au droit d'aubaine. Celui-ci, en recevant
autant que par le passé, achetait les produits moitié
moins cher. La République était à court de ressources.
C'est alors que je fis ma proposition d'impôt. En
abandonnant un tiers de son revenu, le propriétaire
domanial était encore moins affecté par la crise que
la moyenne des travailleurs. La perception de l'impôt
étant confiée à la diligence du débiteur, il n'en coûtait
à l'État ni frais de contrôle, ni frais de recette. Le
dégrèvement d'un sixième au profit du locataire et
fermier était une compensation arrivant juste à qui de
droit, sans qu'il en coûtât un sou au fisc; le gouvernement enfin trouvait une ressource considérable,
d'une réalisation aussi facile que certaine.

Malgré le scandale qu'on a fait autour de ma proposition et des développements que je lui ai donnés,
je persiste à dire que j'avais trouvé une solution de
circonstance irréprochable, d'une efficacité complète;
et que tous les expédients de détail, imaginés alors
et depuis, ont ébranlé l'institution de propriété

plus que mon projet, sans nous sortir de la crise.

Dire que j'attendais du succès de ma proposition la solution du problème de la propriété, serait absurde. Je visais alors à des solutions d'ensemble, dont le plan se trouve esquissé dans l'*Idée générale de la Révolution au dix-neuvième siècle.*

La liberté du travailleur agricole étant, au point de vue économique, la seule raison d'être de la propriété foncière, je devais naturellement me demander : Comment la société peut-elle aider les travailleurs agricoles à remplacer les propriétaires oisifs ? A quoi je répondais : En organisant le crédit foncier.

« Un jeune paysan, entrant en ménage, désire acheter un fonds : ce fonds vaut 15,000 francs.

« Supposons que ce paysan, avec la dot de sa femme, un coin d'héritage, quelques économies, puisse faire un tiers de la somme : la Banque foncière, sur un gage de 15,000 francs, n'hésitera pas à lui en prêter 10,000, remboursables par annuités.

« Ce sera donc comme si, pour devenir propriétaire d'une propriété de 10,000 francs, le cultivateur n'avait qu'à en payer la rente pendant quinze, vingt ou trente années. Cette fois, le fermage n'est plus perpétuel ; il s'impute annuellement sur le prix de la chose ; il vaut titre de propriété. Et, comme le prix de l'immeuble ne peut pas s'élever indéfiniment, puisqu'il n'est autre chose que la capitalisation au vingtuple, trentuple ou quarantuple de la partie du produit qui excède les frais de labourage, il est évident que la propriété ne pourra plus fuir le paysan. Avec la

Banque foncière, le fermier est dégagé ; c'est le propriétaire qui est pris. Comprenez-vous maintenant pourquoi les conservateurs de la Constituante n'ont pas voulu du Crédit foncier ?... »

Je m'éloignerais trop de la question spéciale de la propriété si j'expliquais comment la Banque foncière peut être lestée de capitaux remboursables à long terme, avec ou sans prime remplaçant l'intérêt. Le Crédit foncier, tel qu'il existe aujourd'hui, agirait, quoique avec trop de lenteur, dans le sens de la Révolution, — la substitution du travailleur à l'oisif comme propriétaire, — s'il ne faisait d'avances qu'au travail.

Le premier devoir du Crédit foncier, c'est d'aider le cultivateur non propriétaire à devenir propriétaire, de même que le premier devoir de la Banque de France est d'escompter les effets de commerce. S'il reste ensuite au Crédit foncier des capitaux disponibles, il ne doit les avancer que pour l'amélioration des propriétés sur lesquelles il prend hypothèque.

Aujourd'hui, le Crédit foncier fait tout le contraire. Il agit comme un mont-de-piété. A celui qui offre un gage évalué 100,000 francs, il en prête 60,000, sans s'inquiéter de la destination de son prêt. D'où il résulte : 1° qu'en fait, le propriétaire cultivateur, comme emprunteur au Crédit foncier, est l'exception, ainsi qu'en témoignent tous les comptes rendus ; 2° que les emprunteurs, qui paient à l'institution une annuité de 6 p. 100, n'ont d'autre souci que de trouver dans des spéculations de bourse, de terrains ou de marchandises, un bénéfice annuel supérieur. Il en est du Crédit foncier comme de la Banque de France lorsqu'elle fait des avances sur dépôt de titres : les deux institutions ne servent ici qu'à favoriser les agioteurs et les accapareurs. Toutes deux doivent être révolutionnées, c'est-à-dire radicalement réformées.

Supposons maintenant que, le crédit gratuit, ou crédit sans intérêt, étant organisé aussi bien pour les prêts à longue échéance que pour les prêts à courte échéance, tous les travailleurs agricoles aient fini par acquérir la propriété de la terre. Les autres travailleurs, se faisant concurrence, leur vendront leurs produits à prix coûtant. Quelques-uns pourront réaliser des bénéfices, tandis que les autres subiront des pertes. Mais, alors même que ces travailleurs n'auraient pas organisé entre eux une société d'assurance mutuelle contre les risques commerciaux, le prix marchand des produits manufacturés se réglera toujours sur la moyenne des profits et des pertes.

En sera-t-il de même des produits agricoles? Evidemment non. Ricardo l'a démontré à satiété : le prix de ces produits est réglé par leurs frais de production sur les terres les moins fertiles. S'il descendait et restait au-dessous, celles-ci ne seraient pas cultivées. Abstraction faite des propriétaires de ces terres, les cultivateurs propriétaires percevraient donc sur les travailleurs manufacturiers une aubaine plus ou moins forte, selon le plus ou moins de fertilité de leurs terres. Qu'exigerait alors la justice? Que le prix marchand des produits agricoles soit réglé par leurs frais de production sur les terrains de qualité moyenne, et, par voie de conséquence, que les propriétaires des terrains de qualité inférieure soient indemnisés de façon à obtenir un salaire légitime. Par qui devraient-ils être indemnisés? Poser la question, c'est la résoudre : par les propriétaires des terres de qualité supérieure. Alors, et alors seulement, la rente foncière sera équitablement répartie entre tous les citoyens, quelle que soit la profession qu'ils exercent. Alors, et alors seulement, sans que la *propriété-liberté* ait reçu la moindre atteinte, la *propriété-vol* aura disparu. — Il va sans dire que, dans cette intéressante hypothèse, l'impôt foncier deviendrait une criante injustice. Aussi avais-je soin de dire, dans l'*Idée générale de la Révolution au dix-neuvième siècle*, que cet impôt devrait être alors aboli.

« Tous les socialistes, disais-je dans le même ouvrage, Saint-Simon, Fourier, Owen, Cabet, Louis Blanc, les Chartistes, ont conçu l'organisation agricole de deux manières : ou bien le laboureur est simplement ouvrier associé d'un grand atelier de culture, qui est la commune, le phalanstère ; ou bien, la propriété territoriale étant rappelée à l'État, chaque cultivateur devient lui-même fermier de l'Etat, qui seul est propriétaire, seul rentier. Dans ce cas, la rente foncière compte au budget, et peut même le remplacer intégralement.

« Le premier de ces systèmes est à la fois gouvernemental et communiste ; par ce double motif, il n'a aucune chance de succès. Conception utopique, mort-née....

« Le second système semble plus libéral.... J'avoue pour mon compte que je me suis longtemps arrêté à cette idée, qui fait une certaine part à la liberté, et à laquelle je ne trouvais à reprocher aucune irrégularité de droit. Toutefois, elle ne m'a jamais complétement satisfait. J'y trouve toujours un caractère d'autocratie gouvernementale qui me déplaît; je vois une barrière à la liberté des transactions et des héritages; la libre disposition du sol enlevée à celui qui le cultive, et cette souveraineté précieuse, ce *domaine éminent*, comme disent les légistes, de l'homme sur la terre interdit au citoyen, et réservé tout entier à cet être fictif, sans génie, sans passions, sans moralité, qu'on appelle l'État. Dans cette condition, le nouvel exploitant est moins, relativement au sol, que l'ancien; il a plus perdu qu'il n'a gagné; il semble que la motte de terre se dresse contre lui et lui dise : Tu n'es qu'un esclave du fisc; je ne te connais pas !

« Pourquoi donc le travailleur rural, le plus ancien, le plus noble de tous, serait-il ainsi découronné ? Le paysan aime la terre d'un amour sans bornes, comme dit poétiquement Michelet : ce n'est pas un colonat qu'il lui faut, un concubinage; c'est un mariage. »

Il va sans dire qu'en raisonnant dans l'hypothèse de l'organisation du crédit gratuit à longue échéance, et en demandant alors une indemnité pour les propriétaires cultivateurs des terres de qualité inférieure, je n'entendais compenser que les différences de fertilité naturelle des terres et celles résultant de force majeure. Lorsque, par l'ouverture d'une route ou d'un canal, certaines terres sont favorisées sans que les autres le soient, celles-ci ont évidemment droit à une compensation, au même titre que les sucres de la Réunion sont aujourd'hui dégrevés par rapport aux sucres de la Guadeloupe et de la Martinique.

Compenser au delà, serait évidemment accorder une prime d'encouragement à l'impéritie. Il faut que le propriétaire cultivateur sache conserver sa terre à son rang. S'il ne le sait pas, si, par son incapacité relative, il laisse ses concurrents créer une rente nouvelle sur les terres qu'ils cultivent avec une intelligence supérieure, il n'a aucun droit à exiger cette rente comme indemnité. La concurrence de travailleurs égaux en capacité, jouissant également d'un crédit suffisant pour l'amélioration de leurs terres, doit détruire incessamment toutes ces rentes nouvelles, toutes ces plus-values données à certaines propriétés.

C'est en me plaçant à ce point de vue que j'ai affirmé, en 1850, le *droit* du cultivateur *à la plus-value* de la propriété qu'il cultive, sous réserve des restrictions que j'ai indiquées dans les *Contradictions économiques.*

« Un immeuble, valant 40,000 francs, est livré à bail à un laboureur, moyennant le prix de 1,200 francs, soit à 3 p. 100. Au bout de dix ans, cet immeuble, sous la direction intelligente du fermier, a gagné 50 p. 100 de valeur : au lieu de 40,000 fr., il en vaut 60,000. Or, non-seulement cette plus-value, qui est l'œuvre exclusive du fermier, ne lui profite en rien;

3.

mais le propriétaire, l'oisif arrive, qui, le bail expiré, porte le prix d'amodiation à 1,800 francs. Le laboureur a créé 20,000 francs pour autrui; bien plus : en augmentant de moitié la fortune du maître, il a augmenté proportionnellement sa propre charge; il a donné la verge, comme on dit, pour se faire fouetter.

« Cette injustice a été comprise du paysan ; et, plutôt que de n'en pas obtenir réparation, il brisera tôt ou tard gouvernement et propriété, comme en 89 il brûla les chartriers..... Le *droit à la plus-value* est un des premiers que le législateur devra reconnaître, au moins en principe, à peine de révolte et peut-être d'une jacquerie.

« Quant à moi, je ne crois point que, dans le système de nos lois et l'état des propriétés, une pareille innovation soit praticable, et je doute que l'espoir des paysans triomphe des difficultés et des complications sans nombre de la matière.... Il ne faudrait pas moins qu'une refonte complète, avec suppressions, additions, modifications, presque à chaque phrase et à chaque mot, des deuxième et troisième livres du Code civil, *dix-sept cent soixante-six* articles à reviser, discuter, approfondir, abroger, remplacer, développer; plus de travail que n'en pourrait faire l'Assemblée nationale en dix ans.

« Tout ce qui concerne la distinction des biens, le droit d'accession, l'usufruit, les servitudes, successions, contrats, prescriptions, hypothèques, devra être raccordé avec le droit à la plus-value et remanié de fond en comble. Quelque bonne volonté qu'y mettent les représentants, quelques lumières qu'ils y apportent, je doute qu'ils parviennent à faire une loi qui satisfasse leurs commettants et leur amour-propre. Une loi qui dégage, qui consacre et qui règle, dans toutes les circonstances, le droit à la plus-value et les conséquences qu'il traîne après lui, est tout simplement une loi impossible. C'est ici un des cas où le droit, malgré son évidence, échappe aux définitions du législateur.

« Le droit à la plus-value a encore un autre défaut bien plus grave : c'est de manquer de logique et d'audace.

« De même que la propriété n'augmente de valeur que par le travail du fermier, de même elle ne conserve sa valeur acquise que par ce même travail. Une propriété abandonnée ou mal soignée perd et se détériore, autant que dans le cas contraire elle profite et s'embellit. Conserver une propriété, c'est encore la créer, car c'est la refaire tous les jours, au fur et à mesure qu'elle périclite. Si donc il est juste de reconnaître au fermier une part dans la plus-value que par son travail il ajoute à la propriété, il est également juste de lui reconnaître une autre part pour son entretien. Après avoir reconnu le droit à la plus-value, il faudra reconnaître le droit de conservation. Qui fera ce nouveau règlement ? Qui saura le faire entrer dans la législation, le faire cadrer avec le Code ?...

« Remuer de pareilles questions, c'est jeter la sonde dans des abîmes. Le droit à la plus-value, si cher au cœur du paysan, avoué par la loyauté d'un grand nombre de propriétaires, est impraticable, parce qu'il manque de généralité et de profondeur, en un mot, parce qu'il n'est point assez radical. Il en est de lui comme du DROIT AU TRAVAIL, dont personne, à la Constituante, ne contestait la justice, mais dont la codification est également impossible... »

Il y a eu un moment, au moyen âge, où l'Église était moralement souveraine. Alors, comme au temps de ses Pères, elle ne reconnaissait comme légitimes que les prêts sans intérêt. Pourquoi a-t-elle manqué de logique ? pourquoi n'a-t-elle pas compris la rente payée par le fermier ou tenancier au propriétaire parmi les intérêts déguisés qu'elle proscrivait avec saint Ambroise ? Pourquoi n'a-t-elle pas décrété :

« Tout paiement de redevance pour l'exploitation d'un immeuble acquerra au fermier une part de propriété dans l'immeuble, et lui vaudra hypothèque. »

Si l'Église avait édicté ce décret, si elle avait chargé ses clercs de le publier et de le commenter dans toutes les paroisses de la chrétienté, Jacques Bonhomme se serait donné lui-même la mission de l'exécuter. Et, au cas très-probable où les pouvoirs temporels, — seigneurs, barons, comtes, marquis, ducs, rois et empereur, — s'y seraient opposés, il aurait prouvé par sa force que le pouvoir spirituel est tout lorsqu'il est dans la logique de la Justice.

L'Église n'aurait pas été vaincue, elle ne serait pas en train de perdre le pouvoir spirituel après avoir perdu le pouvoir temporel, si elle avait agi comme je viens de le dire. C'est ce qu'avaient parfaitement

compris un certain nombre de catholiques. Il n'y a
donc pas lieu de s'étonner du concours que j'ai reçu
d'eux de 1848 à 1851.

Mes études de réforme économique dans la même
période ont surtout porté sur le côté *objectif* de la
question. Nous étions débordés par la sensiblerie fra-
ternitaire, communautaire; il semblait que la solution
du problème du prolétariat fût simplement affaire de
prédication et de propagande ; que les Juifs et les Phi-
listins, suffisamment sermonnés, évangélisés, allaient
se dessaisir spontanément, se faire nos chefs de file
et nos commis pour l'organisation de l'égal-échange.

Dans mon livre de la JUSTICE, troisième étude, les
Biens, j'ai repris toutes ces questions d'un point de
vue plus élevé, que l'ardeur et les exigences de la polémique ne m'avaient pas laissé le temps de développer durant la période de lutte révolutionnaire. Je ve-
nais de poser un grand principe, l'immanence de la
Justice dans l'humanité; et c'est d'après ce critère
que j'entendais juger toutes les institutions. Ce fut la
première fois que je cherchai d'une façon quelque
peu approfondie la légitimation de la propriété dans .
son côté *subjectif*, la dignité du propriétaire.

J'avais écrit en 1852 (*la Révolution sociale démontrée par le coup d'État*) :

« Les principes sur lesquels repose, depuis 89, la
société française, disons toute société libre, principes
antérieurs et supérieurs à la notion même de gouvernement, sont : 1° la *propriété libre*; 2° le *travail
libre*; 3° la *distinction naturelle, égalitaire et libre*

des spécialités industrielles, mercantiles, scientifiques, etc., d'après le principe de la division du travail, et en dehors de tout esprit de caste.

« 1. La *propriété libre* est celle qu'on appelait à Rome *quiritaire*, et chez les barbares envahisseurs, *allodiale*. C'est la propriété absolue, autant du moins qu'il peut se trouver chez les hommes quelque chose d'absolu : propriété qui relève directement et exclusivement du propriétaire, lequel l'administre, la loue, la vend, la donne ou l'engage, suivant son bon plaisir, sans en rendre compte à personne.

« La propriété doit être transformée sans doute par la révolution économique, mais non pas en tant qu'elle est libre : elle doit, au contraire, gagner sans cesse en liberté et en garantie. La transformation de la propriété porte sur son *équilibre :* c'est quelque chose d'analogue au principe qui a été introduit dans le droit des gens par les traités de Westphalie et de 1815. »

J'ajoutais en 1858 :

« C'est par la Justice que la propriété se conditionne, se purge, se rend respectable, qu'elle se détermine civilement, et, par cette détermination, qu'elle ne tient pas de sa nature, devient un élément économique et social.

« Tant que la propriété n'a pas reçu l'infusion du Droit, elle reste, ainsi que je l'ai démontré dans mon premier *Mémoire*, un fait vague, contradictoire, capable de produire indifféremment du bien et du mal, un fait par conséquent d'une moralité équivoque, et qu'il est impossible de distinguer théoriquement des actes de préhension que la morale réprouve.

« L'erreur de ceux qui ont entrepris de venger la propriété des attaques dont elle était l'objet a été de ne pas voir qu'autre chose est la propriété, et autre chose la légitimation, par le droit, de la propriété; c'est d'avoir cru, avec la théorie romaine et la philosophie spiritualiste, que la propriété, manifestation du moi, était sainte par cela seul qu'elle exprimait le moi; qu'elle était de droit, parce qu'elle était de besoin; que le droit lui était inhérent, comme il l'est à l'humanité même.

« Mais il est clair qu'il n'en peut être ainsi, puisque autrement le moi devrait être réputé juste et saint dans tous ses actes, dans la satisfaction quand même de tous ses besoins, de toutes ses fantaisies; puisque, en un mot, ce serait ramener la Justice à l'égoïsme, comme le faisait le vieux droit romain par sa conception unilatérale de la dignité. Il faut, pour que la propriété entre dans la société, qu'elle en reçoive le timbre, la légalisation, la sanction.

« Or, je dis que sanctionner, légaliser la propriété, lui donner le caractère juridique qui seul peut la rendre respectable, cela ne se peut faire que sous la condition d'une balance, et qu'en dehors de cette réciprocité nécessaire, ni les décrets du prince, ni le consentement des masses, ni les licences de l'Église, ni tout le verbiage des philosophes sur le moi et le non-moi, n'y servent de rien. »

La légitimation de la propriété par le droit, par l'infusion en elle de l'idée de Justice, sans préjudice des conséquences économiques précédemment développées, telle est, avec la substitution du principe de la *balance* à celui de la *synthèse*, ce qui distingue mon étude sur *les Biens* de mes publications antérieures sur la propriété. J'avais cru jusqu'alors avec Hégel que les deux termes de l'antinomie, *thèse*, *antithèse*, devaient se résoudre en un terme supérieur, SYNTHÈSE. Je me suis aperçu depuis que les termes antinomiques ne se résolvent pas plus que les pôles opposés d'une pile électrique ne se détruisent; qu'ils ne sont pas seulement indestructibles; qu'ils sont la cause génératrice du mouvement, de la vie, du progrès; que le problème consiste à trouver, non leur fusion, qui serait la mort, mais leur équilibre, équilibre sans cesse instable, variable selon le développement même des sociétés.

Je me suis franchement expliqué de mon erreur dans le livre *de la Justice*.

« A propos du *Système des Contradictions économiques*, je dirai que si cet ouvrage laisse, au point de vue de la méthode, quelque chose à désirer, la cause en est à l'idée que je m'étais faite, d'après Hegel, de l'antinomie, que je supposais devoir se résoudre en un terme supérieur, la synthèse, distincte des deux premiers, la thèse et l'antithèse : erreur de logique autant que d'expérience dont je suis aujourd'hui revenu. L'ANTINOMIE NE SE RÉSOUT PAS : là est le vice fondamental de toute la philosophie hégélienne. Les deux termes dont elle se compose se BALANCENT, soit entre eux, soit avec d'autres termes antinomiques : ce qui conduit au résultat cherché. Mais une balance n'est pas une synthèse telle que l'entendait Hégel et que je l'avais supposée après lui : cette réserve faite dans un intérêt de logique pure, je maintiens tout ce que j'ai dit dans mes *Contradictions.* »

Le chapitre VI de l'étude sur les biens a pour titre : BALANCES ÉCONOMIQUES : *Ouvriers et maîtres,* — *Vendeurs et acheteurs,* — *Circulation et escompte,* — *Prêteurs et emprunteurs,* — *Propriétaires et locataires,* — *Impôt et rente,* — *Population et subsistances.*

Je disais en parlant de l'impôt :

« Il existe, en dehors de la série fiscale, une matière imposable, la plus imposable de toutes, et qui ne l'a jamais été, dont la taxation, poussée jusqu'à l'absorption intégrale de la matière, ne saurait jamais préjudicier en rien ni au travail, ni à l'agriculture, ni à l'industrie, ni au commerce, ni au crédit, ni au capital, ni à la consommation, ni à la richesse; qui, sans grever le peuple, n'empêcherait personne de vivre selon ses facultés, dans l'aisance, voire le luxe, et de jouir intégralement du produit de son talent et de sa science; un impôt qui de plus serait l'expression de l'égalité même. — Indiquez cette matière : vous aurez bien mérité de l'humanité. — La rente foncière...

« ...Toutefois, il ne me semblerait pas bon que l'État absorbât chaque année pour ses dépenses la totalité de la rente, et cela pour plusieurs raisons : d'abord parce qu'il importe de restreindre toujours, le plus possible, les dépenses de l'État; en second lieu, parce que ce serait reconnaître dans l'État, seul rentier désormais et propriétaire, une souveraineté transcendante, incompatible avec la notion révolutionnaire de Justice, et qu'il est meilleur pour la liberté publique de laisser la rente à un certain nombre de citoyens, exploitant ou ayant exploité, que de la livrer tout entière à des fonctionnaires; enfin parce qu'il est utile à l'ordre économique de conserver ce ferment d'activité qui, dans certaines limites et sous certaines conditions, ne paraît pas susceptible d'abus, et fournit au contraire, contre les envahissements du fisc, le plus énergique contre-poids. »

J'étais déjà sur la voie qui devait me conduire à la théorie que je publie aujourd'hui. En mettant au concours la question de l'impôt, le Conseil d'État du canton de Vaud m'y a définitivement engagé. Je l'en remercie plus encore que du prix qu'il m'a décerné.

Les journaux soi-disant démocratiques n'ont rien dit de ma *Théorie de l'Impôt*, publiée en France en 1861. La conspiration du silence existait déjà. Je n'ai pas même eu, à l'occasion de cet ouvrage, l'honneur de l'éreintement.

Je n'ai pas à faire ici l'analyse de ma *Théorie de l'Impôt*. Je ne prends du livre que ce qui concerne la propriété et la rente.

Je n'ai pas manqué d'y revenir sur cette idée que la rente doit surtout servir à compenser les différences de qualité du sol. Mais elle peut servir à autre chose, par exemple à payer les dépenses de l'État; et, puisqu'il est démontré qu'en dehors de celui qui la frappe spécialement, tous les impôts aboutissent à une capitation payée en définitive par les travailleurs, je conclus, dans l'état actuel de la société, à la nécessité, pour soulager ces travailleurs, d'équilibrer la plus forte part des dépenses de l'État par l'impôt sur la rente foncière, qu'il ne faut pas confondre avec notre impôt foncier. Jusqu'ici je suis d'accord avec les physiocrates, Quesnay, Turgot, Mirabeau père, Dupont de Nemours, avec Adam Smith et avec Rossi. Voici maintenant en quoi consiste l'originalité de mon idée :

« Dans un pays comme la France, la rente foncière, d'après les évaluations qui semblent les plus probables, est d'environ 1,800 millions, soit un sixième environ de la production nationale. Admettant pour la part de l'État le tiers de cette rente, 600 millions : si le budget des dépenses était réglé à pareille somme, il est clair que l'État n'aurait rien à demander aux citoyens; son droit reconnu, on aurait enfin découvert cet heureux phénix d'un *gouvernement sans impôt.*

« Que si, par l'effet de circonstances extraordinaires, l'État se trouvait dans la nécessité d'accroître ses dépenses, il lui serait aisé d'y subvenir, d'une part, en imposant aux citoyens non cultivateurs ou propriétaires fonciers une contribution personnelle, mobilière ou autre quelconque ; d'autre part, en élevant proportionnellement sa part de rente, de telle sorte qu'au lieu du tiers, il eût à percevoir 2/5, 1/2, 3/5, 2/3, 4/5, 5/6, 7/8, etc. »

Faits entrer ce système dans la Charte ou Constitution politique du pays ; insérez-y ce simple article :

L'impôt sur la rente foncière sera toujours égal aux trois cinquièmes du budget, ordinaire, extraordinaire, supplémentaire ou complémentaire, peu importe ; et *ipso facto*, le gouvernement, qui ne vit que par l'impôt, sera maté.

« C'est surtout en prévision des gros budgets que l'impôt sur la rente est admirable. Plus les dépenses s'augmenteront, plus la rente sera frappée. Si, par exemple, au lieu d'un impôt de 500 millions, le pays devait fournir à l'État, sur une production collective de 10 milliards, le dixième, *la dîme*, soit un milliard, la rente devrait payer 600 millions : si le budget était d'un milliard et demi, la rente payerait 900 millions ; si ce même budget, enfin, comme la France en est menacée, atteignait deux milliards, le cinquième du produit brut de la nation, la rente payerait 1,200 millions. En sorte qu'une terre qui, sous le régime actuel, donne 3,000 francs net au propriétaire, ne lui rendra plus, si le budget reste le même, que 1,000 francs. Alors vous verrez les rentiers, les propriétaires, toute la bourgeoisie, haute et moyenne, se joindre au prolétariat pour demander la réduction de l'impôt, le fisc arrêté dans ses envahissements et le gouvernement mis à la raison. »

Une dernière citation, et le lecteur intelligent comprendra par avance l'esprit politique du livre que je soumets aujourd'hui à son appréciation.

« C'est aux propriétaires fonciers de réfléchir sur leur position et de mesurer le danger immense que leur fait courir leur folle alliance avec le pouvoir, j'ai presque dit leur complicité avec le fisc... C'est en acceptant, en revendiquant la charge qui leur est dévolue par la raison, par le droit, par leur intérêt bien entendu, c'est en se faisant les geôliers du fisc au lieu d'en être les commensaux, que les propriétaires feront cesser l'agitation des masses et sauront échapper à l'expropriation finale... »

Entre temps, mon attention ayant été appelée par la bienveillance d'une personne inconnue sur la distinction des deux formes de propriété, l'*alleu* et le *fief*, je vis sur-le-champ qu'il y avait là une opposition d'un nouveau genre qui devait avoir son emploi dans l'économie générale. Alors je réunis en un seul faisceau toutes mes observations, tous les faits déterminés, et la *Théorie de la propriété*, telle que je la donne aujourd'hui, se trouva complète.

Après ce résumé, je n'aurais plus qu'à entrer en matière et à présenter mes conclusions définitives, si l'ignorance et la sottise n'étaient venues fourrer dans la question un épisode complétement hors de propos, sous le titre de *propriété artistique et littéraire*. Tous les gens de lettres, poëtes, fantaisistes, romanciers, vaudevillistes, historiens, ont voulu dire leur mot de l'affaire. Aucun d'eux ne connaissait seulement la différence capitale qui existe entre la PROPRIÉTÉ et la *possession*, différence que nous avons eu soin de mettre en lumière. On confondait les droits du travail avec la rente ; l'appropriation de l'IDÉE avec celle de la *forme*; le côté vénal, industriel de l'œuvre avec son côté esthétique. Jamais la confusion des langues n'avait produit pareil gâchis.

C'est en 1858, à propos du congrès de Bruxelles, que j'ai été amené à traiter spécialement de la propriété littéraire. Les principes que j'ai exposés sur la matière, à savoir que le domaine du vrai, du juste, du beau n'est pas appropriable; qu'il ne peut être ni partagé, ni morcelé, ni aliéné; que ses produits ne tombent pas dans la catégorie des choses vénales, ces principes, dis-je, sont résumés dans mon livre des *Majorats littéraires*.

« Les choses qui, par leur excellence, sortent du cercle utilitaire, sont de plusieurs catégories : la religion, la justice, la science, la philosophie, les arts, les lettres, le gouvernement. » Pourquoi? Parce qu'elles sont la substance morale de l'humanité, et que l'humanité ne s'approprie pas; tandis que la terre et les produits de l'industrie, choses fongibles, matière serve, que l'homme l'ait faite ou seulement façonnée, est vénale, étrangère à l'homme. Pour assurer le triomphe complet de la liberté, on a dû interdire l'appropriation des idées, de la vérité et du droit, en même temps qu'on autorisait l'appropriation de la terre. La souveraineté du citoyen n'existe pas dans l'indivision terrienne ; elle périrait avec l'appropriation intellectuelle. Ces deux vérités, inverses l'une de l'autre, sont corroborées par la distinction que j'ai faite des choses *vénales* et des *non-vénales*. En effet, la terre peut être vendue, dominée sans offense ; l'homme ne peut être vendu, et trafiquer de certaines idées, c'est trafiquer du genre humain, le refaire esclave.

« La loi française sur les brevets d'invention a déclaré expressément que les *principes* philosophiques ou scientifiques, c'est-à-dire la connaissance des lois de la nature et de la société, ne sont pas susceptibles d'appropriation. La vente de la vérité, comme celle de la justice, est chose qui répugne, dit le législateur... Le spéculateur inconnu qui inventa les chiffres appelés *arabes*; Viète, qui créa l'algèbre; Descartes, qui appliqua l'algèbre à la géométrie; Leibnitz, auteur du calcul différentiel; Neper, qui découvrit les logarithmes; Papin, qui reconnut la puissance élastique de la vapeur et la possibilité de l'utiliser comme force mécanique; Volta, qui construisit la fameuse pile; Arago, qui dans l'électro-magnétisme signala la télégraphie électrique quinze ou vingt ans avant qu'elle existât; aucun de ces hommes, dont les découvertes dominent la science et l'industrie, n'eût pu être breveté. Pour ces intelligences de premier ordre, le désintéressement le plus absolu est de commande. La loi qui a fait cette étrange répartition entre le savant inventeur du principe, à qui elle n'accorde rien, et l'industriel, applicateur du principe, qu'elle privilégie, serait-elle injuste, par hasard? Non, c'est notre conscience qui est faible, c'est notre dialectique qui se fourvoie... La vérité en elle-même n'est pas objet de commerce; elle ne peut faire la matière d'une appropriation... Conduire la vérité à la foire, c'est immoral, contradictoire. »

Nous ne saurions trop insister sur la différence entre

le monde *matériel*, appropriable, et le monde *spirituel*, non appropriable. Celui-ci n'est autre que l'homme même : idées, idéal, conscience, science, droit, justice, vertu, beaux-arts, tout cela, c'est l'humanité.

« Le soldat donne sa vie pour son pays, sans avoir reçu autre chose que sa solde, c'est-à-dire le strict nécessaire. Le chantre, qui met en paroles, en musique, si vous voulez, ce que l'autre a mis en action, *mourir pour la patrie*, exige plus que le vivre : il demande une couronne, des champs, des prés, des vignes, des propriétés !

« Lucie de Lammermoor expire en apprenant le retour de son fiancé : elle donne sa vie avec son amour à l'homme qu'elle a délaissé par obéissance, le croyant mort, et qui ne peut plus lui rendre rien. Le *maestro*, qui sur ce thème brode un opéra, réclame pour ses notes perpétuité de privilége ; l'actrice qui les chante veut aussi de l'or, de l'or, de l'or. Laïs, demandant à Aristippe mille drachmes pour une nuit, entendait l'amour comme la cantatrice entend l'art. Pères de famille, quelle pratique allez-vous recommander à vos filles : celle de Laïs ou celle de Lucie de Lammermoor ?

« Il y a dans la Bible une histoire, non pas plus touchante, mais plus instructive sans comparaison que celle de Joseph : c'est l'histoire des Tobie. Tobie père, devenu aveugle, ayant perdu tous ses biens, sa femme vieille et cacochyme, prend le parti d'envoyer son fils unique à son ancien associé Gabélus pour lui réclamer le remboursement d'une créance, sa dernière ressource. Le voyage est de trois cents lieues, en pays barbare, sans routes, sans police, plein de coupe-gorge et infesté de malfaiteurs. Si Tobie jeune, avec son bâton pour *viaticum*, réussit à passer, il y a tout à parier qu'avec son argent il ne repassera pas. La mère fait une opposition désespérée. Il faut partir cependant. Le hasard fait rencontrer au jeune homme un compagnon de voyage. Raphaël a visité tous les pays ; il connaît tous les sentiers, parle toutes les langues, a étudié toutes les sciences ; il s'est entretenu avec tout Israël. Il prend Tobie sous sa garde, lui sauve la vie au passage de l'Euphrate, lui fait épouser une belle et riche héritière, se charge lui-même d'opérer l'encaissement de la lettre de change ; puis il ramène le jeune couple sain et sauf, gorgé de richesses ; rend la vue au vieillard, le fils à la mère. Et quand les bonnes gens, qui doivent tout à cet inconnu, la vie et la vue, l'amour et la richesse, lui offrent de partager leur fortune, il répond : *Je ne me nourris pas de cette viande.* Ne semble-t-il pas entendre un de ces ouvriers, dont Paris est plein, qui, allant à son travail, se jette, chemin faisant, dans la Seine glacée, sauve la vie à un enfant maladroit, à une femme désolée, et ne souffre pas même qu'on lui rembourse le quart de journée que lui retiendra le patron ? Raphaël, que la Bible appelle un *ange*, est le génie qui se prodigue, et n'accepte pour salaire que le don du cœur, égal à lui et seul capable de le payer. Qu'un homme de lettres, sur ce canevas, écrive une nouvelle : sa première pensée sera l'interdiction de reproduire. — Je ne suis pas un ange, observe-t-il. — Pardieu, âme grossière, on le sait bien : tu es un ogre. »

Ai-je besoin de me disculper d'avoir prêché la spoliation du génie? De quoi s'agit-il au fond? De rémunérer l'écrivain, l'artiste, le savant, le juge? Point du tout. Il s'agit de *propriété*, de *domaine* : qu'on ne perde pas de vue la question. Or la propriété, même foncière, est *gratuite;* elle est d'institution politique, non économique; elle a pour but de contenir le gouvernement, non de récompenser le propriétaire d'aucun service rendu. La rémunération des produits jadis qualifiés par l'école d'immatériels est soumise aux mêmes lois que celle de la production agricole ou industrielle.

« L'œuvre de l'écrivain est, comme la récolte du paysan, *un produit.* Remontant aux principes de cette production, nous arrivons à deux termes de la combinaison desquels est résulté le produit : d'un côté le travail; de l'autre un fonds, qui pour le cultivateur est le monde physique, la terre; pour l'homme de lettres le monde intellectuel, l'esprit... Je m'empare de la distinction si nettement établie entre le *produit* agricole et la PROPRIÉTÉ foncière, et je dis : Je vois bien, en ce qui concerne l'écrivain, le produit; mais où est la propriété? où peut-elle être? sur quel fonds allons-nous l'établir? allons-nous partager le monde de l'esprit à l'instar du monde terrestre? »

La question de propriété, étrangère à une idée de rémunération quelconque, une fois écartée du débat, que reste-t-il? La question, beaucoup plus modeste, des *droits d'auteur*. La loi française, en accordant aux écrivains et artistes un privilége d'éditeur pendant leur vie, et en prorogeant de trente ans, après leur mort, le monopole au bénéfice de leurs héritiers, nous paraît avoir donné pleine satisfaction aux intérêts. Quelle est l'œuvre qui, cinquante ans après son apparition, si tant est qu'on en parle encore, n'ait besoin d'être retouchée, refondue, rajeunie et remise au creuset?

Le lecteur peut juger par ce résumé de toutes mes publications sur la propriété que mes idées, parties d'une négation formelle, mais en quelque sorte inorganique, ne se sont pas écartées, en se développant et en prenant un caractère de plus en plus positif, de ma première thèse de 1840. Chaque publication contient en germe le sujet, le point de vue nouveau qui doit être élucidé dans la publication ultérieure. Et ce n'est pas la moindre preuve de ma bonne foi que cette évolution progressive de ma pensée, arrivant à donner de l'institution de propriété l'explication qu'ont vainement cherchée MM. Thiers, Laboulaye, Cousin, Sudre, Troplong, les phalanstériens et tous mes adversaires et détracteurs.

Ma critique en elle-même est indestructible, hors une seule hypothèse que je ferai connaître tout à l'heure. Il en résulte :

Que la propriété est inadmissible au point de vue du droit communal, slave, germanique, arabe; et qu'en effet elle a été condamnée.

Qu'elle est également inadmissible dans la théorie chrétienne ou ecclésiastique, qui la condamne ;

Qu'elle l'est de nouveau dans le système féodal, qui subalternise toutes les possessions et lui oppose le fief ;

Qu'elle a été condamnée par les auteurs latins comme contraire à la liberté et à la nationalité romaines, *latifundia perdidere Italiam* ;

Qu'elle est inadmissible enfin dans le système de centralisation politique ; qu'à ce point de vue encore elle a été seulement tolérée par Robespierre, et qu'elle est encore aujourd'hui repoussée, avec raison, par les Jacobins.

Il n'y a qu'un point de vue où la propriété se puisse admettre : c'est celui qui, reconnaissant que l'homme possède de son fonds la JUSTICE, le faisant *souverain* et *justicier*, lui adjuge en conséquence la propriété, et ne connaît d'ordre politique possible que la *fédération*.

Ainsi je vais consolider toute ma critique antérieure par des considérations d'histoire et de politique, et montrer à la fin que si la propriété est une vérité, ce ne peut être qu'à une condition : c'est que les principes de *Justice immanente*, de *Souveraineté individuelle* et de *Fédération* soient admis.

Sancta sanctis.

Tout devient juste pour l'homme juste ; tout peut se justifier entre les justes. — Ainsi l'œuvre de chair est permise en mariage, et se sanctifie ; mais malheur à l'homme qui se comporte avec une épouse comme avec une courtisane.

Beati pacifici, quoniam ipsi possidebunt terram.

Cette maxime (*sancta sanctis*) contient tout le secret de la solution. L'acte d'appropriation en lui-même, considéré objectivement, est *sans droit*. Il ne se peut légitimer par *rien*. Ce n'est pas comme le *salaire*, qui se justifie par le TRAVAIL, comme la *possession,* qui se justifie par la nécessité et l'égalité des partages ; la propriété reste absolutiste et arbitraire, envahissante et égoïste. — Elle ne se légitime que par la justice du sujet même. Mais comment rendre l'homme juste ? C'est le but de l'éducation, de la civilisation, des mœurs, des arts, etc. ; c'est aussi le but des institutions politiques et économiques dont la propriété est la principale.

Pour que la propriété soit légitimée, il faut donc que l'homme se légitime lui-même ; qu'il veuille être juste ; qu'il se propose la Justice pour but, en tout et partout. Il faut qu'il se dise, par exemple : La propriété en soi n'étant pas juste, comment la rendrai-je juste ?

D'abord, en reconnaissant à tous le même droit à l'appropriation, à l'usurpation ; 2° en *réglementant l'usurpation,* comme le corsaire partageant le butin entre ses compagnons ; de sorte qu'elle tende spontanément à se niveler.

Si je ne fais cela, la propriété suit sa nature : elle s'exagère pour l'un, s'annihile pour l'autre ; elle est sans mœurs, immorale.

Un mot de politique pour terminer ce préambule. On travaille à éluder la question économique.

4.

C'est à ce point de vue que je juge la politique contemporaine.

On croit satisfaire aux nécessités de la situation avec du libre échange, des caisses de retraite, des cités ouvrières, de l'agiotage, de la pisciculture, du jockey-club ! — On se trompe...

On excite la haine des populations contre les vieilles *dynasties*; on espère par ce sacrifice sauver les ARISTOCRATIES. Les Romanow, les Habsbourg, les Hohenzollern, les Bourbon, etc., voilà ce qu'on offre en pâture à l'hydre.

Mais on travaille à sauver les vieilles noblesses, à reconstituer les aristocraties.

Or, c'est le contraire que je demande.

L'unité de l'Italie, la reconstitution de la Pologne et de la Hongrie, les annexions, la guerre : fantaisies rétrospectives, désormais dénuées de sens.

Le pape réduit au spirituel ; une restauration catholique ; une seconde édition du concordat : fantaisie rétrospective.

Il faut anéantir la noblesse polonaise, la noblesse hongroise, comme la noblesse russe. Il faut possessionner le paysan, l'ouvrier, le prolétaire, en France, en Italie, en Belgique, en Allemagne, en Autriche, et partout.

Il faut faire cesser la distinction de bourgeoisie et plèbe, de capitaliste et salarié, d'ouvrier et maître.

Le *droit personnel*, qui conduit à l'égal échange, qui a fait décréter le suffrage universel, un peu trop tôt peut-être, nous mène là.

CHAPITRE II

Que la propriété est absolue : préjugé défavorable à l'absolutisme.

La reconnaissance ou institution de la propriété est
l'acte le plus extraordinaire, sinon le plus mystérieux, de la Raison collective, acte d'autant plus extraordinaire et mystérieux que, par son principe, la propriété répugne à la collectivité autant qu'à la raison.
Rien de plus simple, de plus clair que le fait matériel
de l'appropriation : un coin de terre est inoccupé; un
homme vient et s'y établit, exactement comme fait
l'aigle dans son canton, le renard dans un terrier,
l'oiseau sur la branche, le papillon sur la fleur,
l'abeille dans le creux de l'arbre ou du rocher. Ce
n'est là, je le répète, qu'un simple fait, sollicité par
le besoin, accompli d'instinct, puis affirmé par
l'égoïsme et défendu par la force. Voilà l'origine de
toute propriété. Vient ensuite la Société, la Loi, la
Raison générale, le Consentement universel, toutes
les autorités divines et humaines, qui reconnaissent,
consacrent cette usucapion, dites, — vous le pouvez sans
crainte, — cette usurpation. Pourquoi? Ici la Jurispru-

dence se trouble, baisse la tête, suppliant qu'on veuille bien ne pas l'interroger.

« La détention du sol est un *fait* que la force seule fait respecter, jusqu'à ce que la société prenne en main et consacre la cause du détenteur; alors, sous l'empire de cette garantie sociale, le *fait* devient un DROIT; ce droit, c'est la propriété. Le droit de propriété est une création sociale : les lois ne protégent pas seulement la propriété; ce sont elles qui la font naître, qui la déterminent, qui lui donnent le rang et l'étendue qu'elle occupe dans les droits du citoyen. » (E. LABOULAYE. *Histoire du droit de propriété*, ouvrage couronné par l'Académie des Inscriptions et Belles-Lettres, le 10 août 1838.)

Il faut observer ici que la *consécration du fait* n'est pas encore la propriété, puisque la détention du sol peut n'avoir pas le même caractère chez le fermier, le feudataire, le possesseur slave, l'emphytéote ou le propriétaire. Or, si la possession se comprend à merveille et comme fait et comme droit, il n'en est pas de même de la propriété, dont les motifs sont aussi inconnus de M. Laboulaye que des autres.

Aussi ne lui demandez pas en vertu de quoi le bon plaisir du législateur, ou de la société, dont il est le mandataire, a pu transformer le *fait* en DROIT : M. Laboulaye n'en sait rien, et vous le déclare net. Le fait posé, le droit supposé, tout cela en dix lignes, il enfile son *Histoire*, d'ailleurs fort intéressante, *du droit de propriété*; il en raconte les vicissitudes, les contradictions, les malversations, abus, violences, iniquités; les corruptions, dégradations et transformations. De la raison de toutes ces choses, il ne sait pas le premier mot; il ne la cherche même pas. Jurisconsulte prudent, il se renferme dans un silence significatif : « L'appropriation du sol, vous dit-il, est un de ces faits contemporains de la première société, que la science est obligée d'admettre comme point de départ, mais QU'ELLE NE PEUT DISCUTER, *sans courir le danger de mettre la société elle-même en question.* »

Puissant philosophe qui ne veut pas qu'on discute ni le fait ni la loi, et qui ose appeler *création sociale* un pur arbitraire, où l'abus, la contradiction et la violence abondent, quitte à rejeter la responsabilité des désastres, tantôt sur le consentement présumé des peuples, tantôt sur les décrets de la Providence, tantôt enfin sur le cours irrésistible des révolutions et la force des choses! Le silence sur ce qu'ils ne comprennent point et qu'il leur paraît dangereux d'approfondir : telle est en général la devise de MM. les lauréats de l'Institut.

Pour vous lecteur, à qui cette hypocrisie académique ne saurait plaire, vous, propriétaire, qui souhaitez sans doute pour la société et pour vous-même des garanties un peu plus sérieuses que l'élégance des phrases et la force des baïonnettes, vous voulez que l'on discute, dût la société elle-même être mise en question, dussiez-vous restituer à la masse ce qu'un caprice du législateur vous aurait mal à propos adjugé. Écoutez donc; écoutez sans crainte, et soyez convaincu d'avance que la Vérité et la Justice récompenseront votre bon vouloir.

Le Droit est droit : la Loi est incertaine, quelquefois obscure, mystérieuse ; et ce n'est pas petite chose que de savoir montrer qu'elle est juste ou injuste malgré l'apparence. La Jurisprudence n'est autre chose que la philosophie du Droit. On n'est pas jurisconsulte pour avoir acquis l'érudition des textes et l'intelligence de l'argot des écoles ; on ne l'est même pas pour avoir appris les origines et la filiation des usages, coutumes et législations, leurs analogies, leur corrélation, et les textes. On est jurisconsulte quand on sait à fond la raison des lois, leur portée et leur fin ; quand on connaît la pensée supérieure, organique, politique, qui régit tout ; quand on peut démontrer que telle loi est fautive, insuffisante, incomplète. Et pour cela point n'est besoin d'être lauréat de l'Académie.

Tout homme qui raisonne la Loi est jurisconsulte, de même que celui-là est théologien qui raisonne sa foi, est philosophe qui raisonne sur les phénomènes de la nature et de l'esprit. On est, du plus au moins, philosophe, théologien, jurisconsulte, selon qu'on apporte plus ou moins de persistance, d'étendue et de profondeur dans la recherche des causes, des raisons et des fins. M. Laboulaye a grandement tort de reprocher à MM. Michelet et Guizot de n'être pas jurisconsultes ; il le sont autant et plus que lui.

La propriété, par sa nature psychologique, par la constitution de la Loi, et, j'ajouterai bientôt, par destination sociale, est ABSOLUE : elle ne peut pas ne pas l'être. Or, avant d'entrer dans l'examen de ses motifs,

nous devons constater religieusement une chose :
c'est que cet absolutisme forme contre la propriété,
un *préjugement*, — qu'on me passe le mot, — qui a
paru jusqu'à ce moment invincible.

L'absolu est une conception de l'esprit indispensable pour la marche du raisonnement et la clarté des
idées ; c'est une hypothèse nécessaire de la raison spé-
culative, mais que repousse la raison pratique, comme
une chimère dangereuse, une absurdité logique et
une immoralité.

La religion, en premier lieu, nous le déclare : la
souveraineté, la propriété, la sainteté, la gloire, la
puissance, en un mot, l'absolu, n'appartient qu'à
Dieu : l'homme qui y aspire est impie et sacrilége. Le
Psalmiste le dit, à propos même de la propriété :
« La terre est au Seigneur, et tout ce qu'elle contient : *Domini est terra et plenitudo ejus.* » Avis
aux chefs de tribus et aux propriétaires de se montrer bienfaisants envers le peuple, non avares. Comme
s'il avait dit : Le vrai propriétaire du pays de Chanaan
est Jéhovah ; vous n'êtes que ses tenanciers. Cette
idée se retrouve à l'origine chez tous les peuples :
M. Laboulaye est dans l'erreur quand il dit que *la
propriété est un fait contemporain de la première
société.* Ce qui est contemporain de la première société, c'est l'occupation momentanée, ou la possession
en commun : la propriété ne vient que plus tard, par
le progrès des libertés et la lente élaboration des
lois.

L'absolu n'est pas moins inadmissible en politique.

Cette plénitude d'autocratie qui plaît au théologien, parce qu'elle est une image du gouvernement de Dieu; que le peuple conçoit et accepte avec tant de facilité, parce que l'absolutisme est d'essence religieuse, de droit divin, est justement ce que tout le monde réprouve aujourd'hui, et que dément la théorie de la séparation et de l'équilibre des pouvoirs.

L'économie politique est dans le même cas que la politique : de même que la théorie du gouvernement a pour objet de faire sortir l'État du régime de l'absolu, de même la science économique, par sa théorie des valeurs, du crédit, de l'échange, de l'impôt, de la division du travail, etc., a aussi pour objet de faire sortir les opérations de l'industrie, de l'échange, les faits de circulation, de production, de distribution, de l'absolu. Quoi de plus opposé à l'absolu que la statistique, par exemple, la comptabilité commerciale, la loi de population, le débat entre l'offre et la demande?...

Ai-je besoin de dire que la philosophie, ou recherche de la raison des choses, est la guerre de la raison contre l'absolu? Et la science, enfin, dont le prénom est *analyse*, la science est l'exclusion de tout absolu, puisqu'elle procède invariablement par décomposition, définition, classification, coordination, harmonie, dénombrement, etc., et que là où la décomposition devient impossible, où la distinction s'arrête, où la définition est obscure, contradictoire, impossible, là, enfin, où recommence l'absolu, là aussi finit la science.

La métaphysique, qui nous donne la notion d'absolu, joint son témoignage aux autres, dès qu'il s'agit de faire entrer l'absolu dans la pratique, de le réaliser. Le MOI a beau faire : il ne peut s'approprier le *non-moi*, se l'assimiler et le fondre dans sa propre substance ; ils sont foncièrement séparés ; essayez de les confondre, ou de supprimer l'un des deux, ils s'abîment l'un et l'autre, et vous ne voyez plus rien.

Comment donc l'absolutisme propriétaire pourrait-il se justifier, devenir lui-même une *loi?* Sans doute le *moi* a besoin pour se sentir d'un *non-moi*; sans doute, ainsi que nous l'avons dit en commençant, le citoyen a besoin d'une réalité qui le leste et le pose, à peine de s'évanouir lui-même comme une fiction. Mais cela prouve-t-il que le *non-moi* appartienne au *moi*, et en soit le produit ; que la terre puisse être donnée au citoyen en propriété et domaine absolu? Ne suffit-il pas qu'il obtienne la possession, l'usufruit, le fermage, sous condition de bonne administration et de responsabilité? C'est ainsi que l'ont entendu, dans les commencements, les Germains, les Slaves, etc., et que le pratiquent encore les Arabes.

Ce qui fortifie ce préjugé, c'est que le Législateur le partage.

La propriété se définit ainsi d'après le Droit romain : « *Dominium est jus utendi et abutendi re suâ, quatenùs juris ratio patitur;* le domaine est le droit d'user et d'abuser de sa chose, autant que la raison du Droit le souffre. » — La définition française revient à celle-là : « La propriété est le droit de jouir et de disposer des choses de la manière la plus absolue, pourvu qu'on n'en fasse pas un usage prohibé par les lois et par les règlements. » (Code civil, art. 544) — Le latin est plus énergique, peut-être plus profond que le français. Mais remarquez une chose, une chose merveilleuse, que n'ont jamais relevée les juristes : c'est que ces deux définitions sont l'une et l'autre contradictoires, en ce que chacune consacre un double absolutisme, celui du propriétaire et celui de l'État, deux absolutismes manifestement incompatibles. Or, il faut qu'il en soit ainsi, et c'est là qu'est la sagesse du Législateur, sagesse dont bien peu de jurisconsultes se sont douté jusqu'ici assurément.

Je dis d'abord que la propriété est absolue de sa nature, et, dans toutes ses tendances, absolutiste; c'est-à-dire que rien ne doit entraver, limiter, restreindre, conditionner l'action et la jouissance du propriétaire : sans cela il n'y a pas propriété. Tout le monde comprend cela. C'est ce que le latin exprime par les mots : *jus utendi et abutendi.* Comment donc, si la propriété est absolue, le Législateur peut-il exprimer des réserves au nom de la *raison du Droit,* qui n'est autre évidemment que la raison d'État, organe et interprète du Droit? Qui dira jusqu'où vont ces réserves? Où s'arrêtera, vis-à-vis de la propriété, la raison du Droit, la raison d'État? Que de reproches, que de critiques ne peut-on pas faire contre la propriété? que de conclusions ne peut-on pas poser qui réduisent à néant son absolutisme? Le Code français est plus réservé dans l'expression de ses restrictions; il dit : « Pourvu qu'on ne fasse pas de la propriété un usage prohibé par les lois et les règlements. » Mais on peut faire des lois et des règlements à l'infini, lois et règlements qui, parfaitement motivés par l'abus de propriété, lieront les mains au propriétaire, et réduiront sa souveraineté, égoïste, scandaleuse, coupable, à rien.

Ces considérations *à priori* contre toute prétention de l'humanité à l'absolutisme, sont la pierre d'achoppement à laquelle se sont brisés tous ceux qui ont entrepris de résoudre le problème de l'origine et du principe de la propriété. Elles ont fourni aux adversaires de l'institution des arguments redoutables, auxquels on n'a répondu que par la persécution, ou bien, comme M. Laboulaye, par le silence.

Et pourtant, la propriété est un fait universel, sinon en actualité, au moins en tendance; un fait invincible, incompressible, auquel tôt ou tard le législateur devra donner sa sanction; qui renaît de ses cendres, comme le phénix, lorsqu'il a été détruit par les révolutions, et que le monde a vu se poser à toutes les époques comme l'antithèse de la caste, la garantie de la liberté, et je dirai presque l'incarnation de la Justice.

Tel est le mystère dont nous allons donner enfin l'explication.

CHAPITRE III

Différentes manières de posséder la terre : en communauté, en féodalité, en souveraineté ou propriété. — Examen des deux premières modes : rejet.

La terre peut être possédée de trois manières différentes : en communauté, en féodalité, en propriété. Ces modes, en se combinant, donnent lieu à une grande variété d'applications : nous nous bornerons à retracer les caractères généraux.

I. — La communauté n'a rien en soi d'injuste. Son principe est celui de la famille même, le principe de fraternité. C'est l'esprit du patriarcat, de la tribu, du clan, de tous ces groupes élémentaires nés du sol qu'ils cultivent, et dont les plus vastes États ne sont que des développements. L'Église chrétienne primitive fit de la communauté presque un dogme, obéissant aux idées de Platon, de Pythagore, renouvelées de Lycurgue et de Minos, et alors en faveur. Bientôt cependant le monde laïc lui échappa : le régime communiste n'existe plus aujourd'hui que dans les couvents et chez les Moraves. Naguère, en France, la communauté était assez usitée dans certaines provinces, comme mode d'exploitation agricole : le Code civil l'a consacrée sous le nom de *Société universelle de biens et de gains*, et en a tracé les règles. C'est sur le principe de cette société que Cabet essaya, au Texas, de réaliser son utopie icarienne. Actuellement elle est fort rare : je ne sais pas même si l'on en citerait un seul exemple.

La possession et l'exploitation du sol par indivis, rationnelle, juste, féconde, nécessaire même, tant que la société exploitante n'excède pas les limites d'une proche parenté, — père, mère, aïeul et aïeule, enfants, beaux-fils et belles-filles, domestiques, oncles et tantes; — est aussi solide que la famille même. En même temps qu'elle constitue pour chaque membre de la famille une communauté, elle peut être, et elle est presque toujours, vis-à-vis des étrangers, soit une propriété, soit un fief. Ce double caractère, joint à l'exploitation par la famille, est ce qui donne à l'institution la plus grande moralité et la plus grande force. Effet des contraires, que le génie social se plaît à unir, tandis que la raison individualiste ne sait le plus souvent que les mettre en discorde! Mais dès que les familles se multiplient au sein de la communauté primitive, la divergence s'introduit, le zèle de la communauté, par suite le travail se relâche; la société universelle de biens et de gains se change en une société de biens seulement, et tend à se rapprocher de jour en jour de la société de commerce, de la société d'assurance mutuelle ou de bienfaisance, de la simple participation ; c'est-à-dire que la communauté s'évanouit.

Ce phénomène de dégradation inévitable, que l'on a observé à toutes les époques et dans tous les pays où s'est instituée la communauté, nous met sur la voie des inconvénients, des abus et des vices propres à ce régime.

L'homme, en vertu de sa personnalité, tend à l'indépendance : est-ce de sa part une mauvaise inclination qu'il faille combattre, une perversion de la liberté, une exorbitance de l'égoïsme, qui mette en danger l'ordre social, et que doive réprimer à tout prix le législateur? Plusieurs l'ont pensé, et l'on ne saurait douter que telle ne soit au fond la vraie doctrine chrétienne. L'esprit de subordination, d'obéissance et d'humilité peut être appelé une vertu théologale, autant que la charité et la foi. Dans ce système, qui, sous une forme ou sous une autre, est encore celui qui réunit le plus grand nombre de suffrages, l'Autorité s'impose comme loi. Son idéal, dans l'ordre politique, est le pouvoir absolu; dans l'ordre économique, la communauté. Devant le pouvoir, l'individu est zéro ; dans la communauté, il ne peut rien posséder en propre : tout est à tous, rien n'est à personne. Le sujet appartient à l'État, à la communauté, avant d'être à la famille, avant de s'appartenir à lui-même. Tel est le principe, disons mieux, tel est le dogme.

Or, remarquez ceci : l'homme étant supposé réfractaire à l'obéissance, comme il l'est en effet, il en résulte que le pouvoir, que la communauté qui l'absorbe ne subsiste point par elle-même ; elle a besoin, pour se faire accepter, de raisons ou motifs qui agissent sur la volonté du sujet et qui le déterminent. Chez l'enfant, par exemple, ce sera l'amour des parents, la confiance, la docilité et l'impéritie du jeune âge, le sentiment de la famille ; plus tard, chez l'adulte, ce sera le motif de religion, l'espoir des récompenses ou la terreur des châtiments.

Mais la déférence filiale faiblit avec l'âge. Le jour où le jeune homme songe à former à son tour une nouvelle famille, cette déférence disparaît. Chez tous les peuples, le mariage est synonyme d'émancipation ; les parents eux-mêmes y invitent leurs enfants. Chez le citoyen, laïc ou fidèle, la religion faiblit aussi, ou du moins elle se raisonne. Toute religion a son levain de protestantisme, en vertu duquel l'homme le plus pieux se lève tôt ou tard, et dit, du ton le plus candide et avec la plus entière bonne foi : J'ai en moi l'esprit de Dieu ; l'adorateur en esprit et en vérité n'a besoin ni de prêtre, ni de temple, ni de sacrements... Quant aux considérations tirées de la force ou du salaire, elles impliquent toujours que l'autorité qui les emploie est une autorité sans principe, et que la communauté n'existe pas.

Ainsi, qu'on pense ce qu'on voudra de la rébellion humaine ; qu'on en fasse un vice de nature ou une suggestion du diable, il reste toujours que contre cette grave affection de notre humanité il n'y a pas de remède ; que l'autorité et la communauté ne peuvent

justifier de leurs droits; qu'elles n'ont lieu que pour
des circonstances particulières, et avec un renfort de
conditions qui, venant à cesser, rendent l'autorité il-
légitime et la communauté nulle.

En deux mots, il n'y a d'autorité légitime que celle
qui est librement subie, comme il n'y a de communauté utile et juste que celle à laquelle l'individu donne
son consentement. Ceci posé, nous n'avons plus
qu'une chose à faire : c'est de rechercher pour quelles
causes l'individu peut retirer son consentement à la
communauté.

L'homme est doué d'intelligence; il a de plus une
conscience, qui lui fait discerner le bien du mal; il
possède enfin le libre arbitre. Ces trois facultés de
l'âme humaine, l'intelligence, la conscience, la liberté,
ne sont pas des vices, des déformations causées à notre âme par l'esprit du mal : c'est par elles, au contraire, que, selon la religion, nous ressemblons à
Dieu; et c'est à elles que la communauté ou autorité
publique fait appel, quand elle nous intime ses décrets, distribue ses justices et ses châtiments. La responsabilité que la loi nous impose est le corollaire de
notre libre arbitre.

S'il est ainsi, la communauté ne peut pas faire
autrement que de laisser à l'individu qu'elle rend responsable une liberté d'action égale à sa responsabilité; le contraire impliquerait tyrannie et contradiction. La communauté a même intérêt à cette liberté
qui la dispense d'une surveillance onéreuse, et n'est
pas un médiocre moyen de moralisation pour l'indi-

vidu, qui en devient à la fois plus vaillant et plus digne. Voilà donc la communauté entamée, obligée de
s'abdiquer elle-même, en présence de l'initiative personnelle, ne fût-ce que pour la plus petite affaire.
Mais la personnalité devient d'autant plus exigeante
que la personne est douée de plus de raison et de
sens moral : où s'arrêteront les concessions? Là est
la pierre d'achoppement de l'autorité et du communisme. Eh bien ! je réponds que la liberté est indéfi-
nie, qu'elle doit aller aussi loin que le comportent
l'intelligence qui est en elle, la dignité et la force d'action. En sorte que l'autorité publique et l'intérêt commun ne doivent paraître que là où s'arrête la liberté,
où l'action, le génie, la vertu du citoyen deviennent
insuffisants.

Le même raisonnement s'applique à la famille, à la
distribution des services, à la séparation des industries et à la répartition des produits. Toute famille,
tout jeune ménage est une petite communauté, au sein
de la grande communauté, qui disparaît de plus en
plus pour faire place à la loi du *tien* et du *mien* ; toute
distinction d'industrie, toute division du travail, toute
idée de valeur et salaire est une brèche au domaine
commun. Sortez de là, essayez de combattre cette
tendance, de refouler cette évolution : vous tombez
dans la promiscuité, la fraude, la désorganisation,
l'envie et le vol.

Même raisonnement encore en ce qui touche les
rapports du citoyen avec l'État. Par cela même que
l'individu est libre, intelligent, industrieux, attaché à

une profession spéciale, qu'il a un domicile, une femme, des enfants, non-seulement il demande à être affranchi des lisières communistes, mais il envisage la communauté tout entière sous un aspect particulier; il découvre dans le pouvoir des défauts, des lacunes, des branches parasites, qui n'apparaissent point aux autres; il a une opinion, enfin, avec laquelle, bonne ou mauvaise, il faut que le gouvernement compte.

Ouvrez la porte à ce torrent de l'opinion : vous voilà emporté dans le système des États à pouvoirs séparés. Essayez de réfréner la critique universelle au contraire, vous retournez à la tyrannie; prenez un moyen terme et faites de la politique de bascule ou de juste-milieu, vous voilà dans le plus immoral et le plus lâche des machiavélismes, l'hypocrisie doctrinaire. Ici donc, comme tout à l'heure, à propos de la liberté et de la famille, vous n'avez pas le choix; il faut, et c'est fatal, anéantir la liberté dans la caserne, faire expirer l'opinion sous la menace des baïonnettes, ou rétrograder devant la liberté, ne réservant l'autorité publique que pour les choses que le suffrage du citoyen ne peut résoudre ou ne daigne entendre.

De ce qui précède, il résulte que la terre ne peut être possédée ni exploitée, et, par analogie, aucune industrie être exercée en commun, et que, semblables aux fils de Noé après le déluge, nous sommes condamnés au partage. A quel titre posséderons-nous maintenant? c'est ce que nous examinerons plus bas.

L'idée d'appliquer la société universelle de biens et

de gains à l'exploitation de la terre et d'y faire entrer
des populations nombreuses n'est pas primitive; ce
n'est pas une suggestion de la nature, puisque nous
voyons, dès le début, dans la vallée embryonnaire, la
famille multiplier ses tentes ou ses feux, à mesure de
la formation des couples; l'État se développer en hameaux, bourgades et cantons, ayant chacun son
administration séparée, et se constituer peu à peu
selon le principe de la liberté individuelle, du suffrage
des citoyens, de l'indépendance des groupes et de la
distinction des cultures. La communauté, en tant
qu'institution ou forme donnée par la nature, est à son
plus haut point de concentration dans la famille; à
partir de là, elle brise son cadre et n'existe bientôt
plus que comme rapport de voisinage, ressemblance
de langue, de culte, de mœurs ou de lois, tout au
plus comme assurance mutuelle; ce qui, impliquant
l'idée de convention, est la négation même du communisme. Ce n'est que postérieurement, quand l'insolence aristocratique et la dureté de la servitude ont
provoqué la réaction du peuple, que la communauté
se présente comme moyen disciplinaire et système
d'État : il suffit de citer les exemples de Lycurgue,
de Pythagore, de Platon et des premiers chrétiens.
Mais l'expérience a bientôt fait justice de l'hypothèse :
partout et toujours la liberté s'est soulevée contre le
communisme, qui n'a jamais pu s'établir que sur une
petite échelle, et à titre d'exception au sein des
masses. La plus grande communauté qui ait jamais
existé, celle de Sparte, était fondée sur l'esclavage et

la guerre; tant que les chrétiens ne formèrent qu'une secte perdue dans l'immensité de l'empire, leurs communautés, soutenues par la ferveur du dogme nouveau, parurent florissantes; encore n'avaient-elles d'objet que la prière, l'aumône et les repas. Celles qui voulurent y joindre l'amour tombèrent bientôt sous leur propre infamie. Le jour où le christianisme se déclara religion universelle, il abandonna son communisme, que les agitations du moyen âge ne purent ranimer. Les Moraves sont plutôt des sociétaires que des communistes. (Voir, pour la critique de la COMMUNAUTÉ, *Système des Contradictions économiques*, tom. II, chap. 12.)

II. — La seconde manière de posséder la terre est celle que j'ai appelée, dès ma première controverse sur la propriété, *possession*, du mot latin *possessio*, qui dans la jurisprudence de l'ancienne Rome avait à peu près le sens que je vais dire.

Dans l'état d'indivision familiale, l'idée de propriété ne paraît point encore, puisque tous demeurent unis à la famille, dans la communion du père. Une seule chose pourrait faire surgir cette idée : ce serait le cas où une famille empiéterait sur l'exploitation d'une autre famille. Alors l'usurpation ferait naître l'idée de domaine; mais alors aussi le droit des gens serait changé, l'humanité subirait sa première révolution. L'humanité n'attendra pas si longtemps : l'idée du propre, en opposition au commun, va naître de la communauté même, toute seule.

La famille primitive se multipliant ou se dédoublant dans sa subjectivité par le mariage de ses rejetons; la liberté, d'autre part, se montrant incompressible dans l'individu, la personnalité dans le couple conjugal inviolable, il y a lieu de suivre cette multiplication ou ce dédoublement de la famille, dans son objectivité, c'est-à-dire dans la possession et l'exploitation du sol : ce n'est pas encore la propriété, comme on verra tout à l'heure; mais c'est déjà la distinction du tien et du mien, dans une limite déterminée par le besoin de chaque famille et par son travail. Des bornes sont plantées, non point, comme l'a cru Rousseau, pour marquer l'aliénation du territoire, mais uniquement pour marquer la limite des cultures et le partage des produits. Le règne de Caïn, le possesseur terrien, commence; il prévaut contre celui d'Abel, le gardeur de troupeaux; la guerre éclate entre le labourage et la vaine pâture, entre le producteur de blé sédentaire et le berger nomade. Cet instant dramatique, auquel toutes les traditions rapportent la fin de l'âge d'or, que la cosmogonie hébraïque a maudit, et probablement calomnié en la personne de Caïn le fratricide, est devenu au contraire, chez les peuples d'Italie, le point de départ de la religion. La famille est sanctifiée; son chef, *paterfamilias*, est juge, prêtre et guerrier; l'épieu dont il forme sa palissade, et avec lequel il combat à la guerre, signe de sa dignité et de sa force, est en même temps le symbole du Dieu qui préside à la guerre et à la possession. La plantation des bornes est une cérémonie religieuse; les arpenteurs qui en sont chargés sont des ministres du culte ; la borne elle-même, de pierre ou de bois, *Terminus*, est une divinité contemporaine de Vesta et des Lares. C'est ainsi que le même fait a été vu d'un œil différent dans les cantons de l'antique Hespérie, et dans les déserts de l'Arabie et les steppes des Scythes. Chaque peuple parle selon ses inclinations et ses préjugés : au philosophe d'apprécier les faits selon la raison.

Quelle est donc l'étendue du droit du détenteur du sol? C'est ce qu'il importe de bien définir. Dans ce système, qui a dû s'inaugurer en même temps que commençait le défrichement du sol et le débordement des familles, la communauté originelle, devenue l'État, ou le prince qui le représente, est censée avoir reçu de Dieu, créateur et seul vrai propriétaire, l'investiture du sol. Admirez cette fiction; elle montre avec quel scrupule de conscience, avec quelle justesse de bon sens procédèrent les premiers instituteurs des nations. Ils ne disaient pas, à la manière des conquérants qui vinrent après : Ce champ est à moi parce que je l'occupe, parce que je l'ai gagné avec mon épée; ou bien encore, parce que je l'ai, le premier, retourné avec ma charrue. Non; ils comprenaient que ni l'occupation, ni la force, ni même le travail ne confèrent le domaine du sol; et ils le déclaraient franchement, en faisant remonter à Dieu le droit du prince, source de tous les autres; ils étaient loin de penser qu'un jour ce droit divin, formule rigoureuse de la justice, dégénérerait en un monstrueux abus, et deviendrait synonyme du plus abominable despotisme.

Le prince donc, chef de l'État, ayant reçu de Dieu la terre, la possédant en toute souveraineté, et en disposant selon sa prudence et son plaisir, la distribuait ensuite à ses guerriers, chefs de famille; on devine qu'il n'avait reçu son investiture que pour cela. A quelles conditions la terre était-elle sous-cédée par le chef à ses compagnons? C'est ici qu'il convient d'étudier de près ce système de possession, système qui, dans ses termes, n'offre aucune prise à la critique, et qu'on peut regarder comme l'expression la plus pure de la jurisprudence individuelle.

Puisque la terre appartient originairement à Dieu, qui l'a donnée, et que c'est de lui que l'a reçue la communauté, sans exclusion ni acception de personnes, et puisque le partage n'a lieu qu'en vue d'assurer la liberté et la responsabilité de chacun, et de prévenir la promiscuité des familles, il s'ensuit que le domaine éminent de cette terre, ou, comme nous disons aujourd'hui, la propriété, reste à l'État, et que ce qui passe au chef de famille n'est autre chose qu'une faculté d'exploitation et une garantie d'usufruit; qu'ainsi la portion de terre délivrée à chaque citoyen ne peut être par celui-ci vendue et aliénée, comme il fait des produits de sa culture et du croît de son bétail; que s'il ne peut aliéner et vendre, il ne peut pas davantage diviser son lot, ni le dénaturer et le perdre; il doit au contraire le faire valoir en *bon père de famille*, l'expression est demeurée dans la langue; en sorte que, tout en tirant de son fonds le parti le plus avantageux pour lui et les siens, le détenteur est tenu de le conserver et de le reproduire, pour ainsi dire, à toute réquisition.

L'indivisibilité et l'*inaliénabilité*, tels sont, en deux mots, les caractères généraux de la possession. L'hérédité s'ensuit, non point comme une prérogative, mais plutôt comme une obligation de plus imposée au possesseur. On comprend que le partage du sol étant fait surtout en vue des familles, ce n'est point parce que le droit du détenteur est absolu qu'il transmet sa possession, c'est au contraire parce que ce droit est restreint, que la possession est héréditaire.

Enfin, à ces conditions fondamentales se joint l'obligation d'une redevance à payer au prince, en fruits, bétail, argent, hommes ou services : signe d'hommage au suzerain, et de la mouvance ou tenure du possesseur.

Je dis que ce système, qui, sous une forme plus ou moins explicite, fut originairement celui de tous les peuples, Égyptiens, Arabes, Juifs, Celtes, Germains, Slaves, et des Romains eux-mêmes, est parfaitement rationnel, j'entends d'une rationalité particulariste et de simple bon sens; et qu'au point de vue de la justice et de l'économie publique, il défie la critique. C'est la possession terrienne que l'empereur de Russie Alexandre II vient de donner aux paysans avec la liberté. C'est cette même possession qui, modifiée selon les vues du catholicisme, les traditions latines et les mœurs guerrières, a régné pendant tout le moyen-âge, sous le nom de fief. La conscience individuelle,

qui seule pouvait diriger le législateur, à une époque
où la société, à peine formée, ne fournissait rien, ne
va pas au delà. Et nous verrons qu'en effet, si la raison collective s'est élevée plus tard à une conception
supérieure, si elle affirme aujourd'hui la propriété, la
jurisprudence de l'école s'est montrée jusqu'ici incapable d'en rendre compte.

La possession terrienne, telle que je viens de la
définir, conditionnelle et restreinte, exclut toute dis
position abusive : on pourrait la définir, à l'encontre
de la propriété : Droit d'user de la terre, mais non
pas d'en abuser, *jus utendi, sed non abutendi.*

Cette possession est essentiellement égalitaire : en
Russie, la commune, seule censée propriétaire, doit
fournir à chaque ménage une quantité de terre labou-
rable; et si le nombre des familles augmente, on re-
fait le partage, de manière que personne ne soit exclu. Cette règle est commune à tous les peuples
slaves; elle a été maintenue en Russie par le décret
d'émancipation.

L'économie politique, qui considère les lois de la
production, abstraction faite des intérêts individuels
et de l'inégalité des fortunes, ne peut pas elle-même
exiger mieux que cette simple tenure. Que demande
l'économie politique? Que le travailleur soit libre :
c'est ce qui a lieu aujourd'hui pour le paysan russe,
comme en France pour tout usufruitier; qu'il soit
maître de ses mouvements : il l'est dès qu'il travaille
pour lui-même, sauf la contribution à payer à la commune et à l'État : c'est encore ce qui a lieu. Ici, point

de servitude personnelle, point de salariat, point de prolétariat, pas de réglementation : qu'est-ce que la science peut exiger de plus? Jamais économiste prétendit-il que nos fermiers et métayers sont dans des conditions d'exploitation mauvaise parce qu'ils ne sont pas propriétaires? Non, le fermage et le métayage sont admis par tous les économistes comme des conditions rationnelles de l'exploitation agricole. La rente foncière est admise par eux comme un des phénomènes naturels de l'économie publique, et cependant la condition des fermiers et métayers est beaucoup moins bonne que celle des possesseurs dont je parle, puisque non-seulement lesdits fermiers et métayers n'ont pas la propriété, ils n'ont pas même la possession ; ils ne produisent pas pour eux seuls, comme le possesseur slave; ils partagent avec le propriétaire. Soutenir, au point de vue économique, que la possession non abusive est défectueuse, défavorable au travailleur et à la production de la richesse, c'est réprouver le fermage, attaquer la rente, nier par conséquent la propriété : ce qui devient contradictoire.

Si la maxime *Chacun chez soi, chacun pour soi* peut être considérée comme une vérité d'économie politique et de droit, elle reçoit son application aussi bien avec la possession ou propriété restreinte qu'avec la propriété absolue : il y a même en celle-ci une pointe d'égoïsme féroce qui ne se trouve pas en celle-là. Au point de vue de la morale, comme à celui de la liberté, la possession est irréprochable.

Du reste, il est acquis que la possession, malgré sa

modeste figure, a tenu jusqu'à présent beaucoup plus de place dans la civilisation que la propriété. La terre, pour l'immense majorité de ceux qui la cultivent, quand ils n'ont pas été serfs de la glèbe, a été tenue en *colonat, emphytéose, bénéfice, précaire, commande, main-morte, bail à ferme et à cheptel,* etc., tous termes synonymes ou équivalents de *possession.* Le très-petit nombre est arrivé à la propriété. Puis, quand la classe propriétaire s'est multipliée, — ce qui ne s'est vu que deux ou trois fois dans l'histoire, après le triomphe de César, plus tard à la suite des invasions, et à la fin du dix-huitième siècle, lors de la vente des biens dits *nationaux,* — tout aussitôt la propriété, accablée d'impôts et de servitudes, livrée à l'anarchie, au morcellement, à la concurrence, à l'agiotage, menacée, comme d'une épée de Damoclès, par la loi d'expropriation pour cause d'utilité publique, rongée par l'hypothèque, amoindrie par le développement de la richesse industrielle et mobilière, s'est trouvée au-dessous de l'antique possession. Le prétorien a vendu son lopin et s'est retiré dans la grand'ville ; le barbare a cherché protection pour son *alleu,* et l'a converti en fief ; et nous voyons aujourd'hui une foule de propriétaires, grands et petits, fatigués et déçus, faire argent de leur patrimoine, et se réfugier, qui dans le trafic, qui dans les emplois publics, qui dans la domesticité et le salariat.

Rien, ce semble, n'était plus facile que de régulariser et d'affermir cette possession, à laquelle l'inégalité est contraire, et qui exclut toute espèce de privilége et d'abus. L'exaction féodale, qui a déshonoré la possession pendant le moyen âge, et soulevé à la fin la colère des peuples, bien loin d'être inhérente à ce mode de tenure, lui est diamétralement contraire, aussi bien que la hiérarchie des titres et des fiefs. L'égalité devant la loi posée en principe, l'égalité des possessions en devenait la conséquence ; il suffisait, pour la maintenir, d'un règlement de police rurale, défendant le cumul et le morcellement. Le sens commun n'indiquait rien de plus ; les masses n'eussent pas demandé davantage. Il n'en a rien été cependant : la Déclaration des droits de 1789, en même temps qu'elle a aboli le vieux droit féodal, a affirmé la propriété, et la vente des biens nationaux a été faite en exécution. Ce phénomène est un des plus considérables de notre époque : quelles en ont été les causes secrètes? C'est ce qu'il n'est encore venu à la pensée de personne d'éclaircir.

CHAPITRE IV

Opinion des juristes sur l'origine et le principe de la propriété :
réfutation de ces opinions.

La propriété est le domaine éminent de l'homme
sur la chose : « C'est, d'après la définition du Code,
art. 544, le droit de jouir et de disposer des choses de
la manière la plus absolue, pourvu qu'on n'en fasse
pas un usage prohibé par les lois ou par les règlements. » Le droit romain dit : « *Dominium est jus
utendi et abutendi, quatenùs juris ratio patitur* :
la propriété est le droit d'user et d'abuser, autant
que le comporte la raison du droit. » Il semble que le
législateur, en posant cet absolu, ait voulu le rendre
plus frappant par le vague même de cette réserve,
quatenùs juris ratio patitur, en français, « pourvu
qu'on n'en fasse pas un usage prohibé par les lois ou
par les règlements. » D'un côté la propriété est dite
absolue; de l'autre, réserve est faite du droit de l'État,
manifesté par les lois et les règlements.

Mais quel est ce droit? On l'ignore; c'est une épée
de Damoclès à laquelle, en fait, on n'a nul égard, mais

dont le fil peut se rompre et amener la mort de la propriété. Rien de plus aisé, au moyen de deux ou trois articles de loi et de quelques règlements, que de ramener cette propriété absolue et abusive à une propriété conditionnelle et restreinte, à une simple possession. Je dirai même qu'à l'heure où j'écris, le mouvement semble déterminé en ce sens. Cette définition contradictoire, qui donne et retient, qui affirme et nie en même temps, n'est pas de bon augure pour la certitude de la jurisprudence et la moralité de l'institution.

Le droit romain et le droit français ont évidemment sous-entendu que le vrai souverain, celui en qui réside le domaine éminent, *dominium*, n'est pas le possesseur ou détenteur de la chose; que ce n'est là qu'un propriétaire fictif, honoraire; que le vrai souverain, c'est l'État. C'était la théorie de l'ancien régime, vers laquelle inclinaient Napoléon et Robespierre. Mais alors pourquoi ce privilége accordé au propriétaire usufruitier d'*user* et d'*abuser*, tandis que le véritable souverain, l'État, n'abuse pas? Pourquoi cette latitude à l'iniquité? Pourquoi ce congé de mal-faire? Pourquoi ce dessaisissement de la surveillance publique sur le domaine collectif? N'est-ce pas le cas de dire que les propriétaires ont fait les lois, et qu'ils ont eu soin d'eux-mêmes? Que devient alors le respect de la loi en face de cette suspicion?...

De quelque côté que vous vous tourniez, vous voyez le poignard de la contradiction contre vous : impossible d'échapper.

Devant cette analyse, toutes les apologies de la propriété qu'on a produites dans ces dernières années, toutes les explications qu'on a données de son origine, tombent; ce sont des bucoliques ridicules. Car enfin, dirai-je à ces apologistes maladroits, j'accorde la bonne foi, je reconnais l'hérédité, la possession, la prescription, le droit sacré du travail, l'intérêt même de l'État : mais, enfin, pourquoi cet *abus*? Pourquoi cette faculté de *disposer absolument?* A-t-on jamais entendu parler d'une Loi, d'une Morale, qui autorise le vice, la débauche, l'arbitraire, l'impiété, le meurtre, le vol, le rapt, sous réserve de punir les délinquants qui auront dépassé une certaine limite, que ne définit pas même la Loi?

Prenons la propriété la plus respectée de toutes, celle qui est acquise par le travail. Pourquoi, demandai-je, en sus du prix légitimement dû au producteur, de l'indemnité de ses travaux et de ses soins, pourquoi concéder ce droit d'abuser, de disposer absolument : ce que ne ferait pas un bon père de famille vis-à-vis du plus cher de ses enfants?...

Remarquez que cette définition du Législateur galloromain est d'autant plus étonnante, je dirai presque scandaleuse, qu'il a parfaitement distingué la PROPRIÉTÉ, sciemment par lui déclarée abusive, de la *possession*, qui ne l'est pas. Cette distinction a été si bien faite qu'elle a produit deux points de vue différents sur lesquels roule tout le droit civil, et qu'on appelle en termes d'école *possessoire* et *pétitoire*. Le possessoire est tout ce qui est relatif à la possession non abusive; le pétitoire, tout ce qui est relatif à la propriété, au domaine abusif et absolu. Pourquoi tout cela? Il est de principe en économie politique que *les produits s'achètent avec des produits*; ce qui conduit à cette règle du droit commercial, qu'une valeur se paie par une valeur égale; en un mot, que l'égalité est la loi de l'échange. Pourquoi le législateur civil foule-t-il aux pieds cette règle, en déclarant la propriété, acquise par le travail comme toute autre chose, abusive et absolue: ce qui est positivement accorder au propriétaire plus que ne méritent ses services?

Il est clair, et je ne puis comprendre l'obstination qui se refuse à le voir, que la propriété est excentrique au droit; elle dépasse le droit; en sorte qu'on peut dire de la définition qui la pose, que c'est la reconnaissance légale d'une injustice, la légitimation, au nom du droit, de ce qui n'est pas droit.

Quoi qu'il en soit, il résulte de la définition absolutiste de la propriété, qu'à l'inverse de la possession, que nous avons vue être indivisible et inaliénable, la propriété peut, à la volonté du propriétaire, être divisée, engagée, vendue, donnée, aliénée pour jamais. Tel est, dans la pratique des transactions et l'usage courant des propriétaires, le caractère fondamental de la propriété: c'est-à-dire que par une fiction nouvelle, diamétralement opposée à celle qui, considérant l'État ou le Prince comme représentant ou vicaire de Dieu, lui attribuait le domaine éminent de la terre, l'individu est considéré lui-même comme souverain, tenant la terre de son fait et de son droit propre, et ne rele-

vant de personne. L'économie politique fournit une
analogie plus expressive encore : de même que l'industrieux a la propriété absolue de son produit, parce
qu'il l'a produit ; de même la loi nouvelle, assimilant la
possession du sol à celle des produits de l'industrie,
fait le détenteur terrien propriétaire, comme si, en la-
bourant la terre, il l'avait produite. On sent combien
cette assimilation prête à la critique : aussi la critique
n'a-t-elle pas fait défaut.

Ainsi, le possesseur du sol ayant été considéré
comme le créateur du sol même, son droit a pris une
extension prodigieuse ; ce qu'il ne pouvait ni diviser,
ni aliéner, ni détruire, bien qu'il fût libre de le quitter,
il peut aujourd'hui le traiter en tout arbitraire, le
donner à qui bon lui semble, l'échanger contre de l'argent ou contre un plat de légumes, l'émietter, le bou-
leverser : tout cela est de son droit.

Par la même raison, le propriétaire peut frustrer
ses enfants en transportant à un étranger sa propriété.
Il n'en est plus, en effet, de celle-ci comme de la possession, dont l'institution avait eu pour objet la distinction et la conservation des familles. Sous le nouveau régime, l'élément politique n'est plus la famille :
c'est l'individu, le propriétaire. De même que le chef
de famille a la faculté de jouir et de disposer de la
manière la plus absolue des produits de son industrie,
il a celle de disposer non moins souverainement de sa
propriété et des revenus de sa propriété : la terre et
les fruits de son travail lui appartiennent au même
titre ; la Déclaration des droits placée en tête de la

6

Constitution de l'an III réunit expressément ces deux espèces dans une seule et même catégorie. L'hérédité, qui dans le premier cas était de droit pour les enfants du propriétaire, n'est plus aujourd'hui qu'une présomption.

Vis-à-vis de l'impôt, la position du propriétaire n'est plus la même que celle du simple possesseur : celui-ci était tenu à une *redevance*, signe de sa subordination et de la suzeraineté de l'État ; le propriétaire ne doit rien ; seulement, comme il fait partie d'une association politique, il contribuera de sa fortune aux frais généraux de l'association, frais qu'il aura au préalable consentis.

Enfin, dernière conséquence, la propriété n'implique plus nécessairement, comme la possession, l'égalité. Puisqu'elle comporte division et cession, elle est susceptible d'acquisition et de cumul ; la plus grande inégalité régnera entre les domaines, il y aura des dépossédés en grand nombre, et des propriétaires dont l'avoir foncier suffirait à une nation et pourrait former un royaume.

On voit que si la propriété est d'une obscure et scabreuse définition, rien de plus clair en revanche que ses caractères : on n'a qu'à prendre en tout l'inverse de la possession.

Il s'agit présentement d'expliquer, de justifier cette constitution étonnante, si éloignée de la modération de nos débuts, et dans laquelle le législateur semble avoir pris à tâche de réunir, sous une réserve inintelligible, tous les genres d'exorbitance. Car, il faut le reconnaître, la propriété, dans son absolutisme, est aussi conséquente, aussi logique, que la possession dans son équité ; et ce n'est point par étourderie, mais bien avec intention, qu'elle s'affirme.

Rien de plus amusant que les divagations des légistes, interprétant ou défendant contre les critiques novateurs la propriété. On s'aperçoit à l'instant qu'ils n'ont pas d'autres raisons à donner pour l'établir que celles qui avaient servi à fonder la possession elle-même ; et l'on peut déjà prévoir que leur insuffisance vient uniquement de ce qu'ils veulent rendre compte d'une conception de la raison collective avec les seules données de la raison individuelle.

Les plus anciens légistes disaient rondement que la propriété avait son principe dans le droit de premier occupant, et rejetaient toute autre hypothèse. D'autres vinrent ensuite, tels que Montesquieu et Bossuet, qui soutinrent que la propriété tirait son existence de la loi, et qui rejetèrent en conséquence la vieille théorie de la manucapion. De nos jours, l'opinion de Bossuet et de Montesquieu a paru à son tour insuffisante, et il s'est produit deux nouvelles doctrines : l'une qui rapporte le droit de propriété au travail ; c'est la doctrine soutenue par M. Thiers dans son livre *de la Propriété;* l'autre qui, remontant plus haut encore, jugeant même l'idée de M. Thiers compromettante, s'imagine avoir saisi la vraie cause de la propriété dans la personnalité humaine, et la regarde comme la manifestation du *moi,* l'expression de la liberté. C'est l'opinion, entre autres, de MM. Victor Cousin, le philosophe, et Frédéric Passy, l'économiste. Il est à peine besoin d'ajouter que cette opinion a paru à son tour, soit aux partisans de Bossuet et de Montesquieu, soit à ceux de M. Thiers, soit aux théoriciens de la vieille roche, aussi vaine que prétentieuse. On demande, en effet, comment, si c'est la volonté, la liberté, la personnalité, le *moi*, qui font la propriété, tout le monde n'est pas propriétaire?... Les plus sages, tels que M. Laboulaye, se sont abstenus de prendre part au débat. Et la propriété, par le fait même de ses avocats, s'est trouvée plus en danger qu'elle n'avait jamais été.

Il est clair pour tout homme de bon sens, et je crois en avoir pour ma part fourni la démonstration à satiété, que toutes ces théories sont également insuffisantes, et se réduisent à une pétition de principe, affirmant gratuitement, sans nulle preuve, de la propriété absolue et abusive, ce qui est vrai seulement de la possession ou propriété conditionnelle et restreinte ; que le *fait* d'occupation, par exemple, n'est pas un principe de législation, une raison de droit, et ne crée par lui-même aucune prérogative ; que c'est simplement un acte de prise de possession qui n'implique pas l'exclusion d'autrui, et se limite naturellement à la quantité de terre qu'une famille peut faire valoir ; —que l'autorité du législateur est fort respectable, et qu'il ne peut être ici question de désobéir à la loi, mais qu'il s'agit de justifier la loi même et d'en fournir les considérants ; que, dans le régime de possession, la loi se comprend à merveille, et que son équité, sa prévoyance, sa haute moralité sautent aux yeux, mais

qu'il n'en est plus de même pour le régime de propriété, dont on est encore à se demander les motifs, la
fin et les causes; — que le travail est chose sacrée et
que le droit qu'il donne au travailleur sur le *produit*
est absolu, mais ne peut s'étendre, sans autre forme
de procès, jusqu'à la terre, que l'homme ne crée pas,
mais dont il est lui-même engendré; que l'idée même
d'une rémunération à payer au cultivateur pour la
façon donnée par lui au sol ne suffit point encore à
légitimer la propriété, puisque toute rémunération est
déterminée par la formule économique : service pour
service, produit pour produit, valeur pour valeur, et
que si dans les mutations il est juste de tenir compte des
amendements faits à la terre, il n'en résulte pas une
collation de propriété; enfin, que le moi est bien certainement, avec la terre, l'étoffe dont est faite la propriété, laquelle suppose deux termes, une chose appropriée et un sujet qui se l'approprie, mais que ce
besoin du moi de s'unir au monde extérieur, de s'y
élever une forteresse, d'y marquer son empreinte, de
se l'incorporer, est satisfait par la possession, qui tient
compte de tous les *moi*, tandis qu'il est débordé par
la propriété, tendant au cumul, à l'accaparement, au
dévêtissement d'une partie des *moi* : ce qui implique
contradiction. (Voir mes *Mémoires* sur la Propriété,
le *Système des Contradictions économiques*, etc.)

 Ajoutez à cette réfutation inéluctable l'autorité de
l'expérience, qui montre la propriété dégénérant partout en effroyables abus; une partie de la société dépouillée au profit de l'autre; la servitude rétablie, le

travail sans héritage et sans capital, la discorde entre les classes; les révolutions en permanence; la liberté perdue, la dépopulation croissant en raison des *latifundia*; finalement la société tombant en dissolution par l'universalité de l'absolutisme. L'histoire et l'économie politique sont pleines de lamentations sur les *abus* de la propriété, sans que personne ait jamais voulu comprendre qu'en fait de propriété l'usage et l'abus sont identiques, et qu'une propriété qui cesserait d'être abusive, ou qui perdrait la faculté de l'être, redeviendrait possession pure et simple; qu'elle ne serait plus propriété.

On sent quelle dut être, à certains moments, l'angoisse des propriétaires, en présence d'une critique fulminante, qui, à bon escient, niait leur droit, démontrait, pièces en main et d'une façon péremptoire, que, d'après toutes les données de la civilisation, les lumières de la jurisprudence, les doctrines économiques, religieuses, les traditions du droit divin lui-même, à plus forte raison d'après la théorie du droit moderne, à quelque point de vue et dans quelque hypothèse que l'on se plaçât, la propriété, sauf plus ample information, se réduisait à une usurpation violente, consacrée par une équivoque légale. Remontez aux origines, disait-on aux propriétaires, interrogez le pacte social, consultez la pure raison, analysez les conditions du travail et de l'échange : toujours vous devrez reconnaitre que votre domaine éminent est un fait d'empiétement, pareil à celui d'un arracheur de bornes, une institution de l'égoïsme, ultra-juridique, anti-sociale, dont le seul résultat a été de déposséder la multitude au profit d'une caste, et qu'il a plu au législateur de consacrer, nous demandons depuis deux mille cinq cents ans pourquoi?

Tel est donc le problème auquel jurisconsultes et économistes auraient en vain la prétention d'opposer la question préalable : la propriété, telle que nous l'avons ci-dessus définie, que le Code l'expose, et que la société moderne la pratique, est-elle réellement, dans les vues de la civilisation, une inspiration de cette raison immanente qui dirige les collectivités humaines, et dont les conceptions dépassent la portée naturelle de la raison particulière; ou bien n'est-ce qu'un fait de subversion, un préjugé fatal, une de ces aberrations de l'opinion qui infectent le corps social, et en préparent la ruine? Dans le premier cas, rendre raison de l'institution autrement que par des lois de sûreté générale et d'hypocrites clameurs; dans le second, — la logique et le droit sont impitoyables, — revenir à la possession légitime et procéder à un nouveau partage.

Comme dans une discussion de si haut intérêt on ne saurait s'entourer de trop de précautions et de lumières, je demanderai la permission, avant de déduire les considérations de droit universel qui selon moi poussent la société à l'institution de propriété, d'examiner si, telle qu'elle nous apparaît déjà, on peut la regarder comme le produit d'une tendance organique, naturelle, nécessaire, par conséquent légitime; ou s'il n'y faut voir qu'un abus, une exagération de la possession, introduite à la faveur du tumulte révolu-tionnaire, acceptée ensuite par la raison d'État et érigée en principe par la tolérance, la négligence ou l'ignorance du législateur. C'est un coup d'œil rapide que nous allons jeter sur l'histoire de la propriété.

CHAPITRE V

Coup d'œil historique sur la propriété : causes de ses incertitudes, de ses variations, de ses abus et de ses déchéances ; elle n'a nulle part existé dans sa vérité et sa plénitude, conformément au vœu social et avec une parfaite intelligence d'elle-même.

La propriété en Europe est romaine d'origine ; c'est à Rome du moins qu'elle apparaît pour la première fois avec son caractère absolutiste, ses prétentions juridiques, sa theorie rigoureuse et sa pratique inflexible. On se tromperait pourtant si l'on s'imaginait qu'elle se posa dès le premier jour, armée de toutes pièces, comme Minerve sortant du cerveau de Jupiter.

De même que toutes les idées, bonnes et mauvaises, qui s'emparent de l'opinion et gouvernent le monde, elle se dégagea peu à peu de la possession, avec laquelle on la trouve mêlée, et dont elle ne se sépare nettement que tard.

Les motifs qui me font supposer qu'à Rome la propriété se confondit longtemps avec la possession germanique et slave, et ce qu'au moyen âge on appela *fief*, sont les suivants :

1. Romulus partage le sol en trente portions égales, qu'il distribue aux trente curies. Du surplus, il affecte une part au culte, l'autre à l'État. Voilà un partage qui s'accomplit avec un caractère définitif et fixe : d'un côté, la part de l'État forme un domaine indivisible, imprescriptible, inaliénable ; la part du culte est dans la même condition ; de l'autre, la portion assignée à chaque guerrier, citoyen et chef de famille, *hœreditas*, à l'instar des assignations faites à la Religion et à l'État, ne dut pas être envisagée d'abord sous un autre aspect. Ces *domaines* se ressemblaient tous. Mais précisément parce que le patricien, compagnon d'armes de Romulus, *quiris*, maître de maison, chef de famille et possesseur terrien, est assimilé dans son droit à l'État, il tient du propriétaire : subordonné au roi, quant à l'investiture seulement, il ne relève que de lui-même dans l'administration de sa curie ; il est *sui juris;* chef politique, il ne paie pas de redevance. Vienne l'occasion de s'affranchir de la royauté, il transformera sa possession, *possessio*, en propriété, *dominium*. Les terres de l'État, cultivées par des esclaves ou plébéiens fermiers, fournissent aux dépenses publiques. Ce droit du patricien, comparé à celui qui fut plus tard accordé au plébéien, prend un nom spécial : c'est le droit quiritaire, *jus quiritarium*.

2. La plèbe fut exclue par Romulus du partage. Ceci n'est pas d'une institution égalitaire telle que nous avons conçu la possession ; mais, en fait, c'est une restriction du droit patricien, qui ne va pas jusqu'à

pouvoir faire passer la terre quiritaire en des mains plébéiennes.

3. Ce fut le roi Servius qui le premier concéda quelques terres aux gens du peuple. Plus tard, après la chute des Tarquins, l'aristocratie intéressa le peuple à la révolution en distribuant à chaque citoyen sept *jugera*, pris sur les biens de l'ex-roi. En 454 avant J.-C., le mont Aventin, pâturage communal, est aussi partagé à la plèbe. Mais toutes ces allocations sont faites à titre de *possession*, c'est-à-dire que l'homme du peuple ne possède qu'à titre d'usufruit ; il ne peut ni engager ni vendre, l'État conservant le domaine et la nue propriété. Enfin, en 376, par la loi des tribuns Licinius Stolon et L. Sextius, les plébéiens sont admis, comme les patriciens, au partage des terres conquises, ou de l'*ager publicus* ; une classe moyenne nombreuse se forme à l'aide de ces *possessions*, que convoitent ardemment les nobles. Mais, chose remarquable, toutes ces terres enlevées à l'*ager publicus*, en quelques mains qu'elles passent, patriciennes ou plébéiennes, conservent leur attache à l'État ; il n'y a que celles du partage primitif qui soient à titre quiritaire. En sorte qu'on peut dire que la possession est la règle, la propriété l'exception. Au fond, toute la différence entre la possession et la propriété, à cette époque, est dans la potentialité du droit quiritaire plutôt que dans l'exercice ; car si le noble pouvait aliéner son bien, en fait, cela n'arrivait pas : la propriété restait immuable. Bien loin que le quirite songeât à se dessaisir, son ambition était de s'agran-

dir, sinon à l'aide de propriétés nouvelles, **au moins** par des possessions.

4. Ce qui rendait le domaine quiritaire indivisible, en fait, et inaliénable, comme un fief, c'était l'esprit de famille, si puissant à Rome, et qui était la base de la constitution.

« A la naissance des sociétés, dit **M.** Laboulaye, là où l'aristocratie domine, la famille est un des *éléments politiques* de l'État. L'État n'est qu'une fédération de familles, petites sociétés indépendantes dont le chef est à la fois le magistrat, le pontife et le capitaine. Une telle famille ne se dissout point tant que vit le chef; à sa mort le fils prend la place du père; et le lien se conserve encore quand plusieurs générations écoulées ne laissent plus de l'origine commune qu'un souvenir lointain, conservé par la communauté des noms et des sacrifices. Dans un pareil système, c'est bien moins le lien du sang qui constitue la famille que le lien politique; et l'individu, en dépit des droits qui nous paraissent les plus sacrés, est impitoyablement sacrifié à cette nécessité publique. C'est à ce point de vue qu'il faut se placer pour comprendre les lois romaines : toute-puissance du père de famille, préférence des mâles, tutelle des femmes, exclusion de leurs descendants des biens de l'aïeul paternel. »

Là où la famille obtient cette importance, là où elle est un *élément politique*, la propriété, telle que nous l'entendons aujourd'hui, ne saurait guère exister qu'en puissance; elle ne s'aliène ni ne se divise; le patricien aura beau **se dire** *sui juris*, maître absolu de sa terre, pouvant en disposer de la manière qui lui convient, son plus grand souci et son premier soin seront toujours de la transmettre entière à sa famille ; et c'est pourquoi je répète qu'à Rome, au temps de la république, la propriété, soit dans le patriciat, soit dans la plèbe, était à peu près nulle. Mais déjà, à ce point de vue, la qualité de propriétaire commence à primer celle du *paterfamilias*. Le père est maître absolu ; il est maître, non de détruire sa chose et sa famille, mais d'en disposer à son gré, le devoir de conservation restant sous-entendu ; il résume en sa personne toute la famille ; il peut déshériter ses enfants et instituer à leur place, pour continuer cette famille idéale, un héritier étranger : c'est ce que dit la loi des XII Tables : *Uti legassit super familiá, pecuniá, tuteláve suæ rei, ita jus esto.*

« Le testament romain était plus qu'une donation des biens du testateur : c'était la transmission de la *familia* tout entière et du culte domestique (*sacra privata*), dont le maintien était un objet de si vive sollicitude.

« L'héritier institué continuait la personne du défunt, comme eût fait l'héritier du sang. Cette importance attachée au titre d'héritier, et l'indivisibilité des devoirs religieux qu'elle imposait avaient enraciné dans l'esprit des Romains cette idée, que la *familia* ne pouvait se transmettre que tout entière, avec ses bénéfices comme avec ses charges : *nemo pro parte testatus, pro parte intestatus decedere potest.* Admettre en concurrence la succession testamentaire et la succession légitime, c'eût été une contradiction à la nature même du testament. »

« Chez les peuples modernes, le droit de succession est fondé uniquement sur le lien du sang. » C'est-à-dire que le principe d'hérédité s'est matérialisé, et que la notion de famille, au lieu de se perfectionner, s'est éteinte. Chez les Romains, c'est autre chose : si le père mourait *intestat*, la FAMILLE héritait; ce qui voulait dire autre chose que les enfants et les proches, bien que les uns et les autres pussent y être compris. En un mot, la famille était une *condition civile et politique*, *status*, *caput*, indépendante de la naissance et du sang, comme la condition d'homme libre et de citoyen. Le fils né du mariage, l'adoptif, la femme *in manu* ont droit égal à l'héritage; au contraire, le fils émancipé ou donné en adoption, la fille mariée ne sont plus de la famille, et perdent leur droit à la succession.

5. Les formes solennelles exigées, tant pour le contrat de mutation que pour le testament, montrent combien la transmission de propriété était réputée chose grave; combien elle tenait à la famille, combien peu, par conséquent, elle en sortait. En résumé, il en fut à Rome de la propriété ou domaine quiritaire comme du mariage : la faculté d'aliéner, comme celle de divorcer, était reconnue; en fait, de longs siècles se passèrent sans aliénation ni divorce.

Telle fut la propriété à l'origine. Je me demande maintenant si dans tout cela, il y a rien qui répugne à la morale publique ou privée, à la notion élémenaire ou synthétique du droit; si par conséquent il erait permis d'y voir une donnée, suggestion ou prénisse de la Raison collective, en qui l'idée et le droit, l'intelligence et la conscience se confondent.

Qu'est-ce donc qui distingue la propriété ou domaine quiritaire de la possession? Deux choses dont aucune, selon moi, n'implique par elle-même de négation du droit, d'immoralité : la première est que le propriétaire ne relève que de lui-même, non du prince ou de la commune; la seconde, qu'en lui l'autorité du père de famille ne relève également que d'elle-même, et n'est responsable devant aucun. Or, nous avons vu que dans le régime de possession, le détenteur relève de l'État, qui est censé souverain par institution divine ou fiction de la loi, ce qui au fond est la même chose. Mais, fiction pour fiction, pourquoi le citoyen, membre de l'État, élément politique, ne relèverait-il pas directement de Dieu, né serait-il pas, par une fiction de la loi, souverain de sa terre, sans passer par cette filière du prince ou de la communauté? Qu'y a-t-il en cette nouvelle hypothèse de plus illogique, de plus anomal que dans l'autre? Pourquoi, en second lieu, le père de famille tiendrait-il son autorité d'un autre que de lui-même, c'est-à-dire de la nature même qui l'a fait amant, époux, père; qui lui a donné, pour remplir ce triple devoir, la force, l'amour et l'intelligence?

Remarquez que nos déductions antérieures favorisent cette nouvelle conception. Nous avons vu que la communauté universelle de biens et de gains a dû être abandonnée pour faire place à la fédération des familles; ce qui conduit à attribuer à chacune d'elles l'indépendance et l'autonomie. Or, l'indépendance de la famille a pour expression l'autorité absolue du père de famille. Niez cette autorité, vous rattachez par un fil la famille à l'État; vous faites rentrer jusqu'à certain point la femme et les enfants dans la communauté; vous jetez entre eux et le père un ferment de division. Lequel, selon vous, est le plus avantageux à la mère et aux enfants d'être placés sous la garde exclusive et l'autorité du père, ou bien d'avoir contre lui un recours auprès du magistrat? — Dans le premier cas, vous vous fiez à l'amour de l'homme, à son honneur, à sa dignité, à ses meilleurs sentiments; dans le second vous en faites un simple délégué de l'État, avec obligation et responsabilité. La question est, comme vous le voyez, des plus graves; et si le second parti semble plus sûr, le premier est incontestablement d'une moralité supérieure. A Rome, où le divorce était la prérogative du mari, il s'écoula plus de cinq siècles sans qu'il y en eût un seul exemple; je n'ai lu nulle part que pendant le même laps de temps les pères se soient donné le plaisir de déshériter leurs enfants, ou de dévorer en débauche leur héritage. Au rebours, quand le préteur prit sous sa tutelle les enfants et les femmes, limita le testament, il n'y avait plus de famille; les mœurs avaient péri par d'autres causes.

Il résulte de cette analyse que, malgré le préjugé qui s'élève, dans la Raison individuelle, contre toute

espèce d'absolutisme, la propriété, absolue de sa nature, a pu paraître au commencement une hypothèse
aussi légitime, aussi morale, aussi rationnelle que la possession elle-même ; et cela par une considération bien
simple : c'est que la possession, toute conditionnelle
que nous l'avons vue, relève en définitive d'un absolu,
qui est l'État, ou, ce qui n'est pas plus rassurant,
Dieu. Ne vaut-il donc pas mieux pour l'homme, le
citoyen, le père de famille, au lieu de relever de l'absolu divin ou gouvernemental, ne relever que de son
absolu personnel, de sa conscience ?

Je dis qu'aucun argument ne saurait *à priori* établir la négative ; conséquemment, qu'il est parfaitement licite de voir dans l'institution de propriété,
quant à son principe, une hypothèse tout aussi plausi-
ble que celle de la possession ; reste à les comparer
seulement l'une et l'autre dans leur constitution, et à
les juger d'après leurs effets.

De ce qui vient d'être dit résultent donc deux
choses, selon moi fort remarquables : l'une est que
la raison immanente qui gouverne la société, la Providence sociale, si j'ose ainsi dire, partant d'une conception absolue pour fonder la possession terrienne,
ou propriété conditionnelle et restreinte, a bien pu,
sans se contredire, faire intervenir l'absolu d'une
manière plus immédiate, plus directe, en instituant le
domaine de propriété, et faisant le citoyen le semblable et l'égal du prince ; l'autre est que, selon toute
probabilité, cette institution n'eût jamais été proposée
dans un conseil humain ; elle ne serait pas venue à

l'esprit d'un philosophe, ni d'un magistrat, ni d'un prêtre ; elle aurait paru à tout le monde la plus grande des impiétés, pour ne pas dire la plus grande des iniquités. L'homme s'arroger la souveraineté de la terre, que le Créateur a faite et lui a donnée ! *terram autem dedit filiis hominum !* Le cultivateur s'ériger en dieu, le possesseur en propriétaire ! Quel sacrilége ! L'idée d'un pareil crime eût paru digne du plus grand des supplices. La religion des peuples en aurait rangé l'auteur parmi les grands condamnés : Ixion, Tantale, Salmonée, Thésée, Prométhée, si l'auteur d'une pareille idée avait pu être un homme. Aussi la voyons-nous se glisser inaperçue sous le voile respecté de la possession. Une fois posée, entourée de cette même religion dont elle affecte la prérogative, nous allons la voir se développer, s'étendre, et, avec la même bonne foi qui la fit d'abord admettre, obtenir une préférence de plus en plus marquée, et triompher de sa rivale.

A partir de la loi licinienne, le peuple se fait de plus en plus admettre au partage des terres conquises, mais toujours, bien entendu, à titre de possession. En même temps, observe judicieusement M. Laboulaye, la puissance populaire augmente ; elle égale et finit par primer la puissance patricienne. Les *plébiscites* deviennent lois de l'État. Ainsi réglé, en 337, par Publius Philo. Comme la possession de la terre avait été pour l'aristocratie le signe et le gage de la puissance politique, elle le devint pour la plèbe. C'était une révolution dans la république, à laquelle le patriciat dut naturellement s'opposer de toutes ses forces.

On a reproché à cette caste altière son avarice, sa cruauté, son fanatisme de privilége : il y a beaucoup de vrai en tout cela. Mais je ne trouve pas que l'on ait assez tenu compte aux patriciens d'une chose : ils défendaient des principes, et s'ils résistaient à ce que nous appelons aujourd'hui le progrès, et dont personne à Rome n'avait certainement l'idée, ils avaient pour eux la logique; ils étaient les vrais conservateurs de la République. En ce qui concerne le sol, par exemple, les patriciens pouvaient dire que, la royauté ayant été abolie, le patriciat l'avait remplacée; que la souveraineté était en lui, qu'il était donc naturel qu'ils eussent le *domaine éminent;* qu'en conséquence, c'était à eux seuls que devaient revenir les terres conquises, comme autrefois elles eussent été dévolues au roi; que les plébéiens ne pouvaient être que leurs tenanciers, leurs fermiers; que les admettre, comme on faisait, *ex æquo,* avec les patriciens au partage de l'*ager publicus,* c'était renverser tous les rapports sociaux et politiques, faire du sujet l'égal du souverain; que le titre de *possession,* donné à ces terres, était illusoire, puisque les concessions étaient irrévocables; que le plébéien, soi-disant tenancier de l'État, n'était soumis à aucune redevance, et que, sauf l'hommage à l'État, il disposait de sa possession comme le patricien de sa propriété; bref, qu'appeler à la possession foncière la multitude, qui n'en considérait que les avantages matériels, mais n'en comprenait pas les devoirs, c'était avilir la noblesse et perdre la République. Si tel ne fut pas le discours des nobles, c'en fut au moins la pensée. Déjà l'on commençait à prévoir que la plèbe, non moins avide que l'aristocratie, mais beaucoup moins jalouse des libertés publiques et de la constitution, la plèbe, matérialiste et sensuelle, ferait bon marché des lois et tuerait la République.

L'opposition du sénat fut impuissante, et devait l'être. Ses observations étaient justes, mais ne répondaient point à cette argumentation si pressante et si simple du parti plébéien : Nous aussi, nous voulons être libres ; nous aussi, nous entendons ne dépendre que de la loi ; nous aussi, nous revendiquons le droit à la terre, comme nous avons revendiqué le droit à la famille, comme nous avons revendiqué le droit à la religion. Pourquoi resterions-nous sans sacrifices, sans autels, sans dieux, plutôt que vous? Pourquoi nos femmes seraient-elles des concubines, et nos enfants des bâtards, plutôt que les vôtres? Pourquoi, si nous avons le culte et la famille, n'aurions-nous pas la terre, gage d'inviolabilité, aussi bien que vous? Prétendez-vous faire éternellement de nos filles vos maîtresses, comme Appius fit de Virginie, de nos fils vos mignons, comme fit Papirius?... La réponse était foudroyante et à bout portant : aussi la victoire du peuple ne fut pas un moment douteuse.

En 286, nouvelle distribution de terres au peuple et abolition des dettes par le dictateur Hortensius. Sept *jugera* sont donnés à chaque citoyen pauvre.

En 133 paraissent les Gracques ; ils succombent

dans leur lutte contre l'aristocratie. La plèbe, n'attendant plus rien des voies légales, se met au service des ambitieux. Sylla distribue des terres à quarante-sept légions; César suit les traces de Sylla: il établit cent vingt mille légionnaires. Antoine et Octave imitent son exemple : la terre devient la monnaie dont le despotisme paye ses partisans. Vers l'an 90 avant Jésus-Christ, les droits politiques avaient été conférés aux Latins, quelques années plus tard, à toute la péninsule; le domaine quiritaire est étendu à toute l'Italie, dont Rome n'est plus alors que la capitale.

Avec l'Empire, l'*œrarium*, trésor public, est remplacé par le *fiscus*, trésor du prince. Les attaques à la propriété quiritaire vont commencer. Auguste établit l'impôt sur les successions et les adjudications. Si Caracalla confère, l'an 212 après Jésus-Christ, le droit de cité aux provinces, c'est afin de pouvoir leur imposer les contributions *judicate* qui pesaient déjà sur l'Italie, tout en les laissant grevées de l'impôt foncier, qui leur était propre. Dans les idées romaines, cet impôt était une contradiction : il aurait marqué une sujétion; il était réservé aux provinces, qui n'avaient pas le *dominium*. La substitution de l'Empire à la République a tellement changé les idées, que Maximien finit par établir l'impôt foncier en Italie.

Le domaine impérial, qui a remplacé l'*ager publicus*, comme le fisc avait remplacé l'*œrarium*, est immense, mais désert. Pour rendre la terre productive et ramener la population, les empereurs concèdent, à titre de possession, partie de leur domaine avec certaines exemptions de droits. Constantin institue le colonat, condition mitoyenne entre la propriété et l'esclavage, l'analogue et l'origine de ce qu'on a appelé plus tard le servage. L'impôt et la concurrence servile découragent la petite propriété, au point que sous Honorius, il y avait dans la seule Campanie 528,042 *jugera* de terres désertes.

Les concessions faites sur le domaine impérial, comme plus tard sur les terres de l'Église, affectent la forme de l'emphytéose : *emphyteusis*, implantation (d'hommes). Les barbares, sous la seule condition du service militaire, sont admis en masse à l'emphytéose, qui prend alors le nom de bénéfice.

Ainsi, c'est l'empire qui a amené en Italie et partout les barbares, après avoir détruit les habitants ; c'est l'empire qui a tué la propriété, et qui a dû ensuite la remplacer par le colonat, l'emphytéose, le bénéfice, et préluder ainsi à la féodalité. « Entre l'empire purement latin et les monarchies barbares, dit Châteaubriand, il y a un empire romain barbare qui a duré près d'un siècle avant la déposition d'Augustule. C'est ce qu'on n'a pas remarqué, et ce qui explique pourquoi, au moment de la fondation des royaumes barbares, rien ne parut changé dans le monde : aux malheurs près, c'étaient toujours les mêmes hommes et les mêmes mœurs. »

Avec le droit de propriété, l'empire attaque la puissance paternelle : Auguste établit le *peculium castrense*; Trajan, Adrien, Alexandre-Sévère, Constantin transfèrent aux tribunaux la justice familiale. Le droit de succéder aux biens de la mère est accordé par Adrien, Constantin, Théodose, Arcadius et Honorius, Justinien. La condition des femmes est changée : elles ne sont plus en tutelle d'agnat. L'ancien droit était trop rigoureux pour elles, le droit impérial trop relâché : le premier les faisait esclaves, le second les rend étrangères. Par ces transformations de la Loi, la famille n'est plus considérée comme un tout inviolable ; les enfants sont à l'État avant d'être au père ; ils ont un pécule, une propriété, des obligations, des droits. De là, restrictions au testament : création d'une *légitime*, ou conjonction dans un même héritage de la succession *ab intestat* avec la succession testamentaire. Ici encore l'ancien droit, par religion domestique, était trop rigoureux ; toujours éloigné de la juste mesure, il devient trop relâché et dégénère en une sorte de communisme gouvernementaliste. La famille périt ; elle n'a pas revécu. En vain les lois *Julia* et *Puppia Poppœa* accordent des encouragements au mariage et frappent de pénalité le célibat : il fallait une loi agraire, moins d'impôts, moins de soldats et la Liberté. Le but est manqué ; la promiscuité prend le dessus. Le législateur est forcé de reconnaître le concubinat, que le concile de Tolède autorise à son tour : « *Si quis habens uxorem fidelem concubinam habet, non communicet. Cæterum qui non habet uxorem, et pro uxore concubinam habet, à communione non repellatur : tantum ut unius mulieris, aut uxoris, aut concubinæ, ut ei placuerit, sit conjunctione contentus :* Si quelqu'un, ayant une épouse fidèle, prend une concubine, qu'il soit exclu de la communion. Quant à celui qui n'est pas marié et qui prend une concubine, qu'il ne soit pas repoussé de la communion, pourvu qu'il se contente d'une seule femme, épouse ou concubine, à sa convenance. » La loi impériale, qui a ainsi passé dans l'Église, se retrouve dans les lois des Lombards et des Francs.

Ainsi, toutes les prévisions de l'aristocratie se sont réalisées. La plèbe, appelée à la possession foncière, mais incapable d'en comprendre les devoirs, a laissé le champ libre au despotisme ; elle a tout sacrifié aux intérêts matériels. République et liberté, famille et mariage, tout a péri avec l'antique propriété. Comme l'observa plus tard Justinien, du moment où Caracalla communique le domaine quiritaire, privilége de l'Italie, à toutes les provinces de l'empire, la distinction entre la *possession* et la *propriété* devient nulle.

On le voit, l'idée de propriété n'est pas venue toute seule à la plèbe ; elle lui a été inoculée par les *pères conscripts*, fondateurs de la République ; elle lui est entrée dans l'esprit avec la notion même du droit, avec la religion.

Le peuple, dans le principe, ne réclamait pas le domaine quiritaire ; il se contentait d'une simple possession, et il la demanda, cette possession, comme garantie de liberté, de moralité, de justice et d'ordre. Ce ne fut pas sa faute si elle se confondit ensuite avec la propriété ; ce fut le fait des événements de l'irrévocable histoire.

L'empire tombé, les hordes germaniques débordent de toutes parts sur le sol quiritaire et se le partagent. La terre est assimilée à un butin, fractionnée en lots et tirée au sort : d'où le nom d'*allod, lot, alleu.* Aussitôt, comme par une inspiration supérieure, les conquérants renoncent à leur mode de possession traditionnel et adoptent le principe de propriété. En effet, chez les Germains, d'après Tacite, la terre, partagée selon les grades, restait à l'état de simple possession. « *Agri, pro numero cultorum, ab universis per vices occupantur, quos mox inter se secundum dignationem partiuntur : facilitatem partiendi camporum spatia præstant. Arva per annos mutant, et superest ager : nec enim cum ubertate et amplitudine soli labore contendunt, ut paucaria conserant, et prata separent, et hortos rigent : sola terræ seges imperatur. Unde annum quoque ipsum non in totidem digerunt species; hiems, et ver, et æstas intellectum et vocabula habent; autumni nomen perinde ac bona ignorantur.* »

L'empressement des conquérants à prendre les lois, les mœurs, les institutions et les arts de l'empire est remarquable à plus d'un titre : en ce qui concerne la propriété, il dénote la bonne foi des masses et la ferme conviction que cette forme de possession était supérieure à celle qu'ils avaient pratiquée jusque-là. L'antique propriété avait été subalternisée, travestie par le régime impérial (1); l'occupation par la con-

---

(1) La propriété chez les barbares une fois établis est moins absolue que chez les Romains; le droit de famille est distinct de la puissance paternelle, et si le propriétaire peut disposer souve-

quête fut, pour une bonne part, un affranchissement
du sol. S'il n'y avait eu à cette époque que des barbares, l'empire tout entier eût été rempli de propriétaires cultivants, les uns possédant plus, les autres
moins, selon l'importance des grades. Mais il existait
des esclaves, des colons (serfs), des emphytéotes, des
bénéficiers; les nouveaux venus n'eurent qu'à suivre
la route tracée par les empereurs. « L'administration
des Ostrogoths, dit M. Laboulaye, fut semblable à
celle de l'empire; Cassiodore pouvait se croire revenu
aux plus beaux siècles des Césars. »

A l'origine, Romains et Barbares vivent côte à côte,
chacun suivant son rite, ses coutumes. Les Germains,
en partageant la terre, conservent leur association :
les villes laissées aux Romains, la campagne est dé-
coupée en cantons, les cantons en centaines, les centaines en dizaines, les dizaines en manoirs particuliers;
ce qui reste en dehors du manoir est propriété commune ou marche. Chaque canton a à sa tête un comte,
chaque centaine un centenier, chaque dizaine un
dizainier, qui tous avaient leur juridiction comme le
comte. C'est la propriété quiritaire où le père de famille est roi et chef de tous les siens. Nous voilà revenus à la propriété romaine sous le nom d'alleu; ce
n'est pas le barbare qui a créé cela : il a donné le
mot, voilà tout. Il est impossible de méconnaître la
spontanéité toute germanique de cette formation. La

rainement de ses *acquéts*, il ne le peut pas de ses *propres*, c'est-
à-dire de son alleu : il faut la présence et le consentement de ses
héritiers.

liberté s'y trouve sans doute ; mais établissez un lien de subordination, voilà la féodalité faite. Or, la subordination est romaine, impériale, surtout chrétienne. La fusion s'opérant avec le temps, entre vaincus et vainqueurs, on pressent qu'une transformation s'ensuivra.

Sous l'influence du christianisme, qui considère la propriété comme une institution du paganisme et un effet du péché originel, un mouvement de réaction prononcé se manifeste ; l'Église entreprend de se faire suzeraine. Benoît, fondateur de l'abbaye du Mont-Cassin, contemporain de Justinien, donne le signal de l'accaparement. De toutes parts, la petite propriété, impuissante, se convertit en mille formes de possession. L'esprit de l'Église se reconnaît ici partout : dans le colonat et le servage, dans l'emphytéose, dans la recommandation, dans le précaire, dans le bénéfice (1), dans la hiérarchie nobiliaire, dans l'exemption du service militaire, dont jouissait l'Église, et en vue de laquelle les petits propriétaires

______

(1) La *recommandation* est l'acte par lequel un homme libre se recommande à un plus puissant, auquel il promet foi et hommage ; un des effets de cet acte fut que la propriété, d'abord franche, fut déclarée tenure, reçue du *commandeur*. Quelquefois celui-ci, prenant la chose trop au pied de la lettre, faisait de ses recommandés des serfs. L'Église en usait de même. Pour engager les laïques à lui livrer (*recommander*) leurs biens, l'Église, en les remettant, à titre *précaire*, au donateur, y ajoutait souvent une certaine quantité des siens : ainsi, un homme faisait abandon de six arpents, qu'il tenait en alleu, pour en recevoir neuf à titre précaire. Le précaire faisait retour à l'Église à la mort du donataire. Telle est l'origine de la main-morte. Les détenteurs du précaire se soumettaient à une redevance, s'assujettissaient à certains services.

s'empressaient de se recommander aux abbés et aux évêques.

Charlemagne, comme prince du temporel, résiste à ce mouvement et le dénonce dans ses *Capitulaires*. Mais lui-même se contredit : tandis qu'il tonne contre les clercs qui accaparent la terre, sous prétexte de la restituer au Seigneur, et convertissent les alleux en bénéfices, il multiplie le plus qu'il peut, dans la sphère de son action, ces mêmes bénéfices, et éclate en menaces contre les nobles qui, par une rubrique de légiste, après avoir aliéné le bénéfice royal, le rachètent comme un alleu dans l'assemblée du canton. Défenseur de la liberté et du progrès vis-à-vis de l'Église, Charlemagne, faisant, au moyen des bénéfices, de la centralisation à sa manière, se montre rétrograde vis-à-vis de ses guerriers. Son système est un vaste communisme, rival de celui de l'Église, mais qui n'exista qu'en ébauche et s'écroula avec lui. Du reste, tout le monde faisait de cette bascule. La mort de Charlemagne fut tout à la fois le signal du triomphe des grands bénéficiers, demandant à la royauté l'indépendance et l'hérédité, c'est-à-dire la conversion du bénéfice en alleu, et de la défaite des petits propriétaires, dont les alleux furent convertis par les grands bénéficiers, devenus grands propriétaires, en fiefs. Charlemagne n'a réellement fondé que la *théocratie papale*, laquelle a duré aussi longtemps que la foi des peuples l'a soutenue.

Sans doute il se mêle dans cette pétition de la propriété beaucoup d'égoïsme, beaucoup d'indiscipline,

et, vis-à-vis du prochain, beaucoup de mauvaise foi.
Mais le but est toujours le même, et ce but n'a rien en
soi de blâmable : c'est la garantie de la liberté et du
droit. Si les petits propriétaires, désespérant de se soutenir par eux-mêmes, font donation de leur propriété à
l'évêque, au comte, à l'abbé, qui la lui remettent ensuite à titre de bénéfice, fief, précaire ou commande,
cela prouve non pas qu'ils rejettent la propriété, mais
que telle qu'elle leur est donnée, elle n'est pas assez
considérable pour qu'ils puissent, par eux-mêmes et
avec elle seule, se défendre. C'est une question de
force, non de principe. Aussi, voit-on la féodalité se
détruire dès sa naissance par l'idée qui lui est fatalement associée, qu'elle sous-entend et qui la contredit,
l'idée allodiale. D'abord, chaque petit propriétaire d'alleu, forcé de se donner un suzerain, choisit le plus
puissant qui se trouve à sa portée : ce qui conduit à la
subalternisation de tous les alleux, devenus fiefs, à un
suzerain unique, le roi ; puis une coalition des roturiers
industrieux se forme, avec la protection du roi, contre
les évêques et les nobles ; ce sont les communes : tant
et si bien qu'au siècle de Louis XIV, il n'y a plus qu'un
seul grand propriétaire, plus fictif que réel, le roi,
dominant une nation de tenanciers privilégiés à divers titres, nobles, clercs, bourgeois, vilains. Vienne
maintenant la Révolution, et tous, à l'envi, secouant
cet ultime et monstrueux despotisme, redeviendront,
qui pour plus, qui pour moins, comme la plèbe de
César, propriétaires.

Ainsi, dès avant le règne des Tarquins, dès le temps

même de Romulus, 754 ans avant notre ère, nous voyons la propriété, droit quiritaire, domaine éminent, alleu, sous-introduite, si j'ose ainsi dire, par la possession, devenir insensiblement, à tort ou à raison, c'est ce qui reste à savoir, la formule, le signe et le gage de la liberté de l'homme, de l'inviolabilité de la famille, de la sécurité du producteur, en un mot, de tout ce qui constitue l'essence du droit. C'est l'absolu, l'inconditionné, pris pour élément politique, fondement des mœurs, instrument et organe de la société.

L'Humanité, en s'engageant dans cette voie absolutiste, a-t-elle fait fausse route ? La propriété est-elle vraiment une création de la spontanéité sociale, ou une aberration de l'*appétit irascible* des masses, qui croient triompher de l'absolutisme en le rendant universel, et, pour se soustraire au bon plaisir du prince, n'imaginent rien de mieux que de lui opposer leur propre arbitraire ? La question n'ayant pas encore été aussi nettement posée, les faits peuvent paraître douteux. Nous n'avons en conséquence qu'à nous assurer de leur signification.

CHAPITRE VI

Théorie nouvelle : que les motifs, par suite la légitimité de la propriété, doivent être cherchés, non dans son principe ou son origine, mais dans ses fins. Exposé de ces motifs.

La philosophie a eu raison, depuis trois siècles, de bien des institutions et de bien des croyances : en sera-t-il de même de la propriété ? Si mon opinion peut être ici de quelque poids, j'ose répondre qu'il n'en sera rien. La jurisprudence n'a pas saisi jusqu'à ce jour les causes ou les motifs de la propriété, parce que la propriété, telle qu'elle vient de se révéler à nous dans son principe et dans son histoire, est un fait de la spontanéité collective dont rien ne pouvait *à priori* décéler l'esprit et la raison ; parce que, d'un autre côté, elle est encore en voie de formation, et qu'à son égard l'expérience est incomplète ; parce que, jusqu'à ces dernières années, le doute philosophique ne l'avait frappée que timidement, et qu'il fallait, au préalable, en détruire la religion ; parce qu'en ce moment elle nous apparaît plutôt comme une force révolutionnaire que comme une inspiration de la conscience universelle, et que si elle a renversé bien des despotismes, terrassé bien des aristocraties, on ne peut pas en définitive dire qu'elle ait fondé quoi que ce soit.

Le moment est venu où la propriété doit justifier d'elle-même ou disparaître : si j'ai obtenu, il y a vingt ans, quelque succès pour la critique que j'en ai faite, j'espère que le lecteur ne se montrera pas moins favorable aujourd'hui pour cette exégèse.

J'observerai d'abord que si nous voulons aboutir dans notre recherche, il est de toute nécessité que nous quittions la route où nos devanciers se sont perdus. Pour rendre raison de la propriété, ils sont remontés aux origines ; ils ont scruté, analysé les principes ; ils ont invoqué les besoins de la personnalité et les droits du travail, et fait appel à la souveraineté du législateur. C'était se placer sur le terrain de la possession. On a vu au chapitre IV, dans le résumé critique que nous avons fait de toutes les controverses, dans quels paralogismes se sont jetés les auteurs. Le scepticisme seul pouvait être le fruit de leurs efforts ; et le scepticisme est aujourd'hui la seule opinion sérieuse qui existe en matière de propriété. Il faut changer de méthode. Ce n'est ni dans son *principe* et ses *origines*, ni dans sa *matière* qu'il faut chercher la raison de la propriété ; à tous ces égards, la propriété, je le répète, ne peut rien nous offrir de plus que la possession ; c'est dans ses FINS.

Mais comment découvrir la finalité d'une institution dont on déclare inutile d'examiner le principe, l'origine et la matière? N'est-ce point, de gaîté de cœur, se poser un problème insoluble? La propriété, en effet, est absolue, inconditionnée, *jus utendi et abutendi*, ou elle n'est pas. Or, qui dit absolu, dit indéfinissable, dit une chose que l'on ne peut reconnaître ni par ses limites, ni par ses conditions, ni par sa matière, ni par la date de son apparition. Chercher les *fins* de la propriété dans ce que nous pouvons savoir de ses commencements, du principe animique sur lequel elle repose, des circonstances où elle se manifeste, ce sera toujours tourner dans le cercle, et s'enfoncer dans la contradiction. Nous ne pouvons pas même apporter en témoignage les services qu'elle est censée rendre, puisque ces services ne sont autres que ceux de la possession elle-même; que nous ne les connaissons qu'imparfaitement; que rien ne prouve d'ailleurs que nous ne puissions nous procurer les mêmes garanties, et de supérieures encore, par d'autres moyens.

Ici encore, et pour la seconde fois, je dis qu'il faut changer de méthode et nous engager dans une route inconnue. La seule chose que nous sachions nettement de la propriété, et par laquelle nous puissions la distinguer de la possession, c'est qu'elle est absolue et abusive; eh bien! c'est dans son absolutisme, c'est dans ses *abus*, pour ne pas dire pis, que nous devons en chercher la finalité.

Que ces noms odieux d'*abus* et d'*absolutisme*, cher lecteur, ne vous effraient pas mal à propos. Il ne s'agit point ici de légitimer ce que votre incorruptible conscience réprouve, ni d'égarer votre raison dans les régions transcendantales. Ceci est affaire de pure logique, et puisque la Raison collective, notre souveraine à tous, ne s'est point effarouchée de l'absolutisme propriétaire, pourquoi la vôtre s'en scandaliserait-elle plus? Auriez-vous honte, par hasard, de votre propre moi? Certains esprits, par excès de puritanisme, ou plutôt par faiblesse de compréhension, ont posé l'individualisme comme l'antithèse de la pensée révolutionnaire : c'était tout bonnement chasser de la république le citoyen et l'homme. Soyons moins timides. La nature a fait l'homme personnel, ce qui veut dire insoumis; la société à son tour, sans doute afin de ne pas demeurer en reste, a institué la propriété; pour achever la triade, puisque, selon Pierre Leroux, toute vérité se manifeste en trois termes, l'homme, sujet rebelle et égoïste, s'est voué à toutes les fantaisies de son libre arbitre. C'est avec ces trois grands ennemis, la Révolte, l'Égoïsme et le Bon plaisir que nous avons à vivre; c'est sur leurs épaules, comme sur le dos de trois cariatides, que nous allons élever le temple de la Justice.

Tous les abus dont la propriété peut se rendre coupable, et ils sont aussi nombreux que profonds, peuvent se ramener à trois catégories, selon le point de vue d'où l'on considère la propriété : *abus politiques, abus économiques, abus moraux.* Nous allons examiner l'une après l'autre ces différentes catégories d'abus, et, concluant à mesure, nous en déduirons les FINS de la propriété, en autres termes sa fonction et sa destinée sociale.

§ 1. — Nécessité, après avoir organisé l'État, de créer à l'État un contre-poids dans la liberté de chaque citoyen. Caractère fédéraliste et républicain de la propriété. Observations sur le cens électoral et la confiscation.

Considérée dans ses tendances politiques et ses rapports avec l'État, la propriété incline à se faire du gouvernement un instrument d'exploitation, rien de moins, rien de plus.

En ce qui touche le système du pouvoir, monarchique, démocratique, aristocratique, constitutionnel ou despotique, la propriété est de sa nature parfaitement indifférente : ce qu'elle veut, c'est que l'État, la chose publique soit sa chose ; que le gouvernement marche par elle et pour elle, à son plaisir et bénéfice. Le surplus, division des pouvoirs, proportionnalité de l'impôt, éducation des masses, respect de la Justice, etc., lui importe peu. Avant tout, que le gouvernement soit sa créature et son esclave, sinon il périra. Aucune puissance ne tient devant elle ; aucune dynastie n'est sacrée, aucune constitution inviolable. De deux choses l'une : il faut que la propriété règne et gouverne à sa guise, sinon elle se déclare anarchique, régicide.

Romulus, premier auteur du partage foncier, fondateur du domaine quiritaire, est enlevé par les patriciens : ce fut sa faute. Pourquoi, s'il voulait subordonner l'aristocratie à son pouvoir, la rendait-il indépendante, lui donnait-il une force supérieure, en conférant à chaque noble un titre égal au sien, celui de propriétaire?

Servius Tullius affecte la popularité, cherche un appui dans la multitude. Son successeur Tarquin le Superbe continue cette politique et menace les têtes de l'aristocratie.

Mais les Tarquins sont chassés, la royauté est vaincue par la propriété. Depuis ce moment, jusqu'à la loi de Licinius Stolon, en 376, le gouvernement, à Rome, n'est pas autre chose qu'un moyen d'exploitation de plus aux mains du patriciat. La plèbe est réduite en servitude, la constitution de l'État se résume tout entière dans la prérogative patricienne; c'est du plus parfait arbitraire. La résolution prise, en 450, d'envoyer à Athènes des commissaires pour étudier les lois grecques le prouve. On avait beau distribuer de temps en temps à la plèbe quelques terres, démembrées de l'*ager publicus;* le service militaire et les charges publiques ruinaient le plébéien, le forçaient de vendre, et la terre revenait toujours aux grands. Cependant, par la nature égoïste et anarchique de la propriété, des jalousies intestines, des divisions naissent dans l'aristocratie; en même temps, la plèbe croissant en nombre, et la loi licinienne l'admettant au partage des terres conquises, la propriété se tourne contre elle-même : c'est ce qui fit le triomphe du parti plébéien. Jamais, sans cette possession, qui n'était telle que de nom, il ne l'eût emporté sur le parti patricien, et jamais la plèbe n'eût obtenu la terre sans l'anarchie propriétaire.

C'est la conversion des bénéfices en alleux qui renverse la puissance carolingienne; en revanche, c'est la conversion de l'alleu en fief qui amène peu à peu la servitude féodale.

Le noble, par orgueil, en mépris de la roture, s'attache à son fief, dédaigne la propriété allodiale. La loi de primogéniture vient ajouter encore à l'immobilisme du fief. Le bourgeois suit le droit romain; l'alleu se coalise avec le roi contre le fief, qui succombe partout. En Angleterre, les choses se passent autrement, mais toujours d'après la même loi. Les barons, que menace le pouvoir royal, saisissent l'occasion que leur offre la misère du roi Jean, dit Sans-Terre, pour lui arracher la grande Charte, fondement de toutes les libertés anglaises; puis, s'unissant eux-mêmes aux communes, le fief à l'alleu, ils dominent définitivement la couronne. La constitution de l'Angleterre et toute son histoire s'expliquent par là. Aujourd'hui la propriété industrielle, jointe à une portion du sol possédée par la bourgeoisie, balance le pouvoir aristocratique : de là la prépondérance actuelle de la chambre des communes sur la haute chambre. Où se trouve la plus grande somme de richesse unie à la plus grande liberté d'action, là est la plus grande force. Mais la propriété féodale, inférioirisée, n'est pas pour cela annihilée; loin de là, sa conservation est devenue un élément politique de la société anglaise. C'est pour cela que l'Angleterre est à la fois monarchique, aristocratique et bourgeoise : elle ne sera une démocratie comme la France que le jour où les biens nobles auront été rendus par la loi divisibles et aliénables, et la primogéniture abolie, comme cela a lieu pour les propriétés allodiales.

On sait comment s'est opérée la Révolution française. Vente et mobilisation d'un tiers du territoire, à titre de propriété allodiale, abolition de tous les anciens droits féodaux, abolition de la primogéniture; conversion des fiefs, non vendus, en propriétés allodiales : voilà ce qui a fait de la France une démocratie.

En 1799, la nouvelle propriété se manifeste par un coup d'État et abolit la République. Quatorze ans après, mécontente de l'Empereur, qui l'avait contenue, elle abandonne Napoléon et décide la chute du système impérial. — C'est la propriété qui, en 1830, fait tomber Charles X; c'est elle encore qui, en 1848, fait tomber Louis-Philippe. La haute bourgeoisie ou grande propriété était divisée; la classe moyenne ou petite propriété était ameutée; une poignée de républicains, suivis de quelques hommes du peuple, décida la chose. Louis-Philippe écarté, la logique voulait donc que le pouvoir passât aux républicains. Mais la logique ne fait pas la force : la propriété, un moment surprise, reparut bientôt, et pour la seconde fois se débarrassa de la république. La plèbe n'ayant rien, la démocratie reposait sur le néant. Le coup d'État du 2 décembre a réussi, comme celui du 18 brumaire, par l'appui de la propriété. Louis-Napoléon n'a fait que devancer le vœu de la bourgeoisie, d'autant plus certain du succès que la plèbe voyait en lui un protecteur contre l'exploitation bourgeoise.

Il est donc prouvé que la propriété, par elle-même, ne tient à aucune forme de gouvernement ; qu'aucun lien dynastique ou juridique ne l'enchaîne ; que toute sa politique se réduit à un mot, l'exploitation, sinon l'anarchie ; qu'elle est pour le pouvoir le plus redoutable ennemi et le plus perfide allié ; en un mot que, dans ses rapports avec l'État, elle n'est dirigée que par un seul principe, un seul sentiment, une seule idée, l'intérêt personnel, l'égoïsme. Voilà en quoi consiste, au point de vue politique, l'abus de la propriété. Qui rechercherait ce qu'elle fut dans tous les États où son existence fut plus ou moins reconnue, à Carthage, à Athènes, à Venise, à Florence, etc., la retrouverait toujours la même. Au contraire, qui étudiera les effets politiques de la possession ou du fief, aboutira constamment à des résultats opposés. C'est la propriété qui fit la liberté, puis l'anarchie et finalement la dissolution de la démocratie athénienne ; c'est le communisme qui soutint la tyrannie et l'immobilisme de la noble Lacédémone, engloutie sous l'océan des guerres, et qui périt les armes à la main.

Et voilà aussi pourquoi tout gouvernement, toute utopie et toute Église se méfient de la propriété. Sans parler de Lycurgue et Platon, qui la chassent, ainsi que la poésie, de leurs républiques, nous voyons les Césars, chefs de la plèbe, qui n'ont vaincu que pour obtenir la propriété, à peine en possession de la dictature, attaquer le droit quiritaire de toutes les manières. Ce droit quiritaire était l'apanage, pour ainsi dire, du peuple romain Auguste l'étend à toute

l'Italie, Caracalla à toutes les provinces. On combat
la propriété par la propriété : c'est de la politique à
bascule. Puis on attaque la propriété par l'impôt;
Auguste établit l'impôt sur les successions, 5 p. 100;
puis un autre impôt sur les adjudications, 1 p. 100;
plus tard on établit des impôts indirects. Le christianisme, à son tour, attaque la propriété par son
dogme; les grands feudataires par le service de
guerre : les choses en viennent au point que sous les
empereurs, les citoyens renoncent à leur propriété et
à leurs fonctions municipales; et que sous les Barbares, du sixième au dixième siècle, les petits propriétaires d'alleux regardent comme un bonheur pour
eux de s'attacher à un suzerain. Autant, en un mot,
la propriété, par sa nature propre, se montre redoutable au pouvoir, autant celui-ci s'efforce de conjurer
le péril en se prémunissant contre la propriété. On la
contient par la crainte de la plèbe, par les armées
permanentes, par les divisions, les rivalités, la concurrence; par des lois restrictives de toutes sortes,
par la corruption. On réduit ainsi peu à peu la propriété à n'être plus qu'un privilége d'oisif : arrivée
là, la propriété est domptée; le propriétaire, de guerrier ou baron, s'est fait *péquin;* il tremble, il n'est
plus rien.

Toutes ces considérations recueillies, nous pouvons
conclure : la propriété est la plus grande force révolutionnaire qui existe et qui se puisse opposer au
pouvoir. Or, la force par elle-même ne peut être dite
bienfaisante ou malfaisante, abusive ou non abusive:

elle est indifférente à l'usage auquel on l'emploie ; autant elle se montre destructive, autant elle peut devenir conservatrice ; si parfois elle éclate en effets subversifs au lieu de se répandre en résultats utiles, la faute en est à ceux qui la dirigent et qui sont aussi aveugles qu'elle.

L'État constitué de la manière la plus rationnelle, la plus libérale, animé des intentions les plus justes, n'en est pas moins une puissance énorme, capable de tout écraser autour d'elle, si on ne lui donne un contre-poids. Ce contre-poids, quel peut-il être ? L'État tire toute sa puissance de l'adhésion des citoyens. L'État est la réunion des intérêts généraux appuyée par la volonté générale et servie, au besoin, par le concours de toutes les forces individuelles. Où trouver une puissance capable de contre-balancer cette puissance formidable de l'État ? Il n'y en a pas d'autre que la propriété. Prenez la somme des forces propriétaires : vous aurez une puissance égale à celle de l'État. — Pourquoi, me demanderez-vous, ce contre-poids ne se trouverait-il pas aussi bien dans la possession ou dans le fief ? — C'est que la possession, ou le fief, est elle-même une dépendance de l'État ; qu'elle est comprise dans l'État ; que, par conséquent, au lieu de s'opposer à l'État, elle lui vient en aide ; elle pèse dans le même plateau : ce qui, au lieu de produire un équilibre, ne fait qu'aggraver le gouvernement. Dans un tel système, l'État est d'un côté, tous les sujets ou citoyens avec lui ; il n'y a rien de l'autre. C'est l'absolutisme gouvernemental dans son expression la plus

8.

haute et dans toute son immobilité. Ainsi le comprenait Louis XIV, qui non-seulement était d'une parfaite bonne foi, mais logique et juste à son point de vue, lorsqu'il prétendait que tout en France, personnes et choses, relevassent de lui. Louis XIV niait la propriété absolue; il n'admettait de souveraineté que dans l'État représenté par le roi. Pour qu'une force puisse tenir en respect une autre force, il faut qu'elles soient indépendantes l'une de l'autre, qu'elles fassent deux, non pas un. Pour que le citoyen soit quelque chose dans l'État, il ne suffit donc pas qu'il soit libre de sa personne; il faut que sa personnalité s'appuie, comme celle de l'État, sur une portion de matière qu'il possède en toute souveraineté, comme l'État a la souveraineté du domaine public. Cette condition est remplie par la propriété.

Servir de contre-poids à la puissance publique, balancer l'État, par ce moyen assurer la liberté individuelle : telle sera donc, dans le système politique, la fonction, principale de la propriété. Supprimez cette fonction ou, ce qui revient au même, ôtez à la propriété le caractère absolutiste que nous lui avons reconnu et qui la distingue; imposez-lui des conditions, déclarez-la incessible et indivisible : à l'instant elle perd sa force, elle ne pèse plus rien; elle redevient un simple bénéfice, un précaire; c'est une mouvance du gouvernement, sans action contre lui.

Le droit absolu de l'État se trouve donc en lutte avec le droit absolu du propriétaire. Il faut suivre de près la marche de ce combat.

Généralement, là où l'État n'est pas sorti de la conquête, comme en France après l'invasion des Barbares, c'est l'absolutisme de l'État qui se pose le premier : le droit divin sort du patriarcat. C'est du ciel qu'est venu le pacte social ; c'est Dieu qui a institué le sacerdoce et la royauté ; c'est à ses vicaires que tout doit aboutir. La dépendance de l'homme, la hiérarchie de la société, l'attribution au prince exclusivement du domaine éminent, est un résultat de cette conception. De là une première forme d'appropriation célèbre sous le nom de *propriété féodale* ou *fief*, par la constitution que lui a donnée l'Église au moyen âge.

Les caractères fondamentaux de cette forme de propriété sont :

1. La dépendance (toute terre appartient au roi, à l'empereur);

2. La primogéniture;

3. L'immobilisation ou inaliénabilité;

4. Par suite, la tendance à l'inégalité.

C'est de cette conception que naissent ultérieurement, au point de vue de l'exploitation terrienne et de l'impôt : l'emphytéose, le bail à ferme et à cheptel, la corvée, la dîme, la main-morte et toutes les redevances seigneuriales, le *servage*.

Cette forme de propriété emporte avec elle une forme spéciale d'organisation politique, la hiérarchie des classes et des rangs, en un mot tout le système du droit féodal.

Mais bientôt l'absolutisme propriétaire réagit contre

l'absolutisme impérial, le domaine du citoyen contre le domaine de l'État ; alors se constitue une nouvelle forme de propriété, qui est la propriété allodiale.

Les caractères de cette propriété sont, au rebours de la précédente :

1. L'indépendance ;

2. L'égalité de partage entre les enfants après le décès du père ;

3. La mobilisation et la division, ou aliénabilité ;

4. Enfin, une tendance manifeste à l'égalité.

La propriété allodiale engendre, comme conséquence de son principe, le crédit par l'hypothèque (1) ; elle fait de la terre un véritable meuble ; elle tend à faire participer le colon au bénéfice de l'exploitation, à la rente, en rendant l'immeuble de moins en moins productif pour le propriétaire non exploitant ; elle change la nature de l'impôt, en faisant pivoter le système fiscal sur la rente foncière, au lieu de le laisser sur les capitaux et la consommation.

L'alleu implique une forme spéciale de gouvernement, le régime représentatif et démocratique.

La propriété en Angleterre n'a jamais cessé d'être organisée féodalement. La fameuse loi sur les céréales, de Robert Peel, large exception au principe de protection, en faisant baisser le prix des grains, a porté une rude atteinte à la petite culture, à la pro-

____

(1) Malheureusement, dans toutes nos reculades, nous avons constitué le crédit en féodalité, comme si son but était d'absorber la propriété et de ramener les fiefs : ce à quoi je sais que certaines gens songent.

priété allodiale. C'est pourquoi le système politique de l'Angleterre, sur lequel on ne cesse de répéter que la charte de 1814 et 1830 était calquée, est tout différent du nôtre; c'est pourquoi le gouvernement représentatif de la France ne doit pas être confondu avec celui de l'Angleterre : le gouvernement anglais est une aristocratie; le gouvernement français, — Louis-Philippe l'a dit avec une grande hauteur de raison, et son malheur est de l'avoir oublié, — était, devait être, de 1814 à 1848, une monarchie entourée d'institutions républicaines.

Historiquement, la propriété allodiale a devancé dans les pays de conquête germanique la propriété féodale ; les soldats envahisseurs s'étant partagé comme butin le territoire conquis, sans y faire application de leurs coutumes nationales sur la propriété. Mais cette société n'était pas mûre; aussi au bout de quelques siècles les alleux furent convertis en fiefs comme si la liberté et l'égalité n'eussent jamais existé dans les camps des rois francs. Il fallut toute une période d'évolution historique pour ramener la forme actuelle de propriété, l'alleu.

On pourrait classer les nations, les États et les gouvernements d'après la forme de propriété qui y est en vigueur; ce serait une manière facile d'expliquer leur histoire et de prévoir leur avenir. En effet, l'histoire des nations, comme je le démontrerai à propos de la Pologne, n'est bien souvent que celle de la propriété.

Il ne faut pas croire cependant que l'État, en passant du système féodal au système allodial, ait perdu toutes ses prérogatives et son domaine supérieur. En même temps que la propriété conquérait l'indépendance, la mobilité, l'égalité de partage, la faculté d'emprunter au moyen de l'hypothèque, etc., l'État, en vertu de sa prérogative, a établi des servitudes, fait des règlements *de commodo et incommodo*, décrété une loi d'expropriation pour cause d'utilité publique; on lui demande aujourd'hui de fixer une limite au morcellement : c'est ainsi que l'absolutisme de l'État s'oppose à l'absolutisme propriétaire, et qu'ils agissent l'un sur l'autre, engendrant sans cesse, par leur action et réaction mutuelle, de nouvelles sûretés à la société, de nouvelles garanties au propriétaire, et faisant triompher en définitive la Liberté, le Travail et la Justice.

Il est bien entendu que, pour la sincérité de ce système, il faut absolument que le gouvernement ait dépouillé toute allure despotique; qu'il soit franchement représentatif, parlementaire, à formes républicaines, basé sur une responsabilité sérieuse, non du prince, mais de ses ministres. Il faut, en un mot, que la nation soit gouvernée par elle-même, de manière que la réaction de la prérogative de l'État contre la prérogative du propriétaire provienne, non du libre arbitre d'un homme, d'un despote, ce qui ferait du système une bascule, mais de la raison d'État exprimée par la représentation nationale. Sans cela, la propriété est placée dans la main de l'autocrate; elle est en péril de féodalité.

Telle est, depuis 89, la constitution de la propriété. Il est aisé de voir qu'autant l'alleu est supérieur au fief, autant il eût été impossible *à priori* de le découvrir : c'est une de ces choses qui dépassent la raison philosophique, et que le génie de l'Humanité peut seul produire.

Qui ne voit, en effet, que la constitution féodale est venue d'un respect du Droit parfaitement raisonné, d'une idée de justice qui se refusait à cet absolutisme propriétaire, le jugeant irrationnel, usurpatoire, immoral, plein de menaces et d'égoïsme, injurieux à Dieu et aux hommes? C'est le respect calculé du Droit qui a créé cette propriété enchaînée, incessible, indivisible, dépendante, gage de subordination, de hiérarchie, comme de protection et de surveillance. Et il s'est trouvé, à l'expérience, que la tyrannie était justement là où l'on avait cru trouver le droit; l'anarchie, où s'était manifestée la hiérarchie; la servitude et la misère, où l'on s'était flatté de créer la protection et la charité.

Il est permis de croire qu'au temps de la république romaine et de la toute-puissance du patriciat, la définition de la propriété était simplement unilatérale : *Dominium est jus utendi et abutendi ;* et que seulement plus tard, sous les empereurs, les légistes ajoutèrent la restriction : *quatenùs juris ratio patitur.* Mais le mal était fait; les empereurs n'y purent rien. La propriété romaine demeura indomptée; et ce fut en haine de cet absolutisme propriétaire, sans contre-poids, en haine de la tyrannie sénatoriale et des *latifundia*, que fut conçu, au sein des sociétés chrétiennes, le système de propriété féodale, renouvelé de l'antique patriarcat, par la papauté unie à l'empire et soutenue du prestige de la religion.

La propriété moderne, constituée en apparence contre toute raison de droit et tout bon sens, sur un double absolutisme, peut être considérée comme le triomphe de la Liberté. C'est la Liberté qui l'a faite, non pas, comme il semble au premier abord, contre le droit, mais par une intelligence bien supérieure du droit. Qu'est-ce que la Justice, en effet, sinon l'équilibre entre les forces? La Justice n'est pas un simple rapport, une conception abstraite, une fiction de l'entendement, ou un acte de foi de la conscience : elle est une chose réelle, d'autant plus obligatoire qu'elle repose sur des réalités, sur des forces libres.

Du principe que la propriété, irrévérencieuse à l'égard du prince, rebelle à l'autorité, anarchique enfin, est la seule force qui puisse servir de contre-poids à l'État, découle ce corollaire : c'est que la propriété, absolutisme dans un autre absolutisme, est encore pour l'État un élément de division. La puissance de l'État est une puissance de concentration ; donnez-lui l'essor, et toute individualité disparaîtra bientôt, absorbée dans la collectivité; la société tombe dans le communisme; la propriété, au rebours, est une puissance de décentralisation ; parce qu'elle-même est absolue, elle est anti-despotique, anti-unitaire; c'est en elle qu'est le principe de toute fédération : et c'est pour cela que la propriété, autocratique par essence, trans-

portée dans une société politique, devient aussitôt républicaine.

C'est tout le contraire de la possession ou du fief,
dont la tendance est fatalement à l'unité, à la concentration, à la sujétion universelle. De tous les despotismes, le plus écrasant fut celui des czars, à ce
point qu'il en devenait impossible, et que depuis un
demi-siècle on a vu les empereurs de Russie travailler
d'eux-mêmes à en alléger le poids. Or, la cause première de ce despotisme était dans cette possession
slave, à laquelle les réformes d'Alexandre II viennent
de porter un premier coup.

Un des abus les plus odieux de la propriété, qui dès
l'origine a soulevé contre elle la plainte des masses,
est l'accaparement. Les grandes propriétés ont perdu
l'Italie, *latifundia perdidere Italiam.* C'est le cri des
historiens qui ont raconté les derniers temps de l'empire. Ce peut être une fort belle chose qu'un vaste
domaine bien exploité, bien clos, et donnant régulièrement au propriétaire un bon revenu. La société a sa
part de cette richesse : en sorte que l'on peut dire jusqu'à certain point que l'intérêt public est d'accord
avec la grande propriété. Mais il est encore plus triste
de voir des troupes de paysans sans patrimoine, er-
rant sur les routes, chassés de la terre qui semble
leur appartenir, et refoulés par le *latifundium* dans
le prolétariat des grandes villes, où ils végètent, sans
droits comme sans avoir. Or, c'est ce qui n'arriverait
pas dans un système de propriété conditionnelle et
restreinte, qui interdirait la division et l'aliénation du

sol. Car c'est par la division et la vente que l'accaparement est rendu possible : ôtez à la propriété sa prérogative absolutiste, et la terre sera possédée par tous, précisément parce qu'elle n'appartiendra domanialement à personne.

Ceci revient à dire que les citoyens sont tous de même droit et de même dignité dans l'État; que si la nature les a créés inégaux quant aux facultés de réalisation, la tendance de la civilisation et des lois est de restreindre dans la pratique les effets de cette inégalité, en donnant à tous les mêmes garanties et, autant que possible, la même éducation; mais que la propriété entrave cette heureuse tendance, par ses mutations incessantes et ses accaparements. On accuse, en conséquence, la propriété d'être hostile à l'égalité, et on la place sous ce rapport au-dessous de la possession.

L'abus ici dénoncé existe : à Dieu ne plaise que je le méconnaisse, puisque c'est dans les abus de la propriété que j'en cherche la fonction organique et la destination providentielle. Mais, chose singulière, le reproche qu'on adresse ici à la propriété d'être un obstacle à l'égalité des conditions et des fortunes, le fief et la possession, qui semblent avoir été institués dans une pensée et pour une fin diamétralement contraires, le méritent bien davantage. C'est un fait d'histoire universelle, que la terre n'a été nulle part plus inégalement répartie que là où le système de la possession simple a été prédominant, et où le fief a supplanté l'alleu : et réciproquement, que les États où l'on trouve le plus de liberté et d'égalité sont ceux que régit la propriété. Il suffit de rappeler ici et l'existence des grands fiefs, et les droits féodaux, et la servitude ou le servage féodal. Peut-être, répliquera-t-on, qu'en cela le principe de la possession était violé, et qu'il n'est pas juste, en théorie, de charger un principe des malversations de ses applicateurs. Mais c'est justement là qu'est l'illusion, comme je vais le démontrer.

Nous avons reconnu que les facultés de réalisation entre les individus et les races étaient inégales; que du moins le développement n'était pas le même pour tous : les uns montrant plus, les autres moins de précocité; que c'était à cette cause qu'il fallait attribuer l'inégalité des conditions, des fortunes et des rangs; mais que les lois de l'organisme politique étaient contraires à cette inégalité; qu'il y avait, par conséquent, effort général de l'humanité vers le nivellement, et que c'était afin de rétablir le niveau social qu'avait été posé, d'un consentement unanime, le principe d'égalité devant la loi.

Nous avons remarqué que ce principe, d'une incalculable portée, devait avoir pour effet, dans une société de justice et d'ordre, de réduire l'inégalité des conditions et des fortunes, toujours entachée d'arbitraire, à celle des services et produits; en autres termes, de faire que la fortune du citoyen fût l'expression exacte, non de sa capacité ou de sa vertu, choses qui ne se mesurent pas, mais de ses œuvres, comparées aux œuvres de ses concitoyens. On peut voir, par la comparaison du taux des salaires dans les diverses catégories industrielles, même en tenant compte de toutes les anomalies du marché, combien cette façon mercantiliste de procéder est favorable à l'égalité; combien, dans la sphère du travail, l'inégalité des biens est loin d'atteindre aux proportions que lui laisse prendre la politique, et qui se manifestent surtout dans la possession territoriale.

Dans une société où la terre est presque le seul capital, et la récolte du cultivateur le seul produit, le souverain, devant tenir compte des inégalités naturelles et n'ayant aucun moyen de l'apprécier, la répartition du sol s'opérera, non d'après le tarif des services, mais plutôt selon la dignité et le rang. De même que de nos jours on donne cent mille francs de rente au général qui commandait à la prise de Sébastopol, et une médaille de cuivre au soldat qui monta à l'assaut, de même, dans une société constituée sur le régime de la possession, le roi donne à ses barons, comtes, ducs, princes, mille, dix mille et cent mille hectares de terre, et quatre seulement à l'homme d'armes. Les frais d'exploitation, risques de culture, les déductions à faire à l'échange, les inconvénients de l'isolement, viennent ensuite s'ajouter à ce mode défectueux de répartition pour augmenter l'inégalité. Le petit possesseur, forcé d'implorer l'assistance du grand, devient son fermier; les petites tenures, se groupant, forment une espèce de commune rustique, dont le principal tenancier devient le seigneur; si bien qu'enfin, là où d'abord tout le monde était libre, il ne reste plus que des nobles et des serfs.

Faites maintenant que cette propriété communale et tous ces domaines nobiliaires puissent être divisés et vendus comme des quartiers de bœuf, qu'ils entrent dans l'échange et se payent en produits, comme s'ils n'étaient eux-mêmes que des produits : bientôt vous verrez l'inégalité décroître, et la propriété, par la faculté même qui lui est donnée d'accaparer, devenir une institution de nivellement. Ici, la tendance est l'opposé de ce qu'elle est là : tandis que la possession, partant de la liberté et de l'égalité primitives, s'enfonce de plus en plus dans l'inégalité et la servitude, la propriété, établie sur l'absolutisme anarchique, anti-unitaire et pourtant accapareuse, cumulant les vices les plus contraires, marche à l'égalité et sert la Justice.

La propriété ne se pose donc point *à priori* comme droit de l'homme et du citoyen, ainsi qu'on l'a cru jusqu'à ce jour et que semblent le dire les déclarations de 89, 93 et 95 : tous les raisonnements qu'on ferait pour établir *à priori* le droit de propriété sont des pétitions de principe, et impliquent contradiction. La propriété se révèle, dans ses abus, comme une FONCTION ; et c'est parce qu'elle est une fonction à laquelle tout citoyen est appelé, comme il est appelé à posséder et à produire, qu'elle devient un droit : le droit résultant ici de la destinée, non la destinée du droit. (Voir ma *Théorie de l'Impôt*, chap. II, page 76, rapports de la Liberté et de l'État.)

Le caractère fonctionnel et, nous pouvons le dire,

libérateur de la propriété, se révèle à chaque pas dans notre législation politique et civile.

Ainsi, l'article 57 de la Charte de 1814 porte que *la confiscation est abolie*. Naturellement, tout propriétaire se réjouit d'une telle déclaration; mais il ne serait pas mal à propos d'en comprendre le sens. Beaucoup de gens ne voient dans cette abolition qu'une restriction à l'avidité du fisc, une marque de bienveillance du législateur envers les familles, qu'on punissait de la faute de leurs chefs, un adoucissement de la pénalité, une déférence envers les propriétaires. L'égoïsme est tellement de l'essence du propriétaire, qu'il est aussi rare de le voir comprendre ses droits qu'exercer ses devoirs. Sous le régime antérieur, où toute possession foncière était considérée comme une émanation de l'État, la confiscation était un droit du prince, qui s'en prévalait, en certains cas, pour punir les crimes de haute trahison. Le feudataire félon était dépouillé de sa tenure ; il avait manqué au pacte social ; c'était justice.

Mais le citoyen propriétaire n'est plus dans le même cas. Politiquement, il est l'égal du prince; il ne tient pas de lui sa propriété, mais de lui-même : accusé de crime ordinaire ou de crime politique, il n'est passible, en dehors des peines personnelles, afflictives ou infamantes, que d'amende ou indemnité, laquelle amende ou indemnité doit être proportionnée au dommage matériel occasionné par le crime ou délit. Sauf ces répétitions, la propriété reste au condamné et passe à ses héritiers. Elle est sacrée, comme le produit du travail même. En deux mots, le propriétaire est, dans le nouveau système politique, un fédéré, juste le contraire du fieffeux ou feudataire : cette qualité exclut la confiscation, qui désormais n'a plus de sens.

M. Laboulaye, dans son *Histoire du droit de propriété*, fait cette remarque :

« Le Code civil français est le premier qui ait confondu (art. 1138 et 1583) l'obligation et la propriété. Dire que *la propriété est acquise de droit à l'acheteur à l'égard du vendeur, dès qu'on est convenu de la chose et du prix*, c'est une subtilité; si vous respectez le droit des tiers, la force des choses résiste aux mots de la loi. Votre acquéreur, qui n'a pas le fonds et qui ne peut l'avoir, n'est qu'un créancier à fin de dommages-intérêts. Si au contraire vous ne respectez pas le droit du tiers possesseur, c'est un piége tendu à la bonne foi. »

On peut regretter, avec M. Laboulaye, dans l'intérêt du système hypothécaire, que le Code français ne se soit pas montré plus sévère sur les formes et solennités de la vente. Mais quand il lui reproche d'avoir confondu l'obligation et la propriété, j'avoue que je ne saurais être de son avis. Dans le véritable esprit de l'institution, le propriétaire foncier possède le sol au même titre, avec la même plénitude de droit, et en vertu du même absolutisme que le producteur possède son produit. Le domaine quiritaire n'allait pas jusque-là, mais conduisait là. Comme, en définitive, la propriété et l'autorité du père de famille étaient instituées surtout en vue de la famille, il était naturel que la loi romaine entourât la vente d'un surcroît de précautions, et distinguât, plus que n'a fait le Code français, l'obligation de la propriété; mais la tradition romaine n'est pas la nôtre : la propriété française est une antithèse à la possession féodale, et, jusqu'à certain point, à l'ancien domaine quiritaire lui-même; l'industrie, en développant une nouvelle espèce de propriété, a donné plus d'étendue encore au concept. Il est donc naturel, il est logique que le Code, traitant des obligations, en ait étendu les règles à la propriété comme à tout le reste. La propriété est une fonction; les engagements que prend le citoyen à son égard sont de même nature et doivent avoir le même effet que ceux qu'il prend à l'égard de son travail, de ses ouvriers, de ses commanditaires, de sa clientèle, etc.

Mais, où se manifeste avec le plus d'énergie l'action de la propriété, c'est dans le système électoral. Non-seulement l'État a perdu son droit de confiscation à l'égard du propriétaire; il a dû se soumettre à demander à ce propriétaire le renouvellement périodique de sa propre investiture : c'est ce qui a lieu par les élections au Parlement. A ce propos, on s'est évertué contre le principe qui faisait de la propriété le signe de la capacité politique; on a déclamé contre un régime qui excluait des élections des hommes tels que Rousseau, Lamennais, Béranger, et admettait des *Prudhomme*, des *Jourdain*, des *Dandin* et des *Géronte* de toute sorte. La Révolution de février a remplacé par le suffrage universel le privilége censitaire; encore le puritanisme démocratique ne s'est-il pas montré satisfait : quelques-uns voulaient qu'on donnât le droit de voter aux enfants et aux femmes; d'autres protestèrent contre l'exclusion des faillis, des forçats libérés et des détenus; peu s'en fallut qu'on ne demandât l'adjonction des chevaux et des ânes.

La théorie de la propriété, telle que nous la produisons en ce moment, dissipe tous ces nuages. D'après cette théorie, la propriété n'est point donnée comme signe ou garantie de capacité politique : la capacité politique est une faculté de l'intelligence et de la conscience indépendante de la qualité de propriétaire; sur ce point on peut dire que tout le monde est d'accord. Mais nous ajoutons que si l'opposition au despotisme est un acte de la conscience, qui n'a pas besoin pour se produire que le citoyen paie deux cents ou cinq cents francs de contributions, et jouisse de trois mille francs ou plus de revenu, cette même opposition, considérée comme manifestation de la collectivité, n'a de puissance vis-à-vis du pouvoir, et ne devient efficace que si elle est l'expression d'une masse de propriétaires. Ceci est affaire de mécanique, et n'a rien de commun avec la capacité et le civisme des citoyens. Une comparaison achèvera de me faire comprendre. Tout individu mâle, âgé de vingt ans et valide, est apte au service militaire. Mais il faut encore, avant de l'envoyer à l'ennemi, l'exercer, le discipliner, l'armer; sans quoi, il ne servirait absolument de rien. Une armée de conscrits sans armes serait d'aussi nul effet à la guerre qu'une charretée de registres matricules. Il en est de même de l'électeur. Son vote n'a de valeur réelle, je ne dis pas de valeur morale, contre le pouvoir, que s'il représente une force réelle : cette force est celle de la propriété. Donc, pour en revenir au suffrage universel, au système des électeurs *sans avoir*, de deux choses l'une : ou ils voteront avec les propriétaires, et alors ils sont inutiles; ou bien ils se sépareront des propriétaires, et dans ce cas le Pouvoir reste maître de la situation, soit qu'il s'appuie sur la multitude électorale, soit qu'il se range du côté de la propriété, soit que, plutôt, se plaçant entre deux, il s'érige en médiateur et impose son arbitrage. Conférer au peuple les droits politiques n'était pas en soi une pensée mauvaise; il eût fallu seulement commencer par lui donner la propriété.

§ 2. — Abstention de toute loi réglementaire en ce qui concerne la possession, la production, la circulation et la consommation des choses. Analogies de l'amour et de l'art. Mobilisation de l'immeuble. Caractère du vrai propriétaire.

Si le lecteur a compris ce qui vient d'être dit, au point de vue politique, de la propriété, savoir : d'un côté, qu'elle ne peut être un droit que si elle est une fonction; d'autre part, que c'est dans l'abus même de la propriété qu'il faut chercher cette fonction, il n'aura pas de peine à saisir ce qui me reste à dire des fins de la propriété au point de vue de l'économie publique et de la morale : ce qui me permettra d'être plus bref.

Quand je dis que les fins de la propriété, que sa

fonctionnalité, et par suite son droit, doivent être cherchés dans ses abus, chacun comprend qu'en m'exprimant de la sorte je n'entends en aucune façon glorifier l'abus, mauvais en soi, et que tout le monde voudrait abolir. Je veux dire que, la propriété étant absolue, inconditionnée, partant indéfinissable, on ne peut en connaître la destination, si elle en a une, la fonction, s'il est vrai qu'elle fasse partie de l'organisme social, que par l'étude de ses abus, sauf à rechercher ensuite,—la fonction de la propriété une fois connue et le droit prouvé par le but de l'institution, — comment on pourra triompher de l'abus même.

La propriété est abusive, au point de vue économique, en ce que non-seulement elle est un objet d'accaparement, ainsi que nous l'avons vu tout à l'heure, ce qui tend à priver une multitude de citoyens de leur légitime; mais en ce qu'elle peut se morceler et s'émietter : ce qui cause à l'agriculture un préjudice grave. Je crois me souvenir qu'en France les 25 millions d'hectares de terres labourables, dans lesquels ne se trouvent compris par conséquent ni bois, ni prés, ni vignes, ni potagers, etc., et qui forment près de la moitié du territoire, sont divisés en 290 ou 300 millions de parcelles : ce qui porte la moyenne de ces divisions à moins d'un dixième d'hectare, soit un carré de trente mètres de côté. Il y en a de beaucoup plus petites. On conçoit le préjudice causé à la nation par ce morcellement. Fourier estimait que la superficie normale d'une exploitation agricole, assortie des industries de première nécessité qu'elle comporte, et disposant de tous les moyens mécaniques, devait être d'une lieue carrée environ, servie par une population de 15 à 1,800 personnes de tout âge, sexe, profession et grade. Ce fut ce qui lui donna l'idée de son phalanstère. Une des causes de l'infériorité de l'agriculture en France est cet excessif morcellement, qui n'existe pas en Angleterre, pays de tenure féodale. On a songé maintes fois à prévenir cette parcellarité en facilitant les échanges de parcelles : ce qui permettrait de recomposer les héritages divisés. Rien n'a abouti. Le morcellement va son train, sans qu'on puisse l'empêcher, à moins d'une loi d'utilité publique qui porterait atteinte à la propriété.

Un autre abus, non moins préjudiciable que le précédent, est celui d'une exploitation anarchique, sans concert entre les exploitants, sans capitaux suffisants, livrée à l'ignorance et au hasard. C'est à ce mal que s'efforcent de remédier les écoles d'agriculture, les comices agricoles, les fermes modèles, le crédit foncier, etc. Sans doute, on est déjà parvenu à obtenir quelques améliorations : le progrès se fait sentir peu à peu, jusque dans les campagnes les plus reculées, et la science gagne partout. Mais il s'en faut que le remède soit à la hauteur du mal ; loin de là, il ne fait le plus souvent qu'aggraver la maladie. Il faudrait réduire l'impôt foncier de moitié : est-ce possible? Il faudrait que les prêts sur hypothèque pussent être consentis à un et demi pour cent au plus, moitié du revenu net de la terre ; or, le taux de l'intérêt est régulièrement de cinq. Il faudrait que le petit propriétaire pût profiter de toutes les découvertes de la science afin de soutenir la concurrence des grandes exploitations, mais c'est ce qui ne peut avoir lieu qu'en associant les petites propriétés; ce qui est revenir en fait à la possession slave, et renoncer à ce qu'a de plus attrayant la propriété, la libre et absolue disposition. C'est l'objection que je faisais, il y a vingt ans, aux disciples de Fourier, qui prétendaient conserver au phalanstère la propriété.

Troisième abus, plus grave encore que les précédents, attendu qu'il intéresse à la fois l'économie publique et la morale : la propriété a trouvé moyen de séparer, dans l'exploitation agricole, le produit net du produit brut. Cette séparation a amené le divorce de l'homme et de la terre, et fait de celle-ci un objet d'agiotage, j'ai presque dit de prostitution.

C'est ici que la propriété paraît décidément inférieure à la tenure féodale, et je n'ai jamais pu concevoir comment les économistes, dénonçant et combattant tous les abus, protestant contre le morcellement, la routine et les mauvaises méthodes, prêchant au propriétaire l'amour du sol, et la résidence, et le travail, faisant du reste bon marché de la politique, comment, dis-je, ils peuvent se prétendre partisans de la propriété. C'est sans doute une bonne chose que la *rente* pour celui qui la consomme et qui ne prend aucune part au labeur agricole : mais ce qu'il n'est pas aussi aisé d'admettre, c'est que le pays et les mœurs s'en trouvent également bien. Le christianisme avait aboli l'esclavage; la Révolution a supprimé les priviléges féodaux : mais qu'est-ce donc, je vous prie, que le fermage?...

Voici ce que j'écrivais à ce propos, en 1858, dans mon ouvrage *de la Justice dans la Révolution et dans l'Église*, 5ᵉ étude :

« La métaphysique de la propriété a dévasté le sol français (par l'arbitraire des exploitations), découronné les montagnes, tari les sources, changé les rivières en torrents, empierré les vallées : le tout avec autorisation du gouvernement. Elle a rendu l'agriculture odieuse au paysan (fermier); plus odieuse encore la patrie; elle pousse à la dépopulation... On ne tient plus au sol, comme autrefois, parce qu'on l'habite, parce qu'on le cultive, qu'on en respire les émanations, qu'on vit de sa substance, qu'on l'a reçu de ses pères avec le sang, et qu'on le transmettra de génération en génération dans sa race, parce qu'on y a pris son corps, son tempérament, ses instincts, ses idées, son caractère, et qu'on ne pourrait s'en séparer sans mourir. On tient au sol comme à un outil, moins que cela, à une inscription de rentes au moyen de laquelle on perçoit chaque année, sur la masse commune, un certain revenu. Quant à ce sentiment profond de la nature, à cet amour du sol que donne seule la vie rustique, il s'est éteint. Une sensibilité de convention, particulière aux sociétés blasées à qui la nature ne se révèle plus que dans le roman, le salon, le théâtre, a pris sa place.

« ...L'homme n'aime plus la terre : propriétaire, il la vend, il la loue, il la divise par actions, il la prostitue, il en trafique, il en fait l'objet de spéculations; cultivateur, il la tourmente, il la viole, il l'épuise, il la sacrifie à son impatiente cupidité, il ne s'y unit jamais... »

La pratique du produit net, bien plus savante de nos jours qu'elle ne le fut dans l'antiquité, a porté l'égoïsme humain au dernier degré du raffinement. Certes, le vieux patricien romain était avare, dur avec ses esclaves plus que nous ne le sommes avec nos domestiques; mais enfin il travaillait avec eux,.il habitait la même exploitation, respirait le même air, mangeait à la même table; de lui au rentier absentéiste, la différence était énorme. Aussi l'Italie fut belle, riche, populeuse et salubre tant qu'elle fut cultivée par ses propriétaires : elle devint déserte, pestilentielle quand elle fut abandonnée aux esclaves, et que le maître alla consommer à Rome ses immenses revenus. Et les mœurs tombèrent avec la culture, en même temps que le propriétaire, usant de son droit, méconnaissait ses devoirs.

Tels sont, au point de vue économique et social, les abus de la propriété, abus flagrants, et que toute conscience réprouve, mais qui ne constituent, aux yeux de la loi, ni crime ni délit, et que la justice officielle ne saurait poursuivre, puisqu'ils font partie essentielle du droit du propriétaire, et qu'on ne saurait les réprimer sans détruire du même coup la propriété; abus, par conséquent, que nous n'aurons garde de dissimuler ou d'amoindrir, puisqu'ils doivent servir à nous révéler dans la propriété de nouvelles fins, dont la connaissance nous servira ensuite à en maitriser les excès.

Un des attributs de la propriété est de pouvoir être divisée, morcelée, la division poussée aussi loin qu'il plaira au propriétaire. Il le fallait pour la MOBILISATION du sol : là est en effet le grand avantage de l'alleu sur le fief. Avec la tenure féodale ou l'ancienne possession germanique et slave, encore en vigueur en Russie, la société marche tout d'une pièce, comme une armée rangée en bataille. C'est en vain que les individus ont été déclarés libres, et l'État subordonné à l'assemblée du peuple; la liberté d'action du citoyen, cette faculté d'initiative, que nous avons signalée comme le caractère des États constitutionnels, reste impuissante; l'immobilisme du sol, ou, pour mieux dire, l'incommutabilité des possessions ramène toujours l'immobilisme social, et par suite l'autocratie dans le gouvernement. Il faut que la propriété circule elle-même, avec l'homme, comme une marchandise, comme une monnaie. Sans cela, le citoyen est comme l'homme de Pascal que l'univers écrase, qui le sait, qui le sent, mais qui ne peut l'empêcher, parce que l'univers ne l'entend pas, et que la loi qui préside aux mouvements du ciel est sourde à ses prières. Mais changez cette loi, faites que cet univers matériel se meuve à la volonté de l'imperceptible créature qui n'est pour lui qu'une monade pensante, aussitôt tout va changer : ce n'est plus l'homme qui sera broyé entre les mondes; ce sont les mondes qui vont tourbillonner à son commandement, comme des balles de moelle de sureau. Voilà justement ce qui arrive par la mobilisation du

sol, opérée par la vertu magique de ce seul mot, la
PROPRIÉTÉ. C'est ainsi que notre espèce s'est élevée
du régime intérieur de l'association patriarcale et de
l'indivision terrienne à la haute civilisation de la propriété, civilisation à laquelle nul ne peut avoir été
initié, et vouloir après rebrousser chemin. Qu'on se
figure ce qui arriverait si tout à coup, la propriété
abolie, la terre partagée à nouveau, défense était faite
à tous possesseurs fonciers de vendre, échanger, aliéner leur lot; si, dis-je, le sol était de nouveau, et pour
tout de bon, immobilisé! N'est-il pas vrai que le pos-
sessionné, bien que travaillant pour lui seul et ne
payant plus de rente, se croirait rattaché comme autrefois à la glèbe?... Je laisse au lecteur à approfondir
ce que je ne fais ici que lui indiquer.

Un autre attribut, autre abus de la propriété, est
dans la faculté reconnue au propriétaire de *disposer
de la manière la plus absolue*. Passe pour les produits
du travail et du génie; passe pour ce qu'il est permis
d'appeler les créations propres de l'homme; mais pour
la terre, rien, ce semble, n'est plus contraire à toutes
les habitudes légales et contractuelles. Le souverain
qui fait une concession de mine, par exemple, le propriétaire qui afferme son fonds ou qui le lègue en via-
ger, ne manquent jamais l'un et l'autre d'imposer certaines conditions au concessionné, au fermier, au
donataire. Il devra conserver la chose, *exploiter en
bon père de famille*, etc. Ici la seule condition imposée est celle de l'abbaye de Thélème, de faire à sa
volonté.

On dirait une bouffonnerie de Panurge. Jamais, certes, législateur, prince ou assemblée nationale, ne se fût avisé d'une pareille idée; et c'est pour moi la preuve que la propriété n'est pas d'institution législative; qu'elle n'a pas été décrétée par une assemblée de représentants, prononçant après mûre délibération et en connaissance de cause; elle est le produit de la spontanéité sociale, l'expression d'une volonté sûre d'elle-même, et qui s'affirme également dans les individus et dans la masse.

Remarquons la raison profonde de cette constitution. Il y a des choses, s'est dit la sagesse des nations, pour lesquelles la conscience humaine exige pleine et entière liberté, et repousse toute espèce de réglementation. De ce nombre sont l'amour, l'art, le travail; il faut y joindre la propriété.

Au point de vue de la perfection morale, toute affection de l'âme, tout acte de la volonté; étant plus ou moins empreint d'égoïsme, peut être réputé péché ou induisant à péché. Il n'y a que le sentiment du droit qui soit pur, la Justice étant incorruptible par nature, ne pouvant jamais nuire, servant au contraire de panacée. Ainsi l'amour, fleur de la vie, soutien de la création, sans lequel toute existence est désolée, l'amour n'est pas pur : malgré les charmes que lui prête la poésie, il se résout finalement en impudicité et corruption. Que fera donc ici le législateur moraliste? Ira-t-il, après avoir institué le mariage et tiré la famille de la promiscuité, imposer un règlement aux époux, faire des lois d'alcôve, tantôt inviter à l'action, tantôt prescrire l'abstinence, donner des recettes amoureuses et faire un art de l'amour conjugal? Non : la loi du mariage étend un voile sur le lit nuptial. Elle impose aux conjoints la fidélité et le dévouement; elle défend au mari d'arrêter son regard sur la femme et la fille de son prochain ; à la femme de lever les yeux sur l'étranger; elle les rappelle au respect d'eux-mêmes, et puis les abandonne à leur propre discrétion. Qu'ils aillent maintenant dans la mutualité de leur tendresse, soucieux du droit d'autrui et de leur propre dignité, et ce sera sur l'amour transfiguré par la Justice que s'élèvera l'édifice inébranlable de la famille; ce sera par lui que la femme, impudique et provocatrice par nature, deviendra sainte et sacrée.

Ce que nous venons de dire de l'amour est également vrai de l'art et du travail. Cela ne signifie point que les œuvres du génie, les travaux de l'industrieux, ne connaissent ni règle ni mesure, ni rime ni raison : à cet égard, l'école romantique a complétement fait fausse route. Cela veut dire que les opérations de l'industriel, de l'artiste, du poëte, du penseur, bien que soumises à des principes, à des procédés techniques, excluent de la part de l'autorité publique, comme de l'Académie, toute espèce de réglementation, ce qui est fort différent. Liberté, telle est ici la vraie loi : en quoi je suis de l'avis de M. Dunoyer et de la plupart des économistes.

J'ajoute qu'il en doit être de la propriété comme de l'amour, du travail et de l'art. Non pas que le propriétaire doive s'imaginer qu'il est au-dessus de toute raison et de toute mesure : si absolu que le fasse la loi, il s'apercevra bientôt, à ses dépens, que la propriété ne saurait vivre d'abus; qu'elle aussi doit s'incliner devant le sens commun et devant la morale, il comprendra que si l'absolu aspire à sortir de son existence métaphysique et à devenir positivement quelque chose, ce ne peut être que par la raison et la justice. Dès que l'absolu tend à se réaliser, il devient justiciable de la science et du droit. Seulement, comme il est essentiel au progrès de la justice que la conformité de la propriété à la vérité et à la morale soit volontaire, qu'à cette fin le propriétaire doit être maître de ses mouvements, aucune obligation ne lui sera imposée par l'État. Et ceci rentre tout à fait dans nos principes : le but de la civilisation, avons-nous dit, l'œuvre de l'État étant que tout individu exerce le droit de justice, devienne organe du droit et ministre de la loi; ce qui aboutit à la suppression des constitutions écrites et des codes. Le moins de lois, je veux dire de prescriptions réglementaires et de statuts officiels, possible, tel est le principe qui régit la propriété, principe d'une moralité évidemment supérieure et par lequel seul l'homme libre se distingue de l'esclave.

Dans le système inauguré par la révolution de 89, et consacré par le Code français, le citoyen est plus qu'un homme libre : c'est une fraction du souverain. Ce n'est pas seulement dans les comices électoraux que s'exerce sa souveraineté, ni dans les assemblées de ses représentants; c'est aussi, c'est surtout dans l'exercice de son industrie, la direction de son esprit, l'ad-

ministration de sa propriété. Là le législateur a voulu
que le citoyen jouît, à ses risques et périls, de l'autonomie la plus complète, responsable seulement de ses
actes, lorsqu'ils nuisent à des tiers, la société ou l'État
considéré lui-même comme un tiers. A ces conditions
seulement, le législateur révolutionnaire a cru que la
société pourrait prospérer, marcher dans les voies de
la richesse et de la justice. Il a rejeté toutes les en-
traves et restrictions féodales. C'est pourquoi le citoyen, en tant qu'il travaille, produit, possède,—*fonction de la société*,—n'est pas du tout un fonctionnaire
de l'État : il ne dépend de personne, fait ce qu'il veut,
dispose de son intelligence, de ses bras, de ses capitaux, de sa terre, selon qu'il lui plaît ; et l'événement
prouve qu'en effet, c'est dans le pays où règne cette
autonomie industrielle, cet absolutisme propriétaire,
qu'il y a le plus de richesse et de vertu.

Le législateur, pour garantir cette indépendance
d'initiative, cette liberté illimitée d'action, a donc
voulu que le propriétaire fût souverain dans toute la
force de l'expression : qu'on se demande ce qui serait
arrivé s'il eût voulu le soumettre à une règlementa-
tion? Comment séparer l'us de l'abus ? Comment prévoir toutes les malversations, réprimer l'insubordina-
tion, destituer la fainéantise, l'incapacité, surveiller
la maladresse, etc., etc. — En deux mots, l'exploitation par l'État, la communauté gouvernementale re-
jetée, il n'y avait à faire que cela.

Donc, que le propriétaire sépare tant qu'il voudra
le produit net du produit brut : qu'au lieu de s'attacher

étroitement la terre par une culture religieuse, il ne recherche que la rente, responsable seulement au for intérieur et devant l'opinion, il ne sera pas poursuivi pour ce fait. Il est bon, en soi, que la rente soit distinguée du produit brut et devienne objet de spéculation ; les terres étant de qualité différente, les circonstances sociales favorisant inégalement les exploitations, le calcul et la recherche de la rente peuvent devenir un instrument de meilleure répartition. L'expérience apprendra aux particuliers quand la pratique de la rente devient à tous préjudiciable et immorale ; l'abus alors se restreindra de lui-même, et il ne restera que le droit et la liberté.

Que ce même propriétaire emprunte sur son titre, comme sur son habit ou sa montre : l'opération peut devenir pour lui fort dangereuse, et pour le pays pleine de misères ; mais l'État n'interviendra pas davantage, si ce n'est pour faire concurrence aux usuriers, en procurant aux emprunteurs l'argent à meilleur marché. Le crédit hypothécaire est le moyen par lequel la propriété foncière entre en rapport avec la richesse mobilière ; le travail agricole avec le travail industriel : chose excellente en soi, qui facilite les entreprises, ajoute à la puissance de la production, et devient un nouveau moyen de nivellement. L'expérience seule peut déterminer pour chacun l'à-propos, la liberté, fixer la mesure et imposer un frein.

Que le propriétaire, enfin, tourne et retourne sa terre, ou la laisse reposer, comme il l'entendra ; qu'il fasse des plantations, des semis ou rien du tout ;

qu'il y laisse pousser des ronces, ou y mette du bétail, il en est le maître. Naturellement, la société aura sa part du dommage occasionné par une exploitation paresseuse ou mal entendue, comme elle souffre de tout vice et de toute aberration individuelle. Mais mieux vaut encore pour la société supporter ce préjudice, que de le conjurer par des règlements. Napoléon Ier disait que s'il voyait un propriétaire laisser son champ en friche, il lui retirerait sa propriété. C'était une pensée de justice qui faisait parler le conquérant; ce n'était pas une pensée de génie. Non, pas même dans le cas où il plairait au propriétaire de laisser ses terres sans culture, vous ne devez, vous chef d'État, intervenir. Laissez faire le propriétaire : l'exemple ne sera pas contagieux; mais ne vous engagez point dans un labyrinthe sans issue. Vous permettez à tel propriétaire d'abattre une forêt qui fournissait au chauffage de tout un district; à tel autre de transformer vingt hectares de terres à blé en parc, et d'y élever des renards. Pourquoi ne serait-il pas permis à celui-ci de cultiver la ronce, le chardon et l'épine? L'abus de la propriété est le prix dont vous payez ses inventions et ses efforts : avec le temps elle se corrigera. Laissez faire.

C'est ainsi que la propriété, fondée sur l'égoïsme, est la flamme à laquelle s'épure l'égoïsme. C'est par la propriété que le moi individuel, insocial, avare, envieux, jaloux, plein d'orgueil et de mauvaise foi, se transfigure, et se fait semblable au moi collectif, son maître et son modèle. L'institution qui semblait faite

pour diviniser la concupiscence, comme le lui a tant reproché le christianisme, est justement celle qui ramène
la concupiscence à la conscience. Si jamais l'égoïsme
devient identique et adéquat en nous à la Justice; si
la loi morale est recherchée avec le même zèle que le
profit et la richesse; si, comme le prétendait Hobbes,
la règle de l'utile peut servir un jour de règle de droit;
et l'on ne peut douter que tel ne soit, en effet, le but
de la civilisation; c'est à la propriété que le monde
devra ce miracle.

Suivant que nous envisageons la propriété dans son
principe ou dans ses fins, elle nous apparaît comme la
plus insigne et la plus lâche des immoralités, ou comme
l'idéal de la vertu civile et domestique.

Regardez cette face vulgaire, sur laquelle ne brille
aucune étincelle de génie, d'amour ni d'honneur.
L'œil est louche, le sourire faux, le front inaccessible
à la honte, les traits heurtés, la mâchoire formidable,
non pas mâchoire de lion, mais mâchoire d'hippopo-
tame. L'ensemble de la physionomie semble dire :
Tout est néant, fors d'avoir du bien, d'en avoir assez,
de quelque manière qu'on l'ait acquis. Le personnage
n'est point si grossier qu'il ne comprenne que propriété n'est pas mérite; mais il ne fait aucun cas du
mérite, convaincu que noblesse, bravoure, industrie,
talent, probité, tout ce que les hommes estiment, sans
l'*Avoir*, est zéro, et que celui qui peut dire : *J'ai*,
peut fort bien se passer du reste. Il ne disputera pas
avec vous sur l'origine et la légitimité de la propriété;
il incline à croire, *in petto*, que la propriété ne fut

dans l'origine qu'une usurpation sur laquelle le législateur a passé l'éponge. Mais comme, selon lui, ce qui
fut bon à commencer est bon à continuer, il n'a qu'une
pensée : c'est, sauf le respect des sergents, d'augmenter son *Avoir*, par tous les moyens équivoques
qui ont servi à l'établir. Il exploite le pauvre, dispute
le salaire à l'ouvrier, pille partout et grapille, enlevant
un sillon au champ du voisin, et déplaçant les bornes
quand il le peut faire sans être aperçu. J'en ai vu un
qui ramassait avec les mains la terre dans le fossé et
la retirait de son côté : on eût dit qu'il la mangeait. A
lui de faire rendre à la rente, à l'intérêt de l'argent,
tout ce qu'ils peuvent rendre : aussi n'est-il pire
usurier comme il n'est pire maître et plus mauvais
payeur. Du reste, hypocrite et poltron, ayant peur du
diable comme de la Justice, craignant la peine, non
l'opinion; mesurant tous les hommes à son aune, c'est-
à-dire les regardant comme des fripons; étranger surtout aux affaires publiques et ne se mêlant pas du gouvernement, si ce n'est pour faire dégrever sa cote ou
payer son vote, heureux qu'il se trouve autour de lui
des citoyens à préjugés dont le suffrage incorruptible
lui permette de tirer bon parti du sien. C'est le propriétaire selon la lettre et le principe, ce qui revient
à dire, selon l'égoïsme et la matière.

Jetez maintenant les yeux de l'autre côté, et consi-
dérez cette figure où se peignent, avec la dignité et la
franchise, les hautes pensées du cœur. Ce qui distingue tout d'abord le sujet, c'est que jamais, dans la
candeur de son âme, il n'eût inventé la propriété. Il

aurait protesté de toute la force de sa conscience contre cette institution de l'absolutisme et de l'abus ; par respect du droit, dans l'intérêt des masses, il aurait maintenu l'antique possession ; et, sans s'en douter, contre son intention formelle, il eût éternisé le despotisme dans l'État, la servitude dans la société. Actuellement la propriété existe ; le hasard de la naissance a fait de lui un de ses titulaires. Il possède sans être possédé ; il croit à la bonne foi d'un principe qu'il n'a point voulu, et dont la responsabilité pèse sur tous. Mais il se dit en même temps que propriété oblige, et que si la loi ne lui demande rien, sa conscience lui impose tout. Prince du travail, gardien des lois et de la liberté, la vie du propriétaire n'est point à ses yeux une vie de jouissance et de parasitisme, mais une vie de combat. C'est lui qui, dans la vieille Rome, noble laboureur, chef de famille austère, réunissant en sa personne la triple qualité de prêtre, de justicier et de capitaine, rendit immortel, glorieux à l'égal des rois, le nom, aujourd'hui presque ridicule, de citoyen. C'est lui qui, en 1789, s'arma tout à la fois contre le despotisme féodal et contre l'étranger. La conscription a remplacé les bataillons de *volontaires;* mais, si les armées de l'Empire ont rivalisé de courage avec celles de la République, elles leur sont restées inférieures pour la vertu. Ami du peuple travailleur, jamais son courtisan, attendant l'égalité du progrès ; c'est encore lui qui disait, en 1848, que la démocratie avait pour but non d'accourcir les habits, mais d'allonger les vestes ; lui enfin qui soutient la société contemporaine contre les assauts d'un industrialisme effréné, d'une littérature corrompue, d'une démagogie bavarde, d'un jésuitisme sans foi et d'une politique sans principe Tel est le propriétaire selon les fins, que l'on peut ap peler aussi propriétaire selon l'esprit.

CHAPITRE VII

Équilibration de la propriété. Système de garanties.

Une chose nous reste à faire, la plus difficile de jutes.

Je crois avoir prouvé, à la satisfaction du lecteur, d'un côté, que la propriété ne peut trouver sa raison justificative dans aucun principe juridique, économique, psychologique ou métaphysique; dans aucune origine, usucapion, prescription, travail, conquête ou concession du législateur, et qu'à cet égard la jurisprudence s'est complétement fourvoyée, si tant est qu'elle ait seulement compris la question. Tel fut, de 1839 à 1858, l'objet de ma polémique. J'ajoute maintenant que si l'on étudie dans ses conséquences politiques, économiques et morales, la puissance essentiellement abusive de la propriété, on démêle dans ce faisceau d'abus une fonctionnalité énergique, qui éveille immédiatement dans l'esprit l'idée d'une destination hautement civilisatrice, aussi favorable au droit qu'à la liberté. En sorte que si l'État, avec la division et la pondération de ses pouvoirs, nous est apparu d'abord comme le régulateur de la société, la propriété à son tour se manifeste comme son grand ressort, à telles enseignes que, elle supprimée, faussée ou amoindrie, le système s'arrête; il n'y a plus ni vie ni mouvement.

Cependant, même avec cet ensemble d'effets heu-) reux, que nous sommes parvenus à dégager par l'analyse de l'absolutisme propriétaire, la raison demeure en suspens. Le mal est tel, l'iniquité si grande, que l'on ne sait pas si le bienfait de l'institution n'est pas trop payé par l'abus, et que l'on se demande si, en définitive, la léthargie communiste ou le purgatoire féodal ne valent pas mieux que l'enfer de la propriété?

A plusieurs reprises, depuis le commencement de la civilisation, la propriété a fait naufrage, tantôt par la surcharge de ses abus, tantôt par l'excès de sa légèreté et de sa faiblesse. Elle s'étend ou se restreint *ad libitum*, au point que de la servitude à la propriété, on ne trouve pas de ligne de démarcation sensible : on ne les comprend bien que par leurs extrêmes. C'est un cercle élastique en mouvement perpétuel d'extension et de retrait. A Rome, en même temps que le droit quiritaire se généralise par le triomphe de la plèbe, il perd sa prérogative politique, dégénère en un monstrueux privilége et s'abîme sous la malédiction chrétienne, entraînant dans sa chute l'empire et la société Après les invasions des Barbares, qui, sous le nom germanique d'*allod*, alleu, s'empressent d'adopter la propriété romaine, comme ils faisaient de tant d'autres choses, nous la voyons rétrograder de nouveau et périr. Sous l'action combinée de l'empire et de l'Eglise, l'alleu se convertit en fièf, moins cette fois par l'abus qui lui est inhérent que par inconscience de lui-même et découragement. Le barbare était trop jeune pour la propriété. La Révolution française vient à son tour inaugurer, consacrer et vulgariser la propriété, et de nouveau nous voyons celle-ci, à moins de soixante-dix ans d'existence, se déshonorer par le plus lâche égoïsme et le plus scandaleux agiotage, minée par la bancocratie, attaquée par le gouvernementalisme, démonétisée par les sectes, dépouillée sans combat de sa prérogative politique, livrée à la haine des classes travailleuses, et prête à subir avec reconnaissance le dernier des affronts, sa conversion en une redevance pécuniaire (1). Serait-il vrai que, comme les guerriers de Clovis et de Charlemagne, comme la plèbe des Césars, les Français de 89, de 1830 et de 1848,

---

(1) On peut dire qu'en se plaçant sous la protection du pouvoir, en 1851, la propriété a, de fait, abdiqué; elle est retombée virtuellement en fief. L'empereur a contre elle son droit impérial, la plèbe, l'armée; il peut tout, elle ne peut plus rien; avec la restriction *quatenùs juris ratio patitur*, elle est à la discrétion complète du pouvoir. Ainsi, le droit d'expropriation, réservé au cas de *nécessité* publique, se motive aujourd'hui par le mot beaucoup plus vague d'*utilité*. Le jury, au lieu d'avoir à se prononcer sur la nécessité, n'a plus qu'à estimer la valeur; c'est le prince qui prononce l'utilité. Avec ce mot, on bouleverse et renverse tout. On exproprie une rivière à toute une contrée; on exproprie, au lieu d'une maison mal assise, malsaine, gênant les voisines, tout un quartier; on exproprie toute une ville. On ôte, par raison d'Etat, à un citoyen son étude, son établissement, sa clientèle; on exproprie des cantons sous prétexte de fermes-modèles, de haras; on recrée des *latifundia* sous couleur de grande culture, et pour leur formation on exproprie des masses de petits propriétaires.

n'étaient pas mûrs pour la liberté et la propriété?

Ainsi la société serait soumise à une sorte de flux et de reflux : elle s'élève avec l'alleu, elle redescend avec le fief; rien ne subsiste, tout oscille; et si nous savons à présent à quoi nous en tenir sur les fins de la propriété, et conséquemment sur les causes de son progrès, nous savons également à quoi attribuer sa rétrogradation. Le même absolutisme produit tour à tour l'ascension et l'affaissement. Le propriétaire combat d'abord pour sa dignité d'homme et de citoyen, pour l'indépendance de son travail et la liberté de ses entreprises. Il s'affirme comme justicier et souverain, possédant en vertu de son humanité et sans relever de personne, et il décline toute suzeraineté politique ou religieuse. Puis, fatigué de l'effort, sentant que la propriété est plus difficile à soutenir qu'à conquérir, trouvant la jouissance meilleure que la gloire et sa propre estime, il transige avec le pouvoir, abandonne son initiative politique, en échange d'une garantie de privilége, vend son droit d'aînesse pour un plat de lentilles, mangeant son honneur avec son revenu, et provoquant par son parasitisme l'insurrection du prolétariat et la négation de la propriété. Pouvons nous enfin rompre ce cercle? pouvons-nous, en autres termes, purger l'abus propriétaire et rendre l'institution sans reproche? Ou faut-il que nous nous laissions emporter au courant des révolutions, aujourd'hui avec la propriété contre la tyrannie féodale, demain avec la démocratie absolutiste et l'agiotage contre le bourgeois et son droit quiritaire? Là est désormais toute la question. Devant ce problème, l'antiquité et le moyen âge ont échoué; je crois qu'il appartient à notre époque de le résoudre.

La propriété est absolue et abusive : c'est la détruire que de lui imposer des conditions et de la réglementer. Convaincus désormais de ce principe, que la propriété, c'est-à-dire l'omnipotence du citoyen sur la portion du domaine national qui lui a été dévolue, est supérieure à toute loi ; nous n'aurons garde de tomber dans l'erreur des écoles réformistes et des gouvernements de décadence, qui tous, interprétant à faux la définition latine : *Dominium est jus utendi et abutendi, quatenus juris ratio pati:ur*, n'ont su travailler qu'à la destruction de la liberté elle-même, en conditionnant et réglementant la propriété. Il faut prendre d'autres voies.

Remarquons d'abord que la propriété, étant abusive et absolutiste, doit être contradictoire à elle-même, ainsi que je l'ai démontré, *Système des Contradictions économiques*, t. II, chap. xi ; elle doit se faire opposition et concurrence, tendre à se limiter, sinon à se détruire, par conséquent, à se faire équilibre. L'action de la propriété sur elle-même, en dehors du pouvoir et des lois, tel sera donc notre premier moyen.

Observons ensuite que la propriété, quelle que soit son importance dans la société, n'existe pas seule comme fonction politique, institution économique et sociale ; elle ne constitue pas tout le système. Elle vit dans un milieu organisé, entourée d'un certain nom-

bre de fonctions analogues et d'institutions spéciales,
sans lesquelles elle ne pourrait subsister, avec lesquelles, par conséquent, il faut qu'elle compte. Ainsi,
l'homme libre vit au milieu de ses semblables, avec
lesquels il compte ; au sein de la nature, entouré de
toutes sortes de créations animales, végétales, miné-
rales, dont il ne saurait se passer, avec lesquelles il
faut qu'il compte également ; ce qui ne l'empêche pas
d'être libre et de pouvoir se dire inviolable, autant
qu'une créature composée de chair et d'os, et vivant
au milieu d'autres créatures, peut l'être. L'influence
des institutions, tel sera, si j'ose ainsi dire, vis-à-vis
de la propriété, notre second moyen de gouvernement.

§ 1er. — Action de la propriété sur elle-même.

La même liberté d'action étant donc accordée à tous
les propriétaires, et la même loi les protégeant également tous, il doit arriver fatalement, dans le milieu économique où elles sont placées, que les propriétés entrent en concurrence les unes contre les autres, tendent
à s'absorber réciproquement. C'est ce qui a lieu, en effet, et que l'on observe partout où il existe des propriétés en rapport de voisinage ou rivalité d'exploitation, aussi bien pour l'agriculture que pour l'industrie.
La lutte engagée, quelle en sera l'issue ? Il est aisé de
le prévoir.

Si la protection de l'État à l'égard des propriétaires
est insuffisante ou nulle ; s'il y a favoritisme, accep-

tion de personnes ou de castes ; si les conditions d'ex
ploitation sont inégales, les grands propriétaires ab-
sorberont les petits, les gros entrepreneurs tueront
les plus faibles, les privilégiés écraseront les non privilégiés : tel fut à Rome le sort de la possession plé-
béienne en face de la propriété patricienne ; tel fut
plus tard, sous l'empire, le résultat de la lutte engagée entre les grandes exploitations à esclaves des
nobles, contre les petits domaines cultivés par des
mains libres ; telle, au moyen âge, fut la destinée des
petits alleux, forcés, sous la pression des comtes,
évêques, etc., de se convertir en précaires commandes et fiefs ; telle nous voyons aujourd'hui la mauvaise
fortune des petits industriels écrasés par la concurrence des gros capitaux.

Si, au contraire, la protection de l'État est forte et
garantie à chacun ; si, par un ensemble d'institutions libérales et par la bonne exécution des services publics, les conditions d'exploitation sont rendues égales ; si enfin, par un bon système d'instruction
publique, les facultés personnelles sont rendues de
moins en moins inégales, l'effet de la concurrence entre les propriétés se produira en mode inverse. Comme
il est évident que, toutes choses égales d'ailleurs, le
maximum de puissance de la propriété se rencontre
là où la propriété est exploitée par le propriétaire, la
lutte devient désavantageuse au grand apanager, favorable d'autant au petit. La grande propriété, en effet,
requérant pour son service domesticité et salariat, ou
fermage, deux succédanés du servage féodal, coûte

plus, produit moins. Donnez donc l'éducation aux masses, instruisez les paysans, inspirez à tous le sentiment de leur dignité, apprenez-leur à connaître leur pouvoir et leurs droits : bientôt vous verrez le salariat et la domesticité diminuer, les conditions du fermage changer, et peu à peu les propriétés se ramener les unes les autres à l'étendue moyenne de ce que peut faire valoir une famille de paysans, forte de bras, d'intelligence et d'union. Rien alors n'empêche que, plusieurs familles s'associant pour certaines opérations, les avantages de la grande culture se trouvent unis à ceux de la petite propriété ; alors, la dissolution des vastes domaines devient inévitable, et toute agglomération nouvelle impossible.

Ce que je viens de dire n'est que l'indice d'un premier moyen, qui serait encore insuffisant si, pour tout le reste, l'anarchie économique continuait d'exister, le capitalisme de pressurer le travail, et l'abus de centralisation d'entraver la société et de dévorer l'État. C'est donc à de nouveaux auxiliaires que nous devons maintenant faire appel.

§ 2. — Système de garanties; influence des institutions.

Parmi les institutions déterminatives de liberté et d'égalité, et dont l'existence, antérieure ou postérieure à l'établissement de la propriété, est de droit, je compte : 1º la *séparation des pouvoirs de l'État;* 2º la *décentralisation;* 3º l'*impôt* (voir ma *Théorie de l'Impôt,* couronnée par le conseil d'État de

Lausanne); 4° le régime des *dettes* publique, hypothécaire, commanditaire ; 5° les *banques* de circulation et de crédit ; 6° l'*organisation des services
publics*, postes, chemins de fer, canaux, ports, routes,
entrepôts, bourses et marchés, assurances, travaux
publics ; 7° les *associations industrielles et agricoles* ; 8° le *commerce international*.

Maintes fois, depuis vingt ans, j'ai traité ces graves
questions, tantôt séparément, tantôt sous une vue
d'ensemble, mais toujours de préférence dans l'intérêt
spécial des classes ouvrières. J'ai cru que les circonstances ne permettaient pas que je fisse autrement.
Les choses cependant parlaient assez d'elles-mêmes
pour que la petite et moyenne propriété, la petite et
moyenne culture, la petite et moyenne industrie, com-
prissent qu'il ne s'agissait guère moins d'elles que
du prolétariat. Il est évident que si l'on représente
le droit de chaque citoyen par 100, tout individu
dont l'avoir est, par l'effet des aberrations politiques,
économiques et sociales, au-dessous de 100, doit être
réputé créancier de la différence, et qu'en prenant la
parole au nom de ceux qui ont tout perdu, je n'entends pas exclure ceux à qui la banqueroute générale
n'enlève que 30, 50 ou 80 ; ni ceux encore qui, ayant
la bonne fortune de se trouver, soit au pair soit au-
dessus du pair, manquent de garanties pour l'avenir.
La cause est la même pour tous, et conséquemment
les principes de la réforme aussi les mêmes.

Ce n'est point ici le lieu d'entrer dans une discussion approfondie de ces voies et moyens ; elle sortirait

des proportions de cette étude, et ceux de mes lecteurs qui, depuis dix ans, m'ont fait l'honneur de me suivre, savent ce que j'aurais à leur dire. Il suffit, pour le moment, que je montre, en quelques mots, le rapport de ces diverses institutions à la propriété.

La *séparation des pouvoirs* dans l'État est essentiellement liée à la propriété, puisque, sans cette séparation, le gouvernement, et la société avec lui, retombent en hiérarchie : ce qui entraîne la conversion de la propriété en possession subalternisée ou fief. J'en dis autant de la *décentralisation* : la propriété est fédéraliste par nature; elle répugne au gouvernement unitaire.

En ce qui concerne l'*impôt*, j'ai montré ailleurs que, sous le régime de liberté et de propriété, ce n'est plus l'expression d'une redevance, mais le prix d'un service, en un mot, un échange ; que cet impôt, soit la somme des services à demander à l'État, ne doit pas, en bonne économie, excéder le vingtième du produit brut de la nation; que le mode le moins onéreux est de faire porter, pour deux ou trois cinquièmes, selon le pays, la contribution sur la rente, en combinant la progression et les diverses natures d'impôts de manière à approcher le plus près possible de l'égalité de répartition. Il est clair, en effet, que ce qui importe à la propriété, considérée dans la généralité de l'institution, c'est bien moins ce que l'on demande à la rente, que l'égalité de conditions que l'on assure, par ce moyen, entre les propriétaires, puisque, comme nous l'avons démontré tout à l'heure, la propriété fleurit et se développe par l'égalité, tandis qu'elle se corrompt et périt par l'inégalité.

J'en dis autant des *dettes*, et conséquemment du *crédit*. Une nation de 37 millions d'âmes, sur qui pèse une dette, publique et privée, de 25 à 30 milliards de francs, à l'intérêt moyen de 6 p. 100, le double du produit net de la terre, est surchargée. Il faut de deux choses l'une : ou réduire la somme des dettes et la limiter à 5 ou 6 milliards, 5 p. 100 ; ou bien, par une organisation nouvelle du crédit, mettre le taux de l'intérêt à 1/2 ou 1 p. 100.

Restreindre les emprunts ne serait pas favorable à la propriété, tant industrielle qu'agricole, qui a besoin de capitaux ; reste à procurer l'abaissement de l'intérêt par la mutualité du crédit et par une liquidation faite avec intelligence. Le crédit foncier ne peut ni ne doit être autre chose que l'épargne même de la nation ; c'est la banque de dépôt de tous les consommateurs producteurs qui, dépensant moins qu'ils ne recueillent, cherchent, pour leurs économies, un lieu de sûreté avec un léger revenu, en attendant qu'ils trouvent un meilleur emploi de leurs fonds.

Quant aux *services publics*, aujourd'hui livrés à des compagnies de monopole, quel est le propriétaire et l'industrieux qui ne comprenne que son plus grand avantage est d'avoir les transports, les commissions, les droits de ports, de gares, d'entrepôt, etc., de même que l'intérêt de l'argent, au taux le plus bas possible ? Ce n'est que par là que les petites exploitations et le petit commerce pourront se soutenir ; la meilleure part des bénéfices que réalisent le haut commerce et la grande industrie venant le plus souvent des remises qu'ils obtiennent, en raison de la masse de leurs affaires, des garanties qu'ils offrent auprès des banquiers, commissionnaires et entremetteurs de toute sorte.

Les *associations* industrielles et agricoles, dans lesquelles sont comprises les associations ouvrières là où celles-ci peuvent utilement se former, ont pour objet, non pas de remplacer l'initiative individuelle par l'action sociétaire, comme on l'a cru follement en 1848, mais d'assurer à tous entrepreneurs de petite et moyenne industrie, ainsi qu'aux petits propriétaires, le bénéfice des découvertes, machines, améliorations et procédés inaccessibles autrement aux entreprises et aux fortunes médiocres. Combattre l'individualisme comme l'ennemi de la liberté et de l'égalité, ainsi qu'on l'avait imaginé en 1848, ce n'est pas fonder la liberté, qui est essentiellement, pour ne pas dire exclusivement individualiste; ce n'est pas créer l'association, qui se compose uniquement d'individus; c'est retourner au communisme barbare et au servage féodal; c'est tuer à la fois et la société et les personnes. (Voir, sur l'organisation de l'atelier : *de la Justice dans la Révolution et dans l'Église*, 6ᵉ livraison, chap. v, Bruxelles, 1859.)

Une question qui intéresse au plus haut degré la propriété, et qui met singulièrement en relief son caractère, est celle du *commerce international*. Depuis trente ans, la secte des économistes a répandu sur ce

sujet tant de déclamations, d'équivoques, de calomnies, de sophismes, que ce n'est pas petite affaire de
ramener le problème à des données claires et intelligibles.

Supposons un État, comme l'Égypte actuelle, constituée en une sorte de communisme gouvernemental,
où le prince soit seul propriétaire, seul exploiteur du
sol, seul manufacturier, seul commerçant, toute la
nation étant fermière, ouvrière et salariée ; dans de
telles conditions, la question du commerce avec l'étranger ne présenterait aucun embarras. Tous les intérêts se résumant dans un intérêt unique, personnifié dans le chef de l'État, celui-ci n'aurait à compter
qu'avec lui-même, et, à moins d'erreur dans les calculs,
serait sûr, quoi qu'il fît, d'agir au mieux de son intérêt, qui serait en même temps l'intérêt général. Il
parcourrait ses livres, examinerait ses prix de revient,
prendrait note de ses besoins et de ses existences ;
puis il offrirait ses excédants, soit en échange d'autres
produits, soit contre du numéraire. Si parmi les produits similaires de l'étranger il s'en trouvait dont les
prix fussent inférieurs aux siens, il aviserait à réduire
ses frais et à soutenir la concurrence ; il pourrait
même, en certains cas, abandonner quelques productions désavantageuses, **et** se livrer de préférence à
d'autres moins onéreuses et plus lucratives. Mais ce
serait à la condition, bien entendu, que la nature du
pays, l'état de l'industrie, les aptitudes populaires, les
facilités de transition, la somme des ressources le lui
permettraient ; jamais, **au grand jamais**, il ne délais-

serait un genre de culture ou d'industrie, surtout de première nécessité, sous le spécieux prétexte que les mêmes produits lui viendraient de l'étranger à plus bas prix. La première loi pour l'homme condamné à vivre de son travail est de tirer parti de ce qu'il a, et de se passer du secours intéressé d'autrui. Bien plus, le grand entrepreneur dont je parle s'occuperait d'importer chez lui certaines cultures et certaines industries de l'étranger, dont les produits lui sont indispensables; et il le ferait, tant pour s'exempter de cette espèce de tribut, que pour se créer, au besoin, une garantie contre les exigences des importateurs. Sur toute chose il se garderait d'acheter plus de marchandises qu'il n'en pourrait régulièrement payer avec ses propres excédants : ce qui exigerait de sa part un solde en numéraire, le dégarnirait de métaux précieux, et, le rendant débiteur, porterait atteinte à son indépendance politique.

Tout cela est de simple bon sens : il n'est pas au monde de négociant et d'entrepreneur qui se gouverne par d'autres principes.

Supposons maintenant qu'une révolution renversant le despote, le pays dont je viens de parler passe de l'état de communauté gouvernementale à celui de propriété. La terre est partagée, l'industrie, le commerce se répartissent entre une série d'entrepreneurs : tous, exploiteurs du sol, entrepreneurs d'industrie, armateurs, etc., sont déclarés indépendants les uns des autres, conformément à la loi de propriété. Que va-t-il arriver? Chaque propriétaire et entrepreneur raisonnera en son particulier, au regard de l'étranger, comme faisait l'ex-roi; mais, attendu que par le partage, les intérêts sont devenus divergents, on verra une fraction de la nation augmenter ses bénéfices en profitant des offres de l'étranger, tandis que l'autre, ne trouvant acheteurs ni à l'intérieur, ni au dehors, se ruinera. Alors éclatera cette contradiction douloureuse : tandis que la loi de propriété, acclamée à l'unanimité, déclare tous propriétaires, industriels, cultivateurs, commerçants, marins, indépendants dans leur commerce et leur industrie, la nature des choses qui les a groupés sur le même sol, l'économie politique, qui fait de tous les arts, professions, métiers, des divisions et subdivisions du même travail, prononcent de leur côté que tous ces affranchis sont solidaires!.. Et l'expérience le démontre : sous l'ancien régime, tous avaient leur existence assurée; une seule chose leur manquait, la liberté; depuis la Révolution, ils sont libres; mais tandis que les uns prospèrent, les autres font faillite et tombent dans l'indigence. Et c'est la même cause qui produit ce double résultat : la liberté des relations avec l'étranger, l'individualisme de l'échange.

Je ne connais rien de plus indigne, de plus stupide, de plus abominable que l'agitation organisée depuis vingt-cinq ou trente ans, en Angleterre, en France et dans toute l'Europe, par les Cobden, les Bastiat, toute la secte des soi-disant économistes, appuyés de la séquelle saint-simonienne. On a abusé de l'opposition des principes, inhérente à la société, pour ren-

dre ténébreuse la chose du monde la plus claire; on
a poussé les uns contre les autres des intérêts que la
fatalité de leur situation rendait antagoniques; on a
surpris la religion d'un chef d'État, qui s'est imaginé
faire acte de patriotisme et de progrès en sacrifiant à
une expérience absurde la fortune et la subsistance
de plusieurs millions de ses sujets... Il est vrai que
parmi les plaignants plusieurs prêtaient à la critique, et que si la protection, dans certains cas et dans
certaine mesure, peut être jugée nécessaire, trop souvent elle a servi de prétexte à de coupables subventions et à d'odieux monopoles. Ici, comme toujours, la
propriété s'est signalée par l'effronterie de ses abus;
et si, à propos du *libre échange*, nous l'avons entendue crier contre elle-même, c'est qu'elle se connaissait bien.

Maintenant que faire? Faut-il de nouveau reculer
devant les conséquences du principe; et, après avoir
montré les destinées merveilleuses de l'institution de
propriété dans ses plus effroyables abus, la déclarer
impuissante devant l'étranger? Faut-il réhabiliter la
douane; et, quand nous sommes excédés de police, de
gouvernementalisme, nous emmailloter encore d'un
réseau protecteur? Non, il ne sera pas dit que le Droit
et la Liberté se déconcertent pour une antinomie de
plus. De quoi s'agit-il? De faire vivre ensemble deux
principes inconciliables. Eh! la science politique et
économique ne consiste qu'en cela. Nous-mêmes, dans
tout ce chapitre et dans les précédents, qu'avons-nous
fait autre chose?

Sans doute la propriété, absolue, abusive, indépendante, est insolidaire de la propriété : telle est sa nature ; gardons-nous d'y contredire. Sans doute aussi dans une société organisée, les intérêts, les fortunes, comme les travaux et les fonctions, sont liés, solidaires, comme le sol qui les soutient. Tout cela est vrai en même temps. Raison de plus alors pour que vous accomplissiez les réformes précédemment indiquées relativement au crédit et à l'impôt. C'est à la propriété à garantir la propriété comme à tenir tête au pouvoir. Par l'abaissement progressif du taux de l'intérêt, par la réduction également progressive, ainsi que par la péréquation de l'impôt, par l'abolition des dettes, etc., les frais de production en France peuvent être réduits de 15, 20 et 25 p. 100. Voilà qui donne de la marge aux industries en souffrance. Du même coup, le métal, grâce à cet abaissement de l'intérêt, étant de moins en moins recherché, la demande des produits augmente : voilà qui facilite les échanges. Qu'ensuite toute proposition d'encouragement à une industrie nouvelle ou attardée soit soumise à l'assemblée nationale, et la protection réduite aux dépenses d'installation et d'apprentissage, ce qui dispense de toute surveillance et exercice ; et vous avez la plus grande liberté possible de commerce, de propriété et d'industrie, jointe aux garanties les plus efficaces.

Entre nations réputées égales, jouissant des mêmes garanties civiles et politiques, la concurrence doit être libre et conséquemment illimitée. L'unique protection, ou, si l'on aime mieux, le seul obstacle à l'importation des produits similaires, est dans les distances. Quand une nation peut aller faire concurrence à une autre nation jusque chez elle, lui enlever son propre marché, supporter pour cela, en sus des frais ordinaires de production, des frais considérables de transport, cela prouve que la nation ainsi attaquée et vaincue est décidément incapable, ou bien qu'elle est mal administrée, mal exploitée, surchargée d'impôts, de frais parasites ; cela prouve qu'elle a besoin d'une réforme. (Consulter sur toute cette matière, *Organisation du Crédit, Théorie de l'Impôt, Système des Contradictions économiques*, tome II, chap. ix.)

C'est ainsi que doivent s'opérer le nivellement et la consolidation de la propriété, à peine, pour celle-ci, de retomber en tutelle, et pour la société de recommencer une carrière de révolutions et de catastrophes. Et, pour revenir à la pensée fondamentale de ce livre, c'est ainsi que la propriété, en s'entourant des garanties qui la rendent à la fois plus égale et plus inébranlable, sert elle-même de garantie à la liberté et de lest à l'État. La propriété consolidée, moralisée, entourée d'institutions protectrices, ou, pour mieux dire, libératrices, l'État se trouve élevé au plus haut degré de puissance, en même temps que le gouvernail reste aux mains des citoyens. La politique devient une science, mieux que cela, une forme de la Justice ; l'intérêt particulier devenant identique à l'intérêt général, chaque citoyen est en mesure d'apprécier, d'après le contre-coup qu'il éprouve dans sa propriété et dans son industrie, **la** situation des affaires et la marche du gouvernement. La fin du doctrinarisme et du prolétariat, ces deux plaies des temps modernes, est arrivée.

La constitution de la propriété, avec le cercle d'institutions qui la garantissent et auxquelles elle sert de pivot, nous explique maintenant deux choses qui d'abord semblaient contradictoires : comment la propriété peut être purgée de ses abus et conserver néanmoins son inviolabilité; comment ensuite on **a** pu la définir droit d'user et d'abuser, et faire en même temps réserve contre elle de la raison du droit, *juris ratio*, et de l'observation des règlements.

J'ai remarqué déjà que la création de nouvelles institutions, analogues à la propriété, l'organisation de certains services, l'établissement de certaines fonctions, ne dérogeaient pas plus à la propriété que l'existence des animaux et des plantes ne porte atteinte à la liberté de l'homme. La propriété existe au milieu de ces créations de la société, de même que l'homme au milieu des créations de la nature; elles ne lui font rien, s'il ne lui plaît pas d'en user; comme aussi elle y puise de nouvelles forces, des moyens d'action plus puissants, dès que, toutes les propriétés se mettant en exercice, chacune commence à éprouver l'effet de la concurrence. Quel sera maintenant le résultat de la lutte, lorsque l'individu, n'étant plus abandonné à lui-même, trouvera partout autour de lui secours, garantie, protection? C'est ce dont il convient de se rendre compte.

L'instinct d'acquisition, chez tous les hommes, est indéfini, partant égal. Servi par des facultés de réalisation inégales, ce même instinct ne peut aboutir qu'à des résultats inégaux : représentons cette inégalité par les nombres 1, 2, 3, 4, 5, cela revient à dire que dans un milieu où la société ne fait rien pour l'individu, un seul homme, considéré comme puissance d'action, peut valoir autant que 2, 3, 4 et 5 autres ; disproportion énorme, qui, pour peu que les préjugés nationaux, l'organisation du pouvoir et le rapport des individus et des familles s'y prêtent, conduira à des inégalités de fortune mille et cent mille fois plus grandes.

C'est tout autre chose avec les institutions que j'appelle de garantie. De nouveaux moyens d'action, des forces supérieures sont mises à la disposition du chef de famille : représentez ces forces par 10. L'inégalité entre les sujets, qui d'abord était comme les nombres 1, 2, 3, 4, 5, ne sera plus que comme ceux-ci : $1+10, 2+10, 3+10, 4+10, 5+10$, ou, en effectuant les additions, 11, 12, 13, 14, 15. En élevant, par une prestation identique, le niveau moyen des capacités de 3 à 13, nous avons considérablement diminué l'inégalité des fortunes. Établissez à présent la concurrence ; en autres termes, faites que chaque citoyen, égal devant la loi à tout autre, libre de son action, maître de sa personne, ne travaille que pour lui-même, ou, s'il se met au service d'autrui, qu'il travaille à prix débattu : les facultés, tant naturelles qu'acquises de l'individu le mieux doué, restant

fixes, tandis que ses entreprises augmentent; son insuffisance par conséquent croissant dans une progression beaucoup plus rapide que sa propriété, l'inégalité des fortunes diminuera encore; elle tendra à se
rapprocher des nombres 101, 102, 103, 104, 105,
c'est-à-dire qu'elle deviendra insignifiante. En quoi,
dans tout cela, la propriété est-elle violée, la liberté
individuelle atteinte? Et qu'avons-nous besoin de
réglementation? La propriété, précisément parce que
nous l'avons faite absolue, se montre égalitaire: chose
à laquelle nous ne nous fussions pas attendus, mais
irrécusable.

Voilà pour la pratique, je veux dire pour l'économie générale. Pour ce qui est de la définition, ou, en
autres termes, des rapports de la propriété avec
l'État, la contradiction qui nous a tant embarassé
n'est pas moins bien résolue.

Le droit romain dit : « *Dominium est jus utendi
et abutendi re suâ, quatenùs juris ratio patitur;* la
propriété est le droit d'user et d'abuser de sa chose,
autant que la raison du droit le souffre. » La définition
du code Napoléon, article 544, revient à celle-là : « La
propriété est le droit de jouir et de disposer des
choses de la manière la plus absolue, pourvu qu'on
n'en fasse pas un usage prohibé par les lois et par les
règlements. » Le latin, je le répète, est plus énergique,
plus profond que le français; mais il est moins clair.
On pourrait croire que la réserve « *quatenùs juris
ratio patitur,* autant que la raison du droit le souffre, »
n'a trait qu'au for intérieur; que le préteur a voulu dé-

clarer l'abus de la propriété au-dessus de toute pour-
suite, bien que ce même abus fût condamné par la
conscience. Mais cette interprétation n'est pas vraie,
ainsi que le dit formellement l'article 544 : c'est en
vue de l'État que la réserve est exprimée, de l'État,
organe officiel et armé du Droit, tandis que le propriétaire n'est qu'un justiciable. Qu'est-ce donc qu'a voulu
dire le législateur? Il est fort probable qu'il ne le sa-
vait pas lui-même, et qu'il n'a parlé ainsi que de l'a-
bondance de son sentiment. La vérité, selon moi, est
que si la propriété est absolue, l'État aussi est absolu ;
que ces deux absolus sont appelés à vivre en face l'un
de l'autre, comme le propriétaire est appelé à vivre
en face de son voisin propriétaire ; et que c'est de
l'opposition de ces absolus que jaillit le mouvement
politique, la vie sociale, de même que de l'opposition
des deux électricités contraires jaillit l'étincelle motrice, lumineuse, vivifiante, la foudre.

Ainsi, le droit d'abuser est accordé sans réserve,
dans la sphère de la propriété ; ce qui lui est interdit,
c'est d'empiéter sur le droit du voisin, à plus forte
raison sur celui de l'État. Que tous les propriétaires,
et l'État avec eux, abusent à l'envi de leurs propriétés, ils le peuvent ; ce qu'ils ne peuvent pas, c'est de
s'empêcher réciproquement d'abuser. Dès que l'abus
est pris pour matière de droit, comme le travail, la
culture ou la jouissance, il est soumis, chose étonnante, mais logique, à la maxime du droit : « *Ne fais
pas à autrui ce que tu ne veux pas qu'il te soit
fait.* » Et pourquoi ce respect mutuel de l'abus?

Chose plus étonnante encore : justement afin que les propriétaires, libres d'abuser, n'abusent plus; afin que l'État, le détenteur du grand domaine, devienne le type de l'administrateur, le modèle de l'usager. Nous avons démontré qu'en effet l'abus de la propriété se neutralise par les garanties dont l'État prend soin de l'entourer, de même que l'absolutisme de l'État se régularise, devient justice et vérité, par la réaction du propriétaire.

J'ai dit que la constitution de la propriété devait être l'œuvre de notre époque : jamais, en effet, depuis plus de vingt-cinq siècles qu'elle existe, elle ne s'est constituée nulle part dans la plénitude, je ne dis pas de son droit, mais de ses garanties. Rome a parfaitement connu et rigoureusement défini le droit de propriété, *dominium est jus utendi et abutendi ;* mais jusqu'à nos jours, l'abus a tué la propriété ; et, comme au temps des Césars, comme au moyen-âge, elle est de nouveau en péril. Ce qui lui a toujours manqué, et dont la Révolution n'a pu lui donner que la promesse, ce sont des garanties. Sans ces garanties précieuses, la propriété se désorganise et tend à sa ruine, entraînant avec elle la société et l'État, soit qu'elle s'oublie dans le matérialisme de sa jouissance, soit qu'elle se laisse miner sourdement par le fisc, l'hypothèque, le morcellement, la recomposition des grands domaines, la réglementation, l'abus de l'expropriation pour cause d'utilité publique, les créations et les dotations nobiliaires, le travail des sectes, les séductions de l'agiotage, soit enfin que, dépouillée de sa prérogative politique, signalée à la jalousie de la plèbe, acceptant lâchement ce que le pouvoir veut bien lui laisser, et se laissant convertir en un pur privilége, elle se retire de l'action et laisse agir à sa place les forces déchaînées de l'ignorance, de la tyrannie et de la misère.

Certes, le danger est grave, et ce ne sont pas les doctrines providentialistes de nos jurisconsultes qui parviendront à le conjurer. Ils n'ont jamais rien conçu à la propriété ; ils n'en comprennent ni la haute destination ni l'histoire, et le fond de leur science sur cette matière ardue est un immoral scepticisme.

« Toutes les fois, dit M. Laboulaye, que la société, sans s'écarter de sa route providentielle, change de moyens, qu'elle déplace l'héritage ou les priviléges politiques attachés au sol, elle est dans son droit, et nul n'y peut trouver à redire en vertu d'un droit antérieur ; car avant elle et hors d'elle, il n'y a rien ; en elle est la source et l'origine du droit. »

C'est ainsi que l'historien de la propriété en explique les vicissitudes ! La société, instrument de la Providence, a planté les bornes des héritages, et la société les arrache ; la société a institué la propriété à la place de la possession, puis elle est revenue à la possession en abandonnant la propriété ; la société a changé l'alleu en fief et le fief en alleu : *e sempre bene.* La société, — j'ai peur qu'un jour, trop tôt peut-être, la société ne signifie le gouvernement, — est dans son droit, quoi qu'elle fasse ; elle suit sa route providentielle, et nul n'a droit d'y trouver à redire

« La loi civile de la propriété est l'esclave de la loi politique ; et tandis que le droit des conventions, qui ne règle que des intérêts d'homme à homme, n'a point varié depuis des siècles (sinon en certaines formes qui touchent plus à la preuve qu'au fond même de l'obligation), la loi civile de la propriété, qui règle des rapports de citoyen à citoyen, a subi plusieurs fois des changements du tout au tout, et suivi dans ses variations toutes les vicissitudes sociales.

« La loi des conventions, qui tient à ces principes d'éternelle justice gravés au fond du cœur humain, c'est l'élément immuable du droit, et en quelque sorte SA PHILOSOPHIE ; au contraire, la loi de la propriété est l'élément variable du droit ; c'est SON HISTOIRE, c'est SA POLITIQUE. »

Il serait difficile à un jurisconsulte de se tromper plus complétement que ne l'a fait ici M. Laboulaye. La propriété n'est pas l'*esclave* de la politique ; ce serait plutôt le contraire qui serait vrai. La propriété est le contre-poids naturel, nécessaire de la puissance politique ; le droit civil de la propriété, le contrôleur et le déterminateur de la raison d'État. Là où manque la propriété, où elle est remplacée par la possession slave ou le fief, il y a despotisme dans le gouvernement, instabilité dans tout le système. La loi des conventions ne peut être mise en antithèse à celle de la propriété, aussi absolue dans son essence que l'autre est immuable dans son principe. Elles ne diffèrent pas l'une de l'autre en ce que la première donnerait la *philosophie* du droit, tandis que la seconde n'en

donnerait que la *politique* ou l'*histoire* ; elles diffèrent
en ce que la loi des conventions est un principe, une
notion élémentaire de facile et primitive aperception,
tandis que la loi de propriété est une constitution qui
ne se pose, ne se développe et ne se consolide qu'avec
le temps. Il en est de la propriété comme de toutes les
grandes lois qui régissent l'univers, alors même que
la raison des philosophes les nie et que le vulgaire les
viole à chaque pas. Ainsi le droit gouverne la civilisation ; mais où son essence et ses lois sont-elles bien
connues ? Où son observance est-elle entière et sin-
cère ? Ainsi l'égalité de l'échange est la loi du commerce : et l'agiotage est admis dans la pratique universelle. Ainsi l'égalité devant la loi est aussi ancienne
que l'institution des tribunaux ; et l'humanité n'a pas
encore cessé d'avoir des esclaves, des serfs, des pro-
létaires. Tout de même la propriété régit les États :
présente, elle les tient en équilibre ; absente, elle les
livre aux révolutions et aux démembrements, portant
avec elle sa sanction, soit qu'elle châtie, soit qu'elle
récompense. Nul ne peut dire en ce moment que d'ici
à la fin du siècle, quelque décret de cette Providence
que M. Laboulaye adore n'aura pas détruit en France
la propriété ; ce qui est certain, c'est qu'alors la
France aura perdu, avec le sentiment de la liberté, le
sens du droit. C'est qu'elle sera devenue le fléau des
nations, et que ce ne sera que justice de la traiter
comme fut, au dix-huitième siècle, traitée la Pologne.

Mais écartons ces sombres pronostics. L'institution
de propriété est enfin comprise. La théorie en est

donnée : que la société ou le gouvernement, qui s'ingère de parler en son nom, *déplace* tant qu'il voudra les *héritages*, comme dit M. Laboulaye; de simples particuliers en souffriront; quant à la propriété elle-même, nous pouvons la déclarer indestructible ! C'est aux classes ouvrières à comprendre maintenant leur destinée et à déterminer en conséquence leur action. Toutes ces réformes économiques, que nous proposions en 1848 comme les conditions d'abolition du prolétariat, et dans lesquelles plusieurs ont cru voir un acheminement au communisme, conduisent au nivellement et à la consolidation de la propriété. Estimez, par hypothèse, la richesse mobilière et immobilière de la France à 120 milliards, le nombre des familles à 10 millions : la moyenne de fortune en capital, par chaque famille, sera de 12,000 francs. Une propriété de 12,000 francs, bien cultivée, suffit à l'occupation et à la subsistance d'une famille. Votre avenir, travailleurs, l'avenir de la patrie est là. Laissez de côté vos idées de partage, vos projets de réquisitions, de contributions progressives, de maximums, de corporations, de tarifs ; le partage, c'est-à-dire le nivellement, se fera de lui-même, plus vite et mieux, par le travail, l'économie, l'organisation du crédit et de l'échange, les services à bon marché, la péréquation de l'impôt et sa réduction au vingtième, les mutations, l'instruction publique, et, sur toutes choses, la LIBERTÉ

CHAPITRE VIII

La critique de l'auteur justifiée.

Comme complément de cette théorie, je ne crois pouvoir mieux faire que de rappeler ici mes études antérieures, dont le résumé forme l'introduction de ce livre, et de raconter ma propre histoire. La critique que j'ai faite autrefois de la propriété a obtenu assez de retentissement, elle m'a valu assez de déboires et d'injures pour que l'on me permette d'en revendiquer aujourd'hui le bénéfice; car c'est par elle, et par elle seule, que nous pouvions arriver à l'intelligence de la propriété, et, par suite, à sa constitution définitive.

En 1840, il y a plus de vingt-deux ans, je fis mon début dans la science économique par la publication d'une brochure de 250 pages, ayant pour titre : *Qu'est-ce que la Propriété?* Je n'ai pas besoin de rappeler quel scandale causa ma réponse, scandale qui ne cessa de grandir pendant douze ans, jusque par delà le coup d'État. Aujourd'hui que les imaginations sont calmées, aujourd'hui surtout que je publie moi-même une théorie de la propriété qui, j'ai **cet** orgueil, peut défier toutes les attaques, on lira peut-être avec intérêt, surtout l'on comprendra mieux mes explications.

Il y avait à peine trois mois que j'avais commencé mes études d'économie politique quand je m'aperçus de deux choses : la première, qu'un rapport intime, je ne savais lequel, existait entre la constitution de l'État et la propriété ; la seconde, que tout l'édifice économique et social reposait sur cette dernière, et que cependant son institution n'était donnée ni dans l'économie politique ni dans le droit naturel. *Non datur dominium in œconomiá*, me disais-je, en paraphrasant l'aphorisme de l'ancienne physique sur le vide ; la propriété n'est point un élément économique ; elle n'est pas essentielle à la science, et rien ne la justifie. D'où peut-elle venir ? Quelle est sa nature ? Que nous veut-elle ? Ce fut le sujet de ce que je nommais mon premier *Mémoire*. Je prévoyais dès lors que la matière serait abondante, et que le sujet était loin d'être épuisé.

Maintenant qu'il n'y a plus lieu de trembler pour la propriété, puisque nous avons fait un empereur pour la défendre, et que moi-même je prends son parti, il n'est pas, j'ose m'en flatter, un lecteur doué de quelque bon sens, ayant la moindre étincelle de logique, qui ne reconnaisse combien j'avais raison. La propriété a-t-elle pour principe le droit de *premier occupant?* Mais c'est absurde. Vient-elle de la conquête ? Ce serait immoral. Faut-il l'attribuer au travail ? Mais le

travail ne donne droit qu'aux fruits, tout au plus à
une indemnité pour l'aménagement du sol, peut-être
encore à une préférence de possession, de possession,
entendons-nous bien, jamais, non jamais à la souveraineté du fonds, à ce que la loi romaine appelait le
domaine éminent de propriété. Autrement il faudrait
dire que tout fermier est, *ipso facto*, propriétaire, et
que celui qui amodie sa terre s'en dessaisit. Tout
ce que l'on a débité de nos jours sur les peines et les
mérites du cultivateur est un verbiage sentimental :
ce n'est ni de la philosophie, ni du droit. L'ouvrage
publié par M. Thiers, en 1848, pour la défense de la
Propriété, est une pure bucolique. Est-ce le législateur qui a créé la propriété? Mais pour quels motifs?
En vertu de quelle autorité? On n'en sait rien. Si c'est
le législateur qui, par un acte de son bon plaisir, a
institué la propriété, le même législateur peut l'abroger
et *déplacer les héritages*, comme dit M. Laboulaye :
dès lors la propriété n'est qu'une fiction légale, un
arbitraire, arbitraire d'autant plus odieux, qu'elle
aisse en dehors d'elle la majorité du peuple. Faut-il
dire, avec quelques-uns qui se piquent de métaphysique, que la propriété est l'expression de l'individualité, de la personnalité, du moi? Mais la possession
suffit largement à cette expression ; mais, encore une
fois, s'il suffit de dire : *ce champ est à moi*, pour
avoir la propriété, tous sont propriétaires au même
titre ; voilà la guerre civile allumée, et pour conclusion
la servitude ; or, quand vous avez passé en revue la
prime-occupation, la conquête, le travail, l'autorité du

législateur et la métaphysique du moi, vous avez épuisé toutes les hypothèses des jurisconsultes sur l'origine et le principe de la propriété. Vous pouvez fermer les bibliothèques ; il n'y a rien de plus. Quoi donc ! faut-il croire, avec M. Laboulaye, que la propriété est un article de foi dont la discussion doit être interdite, parce qu'agir autrement ce serait mettre la société en danger ? Mais la justice est amie du grand jour ; le crime seul cherche les ténèbres. *Cur non palam si decenter?* La propriété, c'est donc le vol ?...

Cette dialectique, convenons-en, puisque nous le pouvons sans péril, était invincible autant qu'inexorable ; et les témoignages que me livrait la législation elle-même n'étaient pas faits pour l'amoindrir. Que dire, par exemple, de cette définition romaine : *Dominium est jus utendi et abutendi re suâ, quatenùs juris ratio patitur !* de cette définition française, encore plus honteuse : « La propriété est le droit de jouir et de disposer des choses de la manière la plus absolue, pourvu qu'on n'en fasse pas un usage prohibé par les lois et les règlements. » N'est-ce pas dire oui et non sur la même chose, donner et retenir, poser un principe et le nier aussitôt par l'exception ? Soit, disais-je : la propriété sera tout ce que vous voudrez, dans la mesure du droit public et des règlements. Voyons maintenant le droit public, voyons les règlements !...

La propriété *absolue !* Mais, disciple de Kant et de Comte, je repoussais l'absolu à l'égal du surnaturel; je ne reconnais que des lois intelligibles, positives, comme l'astronomie, la physique, la zoologie, le droit, l'économie politique elle-même nous en offrent tant d'exemples. — Républicain par principes, entre temps, partisan des garanties constitutionnelles, je combattais de toutes mes forces cet absolutisme, que le peuple français avait immolé en la personne de Louis XVI et qu'on voulait me faire adorer dans la propriété.

La propriété *abusive!* Sans doute, elle ne peut pas ne pas l'être, puisque dès que l'abus cesse d'être sa prérogative, elle n'est plus. Or, c'est justement pour cela que je repousse la propriété. Si vous disiez que le mariage est le droit d'user et d'abuser, non seulement de sa femme, ce qui serait déjà une infamie, mais de sa fille, de sa mère, de sa servante, etc., prétendriez-vous que le mariage est une institution respectable? L'absolutisme érigé en idole, l'abus pris pour idéal; la propriété, en tout et partout déclarée excentrique, inconditionnée, sans limites, sans frein, sans règles, sans lois, antérieure et supérieure au droit, à la société même : c'était exorbitant, inadmissible, et malheureusement on pouvait dire que tout cela n'était pas inventé à plaisir : les faits, les faits abondaient dans l'histoire et dans les temps modernes, et criaient vengeance contre la propriété.

Pénétrant plus avant encore dans la psychologie du propriétaire, à la suite des moralistes les plus profonds et de l'Évangile même, qu'est-ce que je découvrais? Que la propriété, qu'on nous vantait comme la rémunération du travail, le signe de la dignité humaine, le pivot de la société et le monument de la sagesse législative, n'était autre chose, au fond, que l'acte souverain de notre égoïsme, la manifestation solennelle de notre concupiscence, le rêve d'une nature perverse, avare, insociale, qui veut tout pour soi, s'arroge ce qu'elle n'a pas produit, exige qu'on lui rende plus qu'elle n'a prêté, se fait centre du monde, méprisant Dieu et les hommes pourvu qu'elle jouisse! Oh! le christianisme, à qui l'on ne fera pas le procès sans doute, a bien jugé la propriété; il l'a exclue du royaume des cieux : « Ceux-là seuls, a-t-il dit, parmi les propriétaires seront sauvés, qui pratiquent le détachement du cœur, et sont plutôt les gardiens et les dispensateurs de leur fortune que ses consommateurs. *Beati pauperes spiritu, quoniam ipsorum est regnum cœlorum.*

Que le lecteur me permette ici de m'interrompre. Cette critique était-elle fondée, oui ou non? Ai-je sujet de la regretter et de m'en dédire? Et la théorie de la propriété que je publie à cette heure serait-elle considérée par hasard comme une rétractation?... On va voir qu'il n'en est rien.

La critique faite, il fallait conclure. En même temps que je prononçais, en vertu de mon analyse, la condamnation de la propriété, telle qu'elle s'est produite, dans le droit romain, et dans le droit français, et dans l'économie politique, et dans l'histoire, je repoussais, en termes non moins énergiques, l'hypothèse contraire, la communauté. Cette exclusion du communisme est consignée dans mon premier *Mé-*

moire de 1840, chapitre V, et reproduite avec plus d'étendue et de force dans le *Système des Contradictions économiques*, 1846, chapitre XII.

Quelle était dès lors ma pensée? C'est que la propriété étant un absolu, une notion qui implique deux contraires, ou, comme je disais avec Kant et Hégel, une *antinomie*, devait être *synthétisée* en une formule supérieure qui, donnant également satisfaction à l'intérêt collectif et à l'initiative individuelle, devait, disais-je, réunir tous les avantages de la propriété et de l'association sans aucun de leurs inconvénients. Je donnais à cette formule supérieure, prévue et affirmée par moi, dès 1840, en vertu de la dialectique hégélienne, mais non encore expliquée ni définie, le nom provisoire de *possession*, terme équivoque, qui rappelait une forme d'institution dont je ne pouvais vouloir et que j'ai abandonné.

Les choses en restèrent là plusieurs années. Contre toutes les attaques de droite et de gauche, que je dus essuyer, je maintenais dans tous ses termes ma critique, annonçant une conception nouvelle de la propriété, avec la même certitude que j'avais nié l'ancienne, bien que je ne susse dire en quoi consistait cette conception. Mon espérance, quant au fond, ne devait pas être trompée, ainsi qu'on le voit aujourd'hui; seulement, la vérité que je cherchais ne pouvait être saisie qu'après une rectification de méthode.

Je poursuivais donc, sans me laisser ébranler par le bruit qui se faisait autour de moi, mes études sur les questions les plus difficiles de l'économie politique, le crédit, la population, l'impôt, etc., lorsque, vers 1854, je m'aperçus que la dialectique d'Hégel, que j'avais dans mon *Système des Contradictions économiques*, suivie, pour ainsi dire, de confiance, était fautive en un point et servait plutôt à embrouiller les idées qu'à les éclaircir. J'ai reconnu alors que si l'antinomie est une loi de la nature et de l'intelligence, un phénomène de l'entendement, comme toutes les notions qu'elle affecte, elle ne se résout pas ; elle reste éternellement ce qu'elle est, cause première de tout mouvement, principe de toute vie et évolution, par la contradiction de ses termes ; seulement elle peut être *balancée*, soit par l'équilibration des contraires, soit par son opposition à d'autres antinomies.

Je demande pardon de ce détail, sans lequel on ne s'expliquerait peut-être pas comment, ayant commencé la critique de la propriété en 1840, je n'en produis la théorie qu'en 1862. Sans parler des distractions puissantes que 1848 et 1852 ont jetées à travers les existences, chacun comprendra que, dans des études aussi ardues, où le philosophe opère, non sur des corps, mais sur des idées, la moindre inexactitude de méthode, conduisant à des résultats faux, entraîne des retards incalculables. Nous ne pensons plus d'intuition aujourd'hui, et il y a longtemps que notre raison prime-sautière a dit son dernier mot. L'expérience doit en être faite pour tout le monde : le bon sens tout seul, assisté de la plus forte dose d'érudition et de tout l'art de la parole, ne suffit plus à la solution des hauts problèmes qui nous assaillent.

Pour suivre la vérité dans les régions de plus en plus élevées où elle nous appelle, il faut au penseur, comme au physicien, à l'astronome, le supplément d'une instrumentation dont le vulgaire ne se doute pas.

. La théorie de la LIBERTÉ (*de la Justice dans la Révolution et dans l'Église*, 8ᵉ étude) m'avait en outre appris que l'absolu, à l'égard duquel j'ai déclaré toute recherche directe interdite, absurde même (*Ibid.*, 7ᵉ étude), intervient néanmoins comme acteur dans les affaires humaines, aussi bien que dans la logique et la métaphysique. J'avais enfin eu mainte occasion de remarquer que les maximes de la Raison générale, qui finissent par s'imposer à la Raison particulière, sont souvent l'inverse de celles que nous donne celle-ci : en sorte qu'il pouvait très-bien se faire que la société fût gouvernée par des règles toutes différentes de celles indiquées par ce qu'on a l'habitude d'appeler sens commun. De ce moment la propriété, qui ne m'était apparue d'abord que dans une sorte de pénombre, fut pour moi complétement éclairée; je compris que, telle que me l'avait livrée la critique, avec cette nature absolutiste, abusive, anarchique, rapace, libidineuse, qui de tout temps avait fait le scandale des moralistes, telle elle devait être transportée dans le système social, où une transfiguration l'attendait.

Ces explications étaient indispensables pour faire bien comprendre comment la négation théorique de la propriété était le préliminaire obligé de sa confirmation et de son développement pratiques. *La propriété, si on la saisit à l'origine, est un principe vicieux en soi et anti-social, mais destiné à devenir, par sa généralisation même et par le concours d'autres institutions, le pivot et le grand ressort de tout le système social.* La première partie de' cette proposition a été démontrée par la critique de 1840-48; c'est au lecteur à juger maintenant si la seconde est prouvée d'une manière satisfaisante.

Est-il vrai que l'État, après s'être constitué sur le principe de la séparation des pouvoirs, requiert un contre-poids qui l'empêche d'osciller et de devenir hostile à la liberté; que ce contre-poids ne peut se rencontrer ni dans l'exploitation en commun du sol, ni dans la possession ou propriété conditionnelle, restreinte, dépendante et féodale, puisque ce serait placer le contre-poids dans la puissance même qu'il s'agit de contre-balancer, ce qui est absurde; tandis que nous le trouvons dans la propriété absolue, c'est-à-dire indépendante, égale en autorité et souveraineté à l'État? Est-il vrai, en conséquence, que par la fonction essentiellement politique qui lui est dévolue, la propriété, précisément parce que son absolutisme doit s'opposer à celui de l'État, se pose dans le système social comme libérale, fédérative, décentralisatrice, républicaine, égalitaire, progressive, justicière? Est-il vrai que ces attributs, dont aucun ne se trouve dans le principe de propriété, lui viennent au fur et à mesure de sa généralisation, c'est-à-dire à mesure qu'un plus grand nombre de citoyens arrive à la propriété; et que pour opérer cette généralisation, pour en assurer ensuite le nivellement, il suffit d'organiser autour de la propriété et pour son service un certain nombre d'institutions et de services, négligés jusqu'à ce jour, abandonnés au monopole et à l'anarchie? Voilà sur quoi le lecteur est invité à se prononcer, après mûr examen et sérieuse réflexion.

La destination politique et sociale de la propriété reconnue, j'appellerai une dernière fois l'attention du lecteur sur l'espèce d'incompatibilité qui existe ici entre le *principe* et les FINS, et qui fait de la propriété une création vraiment extraordinaire. Est-il vrai, demanderai-je encore, que cette propriété, maintenant sans reproche, est pourtant la même, quant à sa nature, à ses origines, à sa définition psychologique, à sa virtualité passionnelle, que celle dont la critique exacte et impartiale a si vivement surpris l'opinion; que rien n'a été modifié, ajouté, retranché, adouci dans la notion première; que si la propriété s'est humanisée, si de scélérate elle est devenue sainte, ce n'est pas que nous en ayons changé l'essence, que nous avons au contraire religieusement respectée; c'est tout simplement que nous en avons agrandi la sphère et généralisé l'essor? Est-il vrai que c'est dans cette nature égoïste, satanique et réfractaire que nous avons trouvé le moyen le plus énergique de résister au despotisme sans faire crouler l'État, comme aussi d'égaliser les fortunes sans organiser la spoliation et sans museler la liberté? Est-il vrai, dis-je, car je ne saurais trop insister sur cette vérité à laquelle la logique de l'école ne nous a pas accoutumés, que pour changer les *effets* d'une institution qui, dans ses commencements, fut le comble de l'iniquité, pour métamorphoser l'ange de ténèbres en ange de lumière, nous n'avons eu besoin que de l'opposer à lui-même, en même temps qu'au pouvoir, de l'entourer de garanties et de décupler ses moyens, comme si nous eussions voulu exalter sans cesse, dans la propriété, l'absolutisme et l'abus?

Ainsi, c'est à la condition de rester ce que la nature l'a faite, à la condition de conserver sa personnalité entière, son *moi* indompté, son esprit de révolution et de débauche, que la propriété peut devenir un instrument de garantie, de liberté, de justice et d'ordre. Ce ne sont pas ses inclinations qu'il faut changer, ce sont ses œuvres; ce n'est plus en combattant, à la manière des anciens moralistes, le principe de concupiscence, qu'il faut désormais songer à purifier la conscience humaine; comme l'arbre dont le fruit âpre et vert au commencement se dore au soleil et devient plus doux que le miel; c'est en prodiguant à la propriété la lumière, les vents frais et la rosée que nous tirerons de ses germes de péché des fruits de vertu. Notre critique antérieure subsiste donc : la théorie de la propriété libérale, égalitaire, moralisatrice tomberait, si nous prétendions la distinguer de la propriété absolutiste, accapareuse et abusive; et cette transformation que je cherchais sous le nom de synthèse, nous l'avons obtenue, sans aucune altération du principe, par un simple équilibre.

On m'a accusé de n'avoir été, dans cette critique dont chacun peut aujourd'hui apprécier l'importance, que le plagiaire de Brissot. On dira bientôt, je m'y attends, que pour la théorie dont je viens de donner l'ébauche, je ne suis aussi que le plagiaire de quelque auteur mort-né, perdu dans la poussière des bibliothèques depuis deux ou trois cents ans. Tant mieux si l'on me trouve des devanciers; je n'en aurai que plus de confiance en moi-même et plus d'audace. En attendant, je ne connais l'ouvrage de Brissot que par les extraits qu'en a publiés, en 1850, un M. Sudre, dans un ouvrage couronné par l'Académie française. C'était le temps où l'on appelait à la rescousse contre le socialisme la jeunesse lettrée, où l'on prodiguait les encouragements à ceux qui brûlaient le plus d'encens devant la propriété. Il résulte des extraits publiés par M. Sudre que Brissot aurait dit avant moi, mais seulement par forme d'hyperbole et dans le feu de la déclamation, *la propriété, c'est le vol!* Si c'est la priorité de l'expression que l'on revendique pour le jeune publiciste qui devint plus tard chef de la Gironde, je la lui cède volontiers. Mais Brissot n'a pas compris le sens de ses propres paroles, et sa critique est erronée sur tous les points. D'abord, en disant que la propriété est un vol, il n'entend nullement attaquer le principe de concupiscence qu'a condamné l'Évangile et duquel sont sortis ces deux équivalents économiques, le vol et la propriété : ce n'était pourtant qu'à cette condition que l'invective de Brissot pouvait avoir une valeur philosophique et être considérée comme une définition. Loin de là, ce que **Brissot** blâme et condamne dans la propriété et qu'il appelle vol, est justement ce qui en fait l'énergie, sans quoi la propriété n'est plus rien, et laisse la place à la tyrannie, l'absolutisme et l'abus. Ce qu'il demande, c'est qu'on revienne à la *propriété naturelle*, comme il la nomme, c'est-à-dire à cette possession conditionnelle, restreinte, viagère, subordonnée, dont nous avons raconté la formation au sortir de la communauté primitive, et que nous avons dû rejeter ensuite comme une forme de civilisation inférieure, propre seulement à consolider, sous des apparences d'équité, le despotisme et la servitude. Brissot, en un mot, après avoir très-bien vu les excès de tous genres qui de tout temps avaient déshonoré la propriété, n'a pas compris que la propriété était, par nature et destination, absolutiste, envahissante et abusive, *jus utendi et abutendi*, qu'elle devait être maintenue telle, si l'on voulait en faire un élément politique, une fonction sociale; il a voulu, au contraire, la rendre raisonnable, modérée, en faire une pythagoricienne : ce qui le faisait retomber tout juste dans l'état de subversion auquel il s'agissait de mettre fin.

D'autres ont prétendu qu'en 1840 et 1846, de même qu'en 1848, j'avais visé à la célébrité par le scandale. Cette fois ils diront, déjà ils l'impriment, que je cherche à ramener sur moi l'attention du public, qui m'abandonne, par une contradiction nouvelle, plus impudente encore que la première. Que veut-on que je réponde à des intelligences borgnes, Fourier aurait dit simplistes, fanatiques de l'unité en logique et métaphysique aussi bien qu'en politique, incapables de saisir cette proposition, pourtant bien simple : que le monde moral, comme le monde physique, repose sur une pluralité d'éléments irréductibles et antagoniques, et que c'est de la contradiction de ces éléments que résulte la vie et le mouvement de l'univers? Eux, au contraire, expliquent la nature, la société et l'histoire comme un syllogisme. Ils font tout sortir de l'un, comme les anciens mythologues ; et quand on étale devant eux cette multitude d'inconciliables, d'indéfinis et d'incoërcibles qui bouleversent leurs cosmogonies unitaires, ils vous accusent de polythéisme et soutiennent que c'est vous-même qui êtes en contradiction. Ces hommes, en qui la faconde égale l'ineptie, ont acquis une certaine considération dans le monde des badauds, ravis de s'entendre dire, par ces beaux discoureurs, qu'il n'y a rien de vrai au delà de ce qu'ils ont appris en nourrice, et que la suprême sagesse consiste à penser ce qu'ont pensé leurs pères. Le règne de ces charlatans ne finira qu'à la banqueroute du dernier préjugé : c'est pourquoi, tout en les méprisant, nous devons nous armer de patience.

J'ai exposé les sentiments qui ont dicté ma conduite depuis vingt-cinq ans. Je n'ai pas été animé, quoi qu'on ait dit, d'une pensée foncièrement hostile ni pour l'institution de propriété, dont je cherchais la clef, ni pour la classe des bénéficiaires. J'ai demandé une justification meilleure du droit établi, et cela dans un but de consolidation, — comme aussi, bien entendu, s'il y avait lieu, — de réforme.

Et je puis dire aujourd'hui que, sous ce dernier rapport, je ne me suis pas trompé dans mes espérances. La théorie de la propriété, que je produis enfin, ne satisfait pas seulement à un besoin de logique auquel peu de gens sont sensibles; elle ouvre des perspectives immenses; elle jette un vif éclat sur la base du système social; elle nous révèle une des lois les plus profondes de notre nature, à savoir que la faculté égoïste, que la morale antique et chrétienne, que l'instinct de toutes les premières sociétés avaient fait repousser, a été justement désignée par la nature pour être le premier représentant, le gérant du Droit.

Peut-être aurais-je mieux fait de *garder le silence* que d'agiter le public d'une controverse inquiétante, et qui pouvait avoir ses dangers.

A cela je réponds que mon intention était de faire appel aux savants et aux juristes; — que j'ai posé la question en un temps parfaitement calme, 1840, en pleine paix sociale, huit ans avant la révolution de Février, alors que M. Thiers était ministre, MM. Vivien et Dufaure, avec lui; — qu'en 1848 je me suis tenu à l'écart; que les cris de la presse conservatrice m'ont obligé seuls à rompre le silence, et que c'est uniquement pour me défendre que je suis devenu, d'écrivain isolé, journaliste et publiciste.

Je ne crois pas que jamais philosophe ou savant ait poursuivi si longtemps une vérité, et surmonté autant d'obstacles : il m'a fallu pour cela plus que l'amour du

vrai et de la justice : il m'a fallu l'opiniâtreté contre
l'opinion de mes contemporains. Je compte pour rien
tous mes procès. Jamais pareille angoisse n'avait été
éprouvée ; jamais scepticisme plus dangereux n'était
sorti d'une critique. Si la propriété est démontrée illé-
gitime, et qu'on ne puisse la détruire ni la changer,
quelle est donc la morale humaine ? qu'est-ce que la
société ? Chercher le droit, en désespoir de cause, dans
l'abus, qui s'en fût avisé jamais !

A raison de la persévérance et de la sincérité que
j'ai apportées dans mes études, j'ai le droit de me
plaindre du public et de demander pourquoi injustice
m'est constamment faite. Pourquoi ? C'est que je prêche le droit, tout le droit, rien que le droit, et que
97 hommes sur 100 veulent plus ou moins que le
droit.

Sur 100 individus, il y a 25 scélérats, convicts
ou non convicts, notoires ou occultes, 50 coquins,
15 douteux, 7 passables, qui ne font jamais tort, de
leur propre mouvement, à personne, mais ne sacrifie-
ront pas une obole pour la vérité, et 3 hommes de
vraie vertu et probité.

On crie sur moi au *démolisseur*. Ce nom me restera
jusqu'au bout ; c'est la fin de non-recevoir qu'on
oppose à tous mes travaux : homme de démolition,
impuissant à produire !... J'ai pourtant donné déjà pas-
sablement de démonstrations de choses très-positives
telles que :

1. Une théorie de la Force collective : métaphysique du Groupe (sera surtout démontrée, ainsi que la

théorie des Nationalités, dans un livre qui sera prochainement publié);

2. Une théorie dialectique : Formation des genres et espèces par la méthode sérielle; agrandissement du syllogisme, qui n'est bon que lorsque les prémisses sont admises ;

3. Une théorie du Droit et de la Loi morale (doctrine de l'Immanence) ;

4. Une théorie de la Liberté ;

5. Une théorie de la Chute, c'est-à-dire de l'Origine du mal moral : l'Idéalisme ;

6. Une théorie du Droit de la Force : Droit de la guerre et droit des gens ;

7. Une théorie du Contrat : Fédération, Droit public ou constitutionnel ;

8. Une théorie des Nationalités, déduite de la théorie de la Force collective : indigénat, autonomie;

9. Une théorie de la Division des pouvoirs : Loi de séparation, corrélative de la force collective ;

10. Une théorie de la Propriété ;

11. Une théorie du Crédit : la Mutualité, corrélative de la Fédération;

12. Une théorie de la Propriété littéraire ;

13. Une théorie de l'Impôt;

14. Une théorie de la balance du Commerce ;

15. Une théorie de la Population ;

16. Une théorie de la Famille et du Mariage ;

Sans préjudice d'une foule de vérités incidentes.

J'ai révélé le premier le phénomène de l'antinomie dans l'économie politique. J'ai dégagé la Justice de la Religion, l'élément moral de l'élément religieux.

Comme philosophe, si j'écarte toutes les hypothèses métaphysiques, absolutistes, qui ne signifient rien, je pose comme point fixe, loi de la nature, de l'esprit et de la conscience, ce fait universel : Justice, égalité, équation, équilibre, accord, harmonie.

Je suis démolisseur. Mais en vertu de quel principe est-ce que je démolis? car il en faut un ici ; en vertu de quelle idée, de quelle donnée ou théorie? car il en faut une. — En vertu du Droit et de la Justice. Toute ma critique de la Propriété, toute ma théorie de l'Amour et du Mariage, celle de la Paix et de la Guerre, repose sur la notion de JUSTICE ; mes *Contradictions économiques* sont une opération d'équilibre. Je suis démolisseur ; mais je montre aujourd'hui le système politique et social sous un jour nouveau. Contre les abus irréparables de la souveraineté, je demande donc, et plus que jamais, le démembrement de la souveraineté ; — contre la fantaisie du pouvoir personnel, je demande l'alliance de l'égoïsme propriétaire avec la liberté ; — contre l'excès de l'impôt et les prodigalités du fisc, je demande une réforme de l'impôt, établie sur la rente même pour pivot : —contre la liste civile, je demande, avec le partage du domaine terrien, la participation à la rente foncière ; — contre l'immobilisme féodal qui nous envahit, contre les majorats, les corporations qui nous pleuvent, je demande la propriété allodiale. Voilà bien, je pense, autant d'affirmations que de négations. Qu'importe? je suis un démolisseur, incapable de reconstruire!...

13

Une autre opinion que je redoute, parce qu'elle n'offre presque aucune prise à la réplique, c'est celle des gens de bonne foi, qui, en entendant parler de ces controverses, disent : Dieu! faut-il tant d'esprit pour savoir que chacun doit être maître de ce qui lui appartient? Voilà que vous nous dites maintenant que nous ne sommes plus des voleurs : nous le savions avant vous; nous n'avons jamais douté de notre droit. A quoi nous aurait-il servi d'apprendre à douter, puisqu'en définitive le droit est indubitable?

Eh! braves gens, n'avez-vous jamais entendu parler de révolutions? Ou bien êtes-vous comme le lièvre, qui retourne toujours au gîte, repassant par le même sentier, après avoir manqué vingt fois d'être pris? Demandez à **M.** Laboulaye, un savant jurisconsulte, digne de votre confiance, et qui n'a pas trop d'esprit : il vous dira que toutes les révolutions se font *pour* ou CONTRE la propriété, et que dans l'un comme dans l'autre cas, il y a grand *déplacement d'héritages!...* Vous croyez-vous plus rassurés aujourd'hui qu'en 1848, plus rassurés que ne l'étaient le clergé et la noblesse en 1789?... — Le gouvernement veille, direz-vous. — Oh! vous savez bien que les révolutions n'attendent pas la permission des gouvernements. D'ailleurs, quand ce ne sont plus les partageux qui attaquent la propriété, c'est le gouvernement qui la restreint. Et c'est toujours la propriété qui paye, à moins qu'elle n'ait le talent de faire elle-même payer.

la théorie que je vous propose a pour but de vous trer comment, si vous le voulez bien, aucune révolution n'arrivera plus. Il s'agit simplement, pour les non-propriétaires, de leur faciliter les moyens d'arriver à la propriété, et pour les propriétaires, de mieux remplir leurs devoirs envers le gouvernement. Prenez garde !

CHAPITRE IX

Résumé de ce livre.

Les développements que j'ai donnés à ma théorie de la propriété peuvent se résumer en quelques pages.

Une première chose à observer, c'est que, sous le nom générique de *propriété*, les apologistes de l'institution ont confondu, soit ignorance, soit artifice de discussion, toutes les façons de posséder : régime communier, emphytéose, usufruit, système féodal et allodial ; ils ont raisonné du fonds comme des fruits, des choses fongibles comme de l'immeuble. Nous avons fait justice de cette confusion.

La *possession* indivisible, incessible, inaliénable, appartient au souverain, prince, gouvernement, collectivité, dont le tenancier est plus ou moins dépendant, feudataire ou vassal. Les Germains, avant l'invasion, les barbares au moyen âge, n'ont connu qu'elle ; c'est le principe de toute la race slave, appliqué en ce moment par l'empereur Alexandre à soixante millions de paysans. Cette possession implique en elle les différents droits d'usage, d'habitation, de culture, pâture, chasse, pêche, tous droits naturels que Brissot appelait PROPRIÉTÉ *selon la nature;* c'est à une possession de cette espèce, mais que je n'ai pas définie, que je concluais dans mon premier *Mémoire* et mes *Contradictions.* Cette forme de posséder est un grand pas dans la civilisation ; elle vaut mieux en pratique que le domaine absolu des Romains, reproduit dans notre propriété anarchique, laquelle s'en va mourante des atteintes du fisc et de ses propres excès. Il est certain que l'économiste ne peut exiger rien de plus : là le travailleur est récompensé, ses fruits garantis ; tout ce qui lui appartient légitimement est protégé. La théorie de la possession, principe de la civilisation et de la société slaves, est le fait le plus honorable pour cette race : il rachète le retard de son développement et rend inexpiable le crime de la noblesse polonaise.

Mais est-ce là le dernier mot de la civilisation et du droit même? Je ne le pense pas ; on peut concevoir quelque chose au delà ; la souveraineté de l'homme n'est pas entièrement satisfaite, la liberté, la mobilité pas assez grandes.

La propriété franche ou allodiale, partageable, engageable, aliénable, est le domaine absolu du détenteur sur sa chose, « le droit d'user et d'abuser, » dit d'abord la loi quiritaire ; « autant que le comporte la raison du droit, » ajoute plus tard la conscience collective. La propriété est romaine ; je ne la trouve nettement articulée qu'en Italie; et encore sa formation est lente.

La justification du domaine de propriété a fait de tout temps le désespoir des juristes, des économistes et des philosophes. Le principe de l'appropriation est que *tout produit du travail appartient de plein droit à celui qui l'a créé*, tels qu'un arc, des flèches, une charrue, un râteau, une maison. L'homme ne crée pas la matière; il la façonne seulement. Néanmoins, quoiqu'il n'ait pas créé le bois dont il a fabriqué un arc, un lit, une table, des chaises, un seau, la pratique veut que la matière suive la forme, et que la propriété du travail implique celle de la matière. On suppose que celle-ci est offerte à tous, qu'elle ne manque à personne, et que chacun peut se l'approprier.

Ce principe, que la forme emporte le fonds, s'applique-t-il à la terre défrichée? On prouve très-bien que le producteur a droit à son produit, le colon aux fruits qu'il a créés. On prouve de même qu'il a droit d'épargner sur sa consommation, de former un capital et d'en disposer à sa volonté. Mais le domaine foncier ne peut sortir de là; c'est un fait nouveau qui excède la limite du droit du producteur; il ne crée pas le sol, commun à tous. On prouve encore que celui qui a paré, ameubli, assaini, défriché le sol, a droit à une rémunération, à une compensation; on démontrera que cette compensation peut consister, non dans une somme payée, mais dans le privilége d'ensemencer le sol défriché durant un temps donné. Allons jusqu'au bout : on prouvera que chaque année de culture, im-

pliquant des améliorations, entraîne pour le cultivateur droit à une compensation toujours nouvelle. Soit !
ce n'est toujours pas là la propriété. Les baux à ferme
pour neuf, douze ou trente années peuvent tenir
compte de tout cela au fermier, à l'égard duquel le
propriétaire représente le domaine public. Le régime
foncier de la commune slave en tient compte également au paysan partiaire ; le droit est satisfait, le travail récompensé : il n'y a point de propriété. Le droit
romain et le Code civil ont parfaitement distingué
toutes ces choses : droits d'usage, d'usufruit, d'habitation, d'exploitation, de possession. Comment les
économistes affectent-ils de les confondre avec le
droit de propriété ? Que signifient la bucolique de
M. Thiers et toutes les sottes déclamations de la
coterie ?

L'économie sociale, de même que le droit, ne connaît pas du domaine, et subsiste tout entière en dehors
de la propriété : notion de valeur, salaire, travail,
produit, échange, circulation, rente, vente et achat,
monnaie, impôt, crédit, théorie de la population, monopole, brevets, droits d'auteur, assurances, services
publics, association, etc. Les rapports de famille et de
cité ne requièrent pas davantage la propriété ; le domaine peut être réservé à la commune, à l'État ; la
rente alors devient impôt ; le cultivateur devient possesseur ; il est mieux que fermier, mieux que métayer ;
la liberté, l'individualité jouissent des mêmes garanties.

Il faut bien le comprendre : l'humanité même n'est

pas propriétaire de la terre : comment une nation, comment un particulier se dirait-il souverain de la portion qui lui est échue? Ce n'est pas l'humanité qui a créé le sol : l'homme et la terre ont été créés l'un pour l'autre et relèvent d'une autorité supérieure. Nous l'avons reçue, cette terre, en fermage et usufruit; elle nous a été donnée pour être possédée, exploitée par nous solidairement et individuellement, sous notre responsabilité collective et personnelle. Nous devons la cultiver, la posséder, en jouir, non pas arbitrairement, mais selon des *règles* que la conscience et la raison découvrent, et pour une *fin* qui dépasse notre plaisir : *règles* et *fin* qui excluent tout absolutisme de notre part, et reportent le domaine terrien plus haut que nous. L'homme, dit un jour un de nos évêques, est le *contre-maître du globe*. Cette parole a été beaucoup louée. Or, elle n'exprime pas autre chose que ce que je viens de dire, que la propriété est supérieure à l'humanité, surhumaine, et que toute attribution de ce genre, à nous pauvres créatures, est usurpation.

Tous nos arguments en faveur d'une propriété, c'est-à-dire d'une souveraineté éminente sur les choses, n'aboutissent qu'à prouver la possession, l'usufruit, l'usage, le droit de vivre et de travailler, rien de plus.

Il faut arriver toujours à conclure que la propriété est une *vraie fiction légale*; seulement il pourrait se faire que cette fiction fût telle dans ses motifs que nous dussions la regarder comme légitime. Sans cela

nous ne sortons pas du possessoire, et toute notre argumentation est sophistique et de mauvaise foi. Il se
pourrait que cette fiction, qui nous révolte parce que
nous n'en apercevons pas le sens, fût si sublime, si
splendide, si élevée en justice, qu'aucun de nos droits
les plus réels, les plus positifs, les plus immédiats,
les plus immanents, n'en approchât, et qu'ils ne sub-
sistassent eux-mêmes qu'au moyen de cette clef de
voûte, une vraie fiction.

Le principe de propriété, ultra-légal, extra-juridique, anti-économique, supra-humain, n'en est pas
moins un produit spontané de l'Être collectif et de la
société, et il nous incombe d'en chercher, sinon la
justification complète, du moins l'explication.

Le droit de propriété est absolu, *jus utendi et abutendi*, droit d'user et d'abuser. Il s'oppose à un autre
absolu, le gouvernement, qui commence par imposer
à son antagoniste la restriction, *quatenùs juris ratio
patitur*, « autant que le comporte la raison du droit. »
De la raison du droit à la raison d'État, il n'y a qu'un
pas : nous sommes en péril constant d'usurpation et de
despotisme. La justification de la propriété, que nous
avons vainement demandée à ses origines, prime-
occupation, usucapion, conquête, appropriation par le
travail, nous la trouvons dans ses *fins :* elle est essentiellement politique. Là où le domaine appartient à la
collectivité, sénat, aristocratie, prince ou empereur,
il n'y a que féodalité, vassalité, hiérarchie et subordination ; pas de liberté, par conséquent, ni d'autonomie. C'est pour rompre le faisceau de la souveraineté

13.

COLLECTIVE, si exorbitant, si redoutable, qu'on a érigé contre lui le domaine de propriété, véritable insigne de la souveraineté du citoyen ; que ce domaine a été attribué à l'individu, l'État ne gardant que les parties indivisibles et communes par destination : cours d'eau, lacs, étangs, routes, places publiques, friches, montagnes incultes, forêts, déserts, et tout ce qui ne peut être approprié. C'est afin d'augmenter la facilité de locomotion et de circulation qu'on a rendu la terre mobilisable, aliénable, divisible, après l'avoir rendue héréditaire. La propriété allodiale est un démembrement de la souveraineté : à ce titre elle est particulièrement odieuse au pouvoir et à la démocratie. Elle est odieuse au premier en raison de son omnipotence ; elle est l'adversaire de l'autocratie, comme la liberté l'est de l'autorité ; elle ne plaît point aux démocrates, tous enfiévrés d'unité, de centralisation, d'absolutisme. Le peuple est gai quand il voit faire la guerre aux propriétaires. Et pourtant l'alleu est la base de la république.

La constitution d'une république, — qu'on me permette au moins d'employer ce mot dans sa haute acception juridique, — est la condition *sine quâ non* du salut. Le général Lafayette dit un jour, en montrant Louis-Philippe : « Celui-ci est la meilleure des républiques ; » et la royauté constitutionnelle fut définie : « Une monarchie entourée d'institutions républicaines. » Le mot république n'est donc pas par lui-même séditieux : il répond aux vues de la science autant qu'il satisfait aux aspirations.

Les conséquences immédiates de la propriété allodiale sont : 1° l'administration de la commune par les propriétaires, fermiers et ouvriers réunis en conseil ; partant l'indépendance communale et la disposition de ses propriétés ; 2° l'administration de la province par les provinciaux : d'où la décentralisation et le germe de la fédération. La fonction royale, définie par le système constitutionnel, est remplacée ici par des citoyens propriétaires, ayant tous l'œil ouvert sur les affaires publiques : point n'est besoin de médiation.

La propriété féodale n'engendrera jamais une république ; et réciproquement une république qui laissera tomber l'alleu en fief, qui ramènera la propriété au communisme slave, ne subsistera pas ; elle se convertira en autocratie.

De même, la vraie propriété n'engendrera pas une monarchie ; une monarchie n'engendrera pas une vraie propriété. Si le contraire arrivait, si une agglomération de propriétaires élisait un chef, par cela même ils abdiqueraient leur quote-part de souveraineté, et tôt ou tard le principe propriétaire serait altéré en leurs mains ; ou si une monarchie créait des propriétaires, elle abdiquerait implicitement, elle se démolirait, à moins qu'elle ne se transformât volontairement en royauté constitutionnelle, plus nominale qu'effective, représentant des propriétaires. On l'a vu en France, quand, sous Louis-Philippe, libéraux et républicains firent la guerre *à l'esprit de clocher*. On servait la cause de la royauté.

Ainsi toute ma critique antérieure, toutes les conclusions égalitaires que j'en ai déduites, reçoivent une éclatante confirmation.

Le principe de propriété est ultra-légal, extra-juridique, absolutiste, égoïste de sa nature jusqu'à l'iniquité : *il faut qu'il soit ainsi.*

Il a pour contre-poids la raison d'État, absolutiste, ultra-légale, illibérale et gouvernementale jusqu'à l'oppression : *il faut qu'elle soit ainsi.*

Voilà comment, dans les prévisions de la raison universelle, le principe d'égoïsme, usurpateur par nature et improbe, devient un instrument de justice et d'ordre, à ce point que propriété et droit sont idées inséparables et presque synonymes. La propriété est l'égoïsme idéalisé, consacré, investi d'une fonction politique et juridique.

Il faut qu'il en soit ainsi : parce que jamais le droit n'est mieux observé qu'autant qu'il trouve un défenseur dans l'égoïsme et dans la coalition des égoïsmes. Jamais la liberté ne sera défendue contre le pouvoir, si elle ne dispose d'un moyen de défense, si elle n'a sa forteresse inexpugnable.

Que le lecteur se garde de voir dans cet antagonisme, ces oppositions, ces équilibrations, un simple jeu de mon esprit. Je sais qu'une théorie simpliste, comme le communisme ou l'absolutisme de l'État, est d'une conception beaucoup plus facile que l'étude des antinomies. Mais la faute n'en est pas à moi, simple observateur et chercheur de séries. J'entends dire par certains réformateurs : Supprimons toutes ces complications d'autorité, de liberté, de possession, de concurrence, de monopole, d'impôt, de balance du commerce, de services publics; créons un plan de société uniforme, et tout sera simplifié, résolu. Ils raisonnent comme le médecin qui dirait : Avec ses éléments si divers, os, muscles, tendons, nerfs, viscères, sang artériel et veineux, suc gastrique, pancréatique, chyle, humeurs lacrymales, synoviales, gaz, liquides et solides, le corps est ingouvernable. Réduisons-le à une matière unique, solide, résistante, les os par exemple; l'hygiène et la thérapeutique deviendront jeu d'enfants. — D'accord, seulement la société, pas plus que le corps humain, ne peut s'ossifier. Notre système social est compliqué, beaucoup plus qu'on ne l'avait cru. Si toutes les données nous en sont acquises aujourd'hui, elles ont besoin d'être coordonnées, synthétisées d'après leurs lois propres. Là se découvre une pensée, une vie intime collective qui évolue en dehors des lois de la géométrie et de la mécanique; qu'il répugne d'assimiler au mouvement rapide, uniforme, infaillible d'une cristallisation; dont la logique ordinaire, syllogistique, fataliste, unitaire, est incapable de rendre compte, mais qui s'explique merveilleusement à l'aide d'une philosophie plus large, admettant dans un système la pluralité des principes, la lutte des éléments, l'opposition des contraires et la synthèse de tous les indéfinissables et absolus.

Or, comme nous savons qu'il y a des degrés dans l'intelligence aussi bien que dans la force; des degrés dans la mémoire, la réflexion, l'idéalisation, la faculté d'invention; des degrés dans l'amour et dans la pensée;

des degrés dans la sensibilité ; des degrés même dans le *moi* ou la conscience ; comme il est impossible de dire où commence ce que nous appelons âme et où elle finit, pourquoi nous refuser à admettre que les principes sociaux, si bien liés, si bien raisonnés, où se découvrent tant de raison, de prévoyance, de sentiment, de passion, de justice, sont l'indice d'une véritable vie, d'une pensée supérieure, d'une raison autrement constituée que la nôtre ?

Pourquoi, s'il en est ainsi, ne verrions-nous pas dans ces faits l'accomplissement de la *création directe de la société par elle-même*, résultant du simple rapprochement des éléments et du jeu des forces qui constituent la société ?

Nous avons surpris une logique à part, des maximes qui ne sont pas celles de notre raison individuelle, bien que celle-ci arrive, par l'étude de la société, à les découvrir et à se les approprier. Il y a donc une différence entre la *raison individuelle* et la *raison collective*.

Nous avons pu observer encore, grâce à la propriété et à ses accompagnements, un autre phénomène, une autre loi, celle des forces libres, allant et revenant, approximations indéfinies, latitude d'action et de réaction, élasticité de nature, diapason étendu, qui est le propre de la vie, de la liberté, de la fantaisie. Propriété et gouvernement sont deux créations spontanées d'une loi d'immanence qui se refuse à l'idée d'une *initiation étrangère*, dans l'hypothèse de laquelle chaque groupe humain aurait eu besoin d'un initiateur spécial, ainsi qu'on voit un métropolitain investir un évêque, celui-ci imposer les mains au curé, qui à son tour baptise et administre les ouailles.

Ceci compris, nous remarquerons que les lois générales de l'histoire sont les mêmes que celles de l'organisation sociale. Faire l'histoire de la propriété chez un peuple, c'est dire comment il a traversé les crises de sa formation politique, comment il a produit ses pouvoirs, ses organes, équilibré ses forces, réglé ses intérêts, doté ses citoyens; comment il a vécu, comment il est mort. La propriété est le principe le plus fondamental à l'aide duquel on puisse expliquer les révolutions de l'histoire. Elle n'a pas encore existé dans les conditions où la place la théorie; aucune nation n'a jamais été à la hauteur de cette institution; mais elle régit positivement l'histoire, quoique absente, et elle précipite les nations à la reconnaître, les punissant de la trahir.

La loi romaine ne l'a reconnue que d'une manière incomplète, unilatérale. Elle avait bien défini la souveraineté du citoyen sur la terre à lui échue; elle n'avait nullement reconnu le rôle et défini le droit de l'État. La propriété romaine est la propriété indépendante du contrat social, absolue, sans solidarité ni réciprocité, antérieure et même supérieure au droit public, propriété égoïste, vicieuse, inique, et que condamna justement l'Eglise. La république et l'empire ont croulé l'un sur l'autre, parce que le patriciat n'a voulu la propriété que pour lui seul; que la plèbe victorieuse ensuite n'a pas su l'acquérir, la faire valoir,

et la consolider ; et que l'esclavage, le colonat gâtè-
rent tout. Du reste, c'est par la propriété allodiale
qu'ont été vaincues toutes les aristocraties et tous les
despotismes, depuis la fin de l'empire d'Occident jusqu'à aujourd'hui. La propriété allodiale, abandonnée
aux communes, à la roture, par le noble, a étouffé la
puissance seigneuriale, et, en 1789, englouti le fief;
— c'est ce même principe qui, après avoir amené l'u-
surpation du noble polonais, simple usufruitier au commencement, s'est retourné contre lui, et lui a fait
perdre la nationalité ; qui, en 1846, a amené les massacres de Gallicie.

C'est contre le principe allodial que se raidit l'Angleterre, aimant mieux, à l'exemple du patriciat romain, jeter le monde en pâture à ses travailleurs que
de laisser partager et mobiliser le sol, et équilibrer
la propriété.

Le principe de propriété synthétique, allodiale ou
équilibrée, devait conduire progressivement la France
de 89 à une République égalitaire, avec ou sans dynastie : le principe dynastique devant être subalter-
nisé en France comme il l'est en Angleterre, mais
d'après un autre système. On l'espéra un moment,
en 1830. Malheureusement, les esprits prévenus des
idées anglaises n'avaient pas saisi la différence profonde qui devait distinguer la Constitution française,
basée sur l'alleu, de la constitution anglaise, basée
sur le fief. Ce fut Sieyès, l'un de nos politiques les
plus profonds, qui répandit cette erreur. L'idée de
deux Chambres prévalut là où il n'en fallait réelle-

ment qu'une; Napoléon la recueillit dans son Sénat et son Corps législatif; il créa des majorats, des titres de noblesse. 1814 répéta l'erreur, devenue vieille, dans sa Chambre des pairs et sa Chambre des députés.

Puis on établit un cens électoral, de grands et petits colléges : ce qui supposait une grande et une petite propriété; insensiblement, tandis que le sol s'émiettait à outrance dans la classe inférieure, il s'agglomérait de nouveau, et la grande propriété se reformait à l'aide des capitaux industriels; la féodalité financière, manufacturière, voiturière, minière, judaïque, arrivait ensuite; si bien que la France ne se connaît plus aujourd'hui; les uns se disent que le gouvernement constitutionnel, importé d'Angleterre, n'était pas fait pour elle; les autres redemandent leur royauté bourgeoise de 1830; le petit nombre, qui affirme la République, et ne veut qu'*une Chambre*, ne sait pas lui-même la raison de son désir et quels sont les principes constitutifs du gouvernement de la Révolution.

La propriété a subi de nombreuses éclipses dans l'histoire, chez les Romains, chez les barbares, dans les temps modernes et de nos jours. Les causes de cette défaillance, nous les trouvons dans l'ignorance, l'impéritie, et surtout l'indignité des propriétaires. A Rome, l'avarice des nobles, leur résitance aveugle aux légitimes réclamations du peuple, la déchéance des plébéiens, préférant à la culture le brigandage des armées, le pillage militaire et les subventions césariennes, **font table rase**, avec la propriété, du droit, des libertés et de la nationalité. L'oppression féodale, au moyen âge, rejette tous les petits propriétaires d'alleu dans le fief. La propriété, éclipsée pour plus de mille ans, reparaît avec la Révolution française. Sa période ascendante s'arrête à la fin du règne de Louis-Philippe; depuis, elle est sur son déclin : indignité.

Les propriétaires indignes, c'est la masse, surtout dans les campagnes. La Révolution, en vendant les biens d'Église et d'émigrés, a créé une nouvelle classe de propriétaires; elle a cru les intéresser à la liberté. Point du tout : elle les a intéressés à ce que les émigrés et les Bourbons ne revinssent pas, voilà tout. Pour cela, les bénéficiaires n'ont rien imaginé de mieux que de se donner un maître, Napoléon. Et quand celui-ci, usant de clémence, autorisa les émigrés à revenir, ils lui en firent un crime : jamais ils ne les auraient trouvés assez loin.

La propriété, créée par la Révolution, ne se comprend plus elle-même comme institution politique, faisant équilibre à l'État, garantie de la liberté, de la bonne administration; elle se considère, par effet de l'habitude, comme privilége, jouissance, aristocratie nouvelle, alliée au pouvoir par le partage des emplois, par conséquent des impôts, et intéressée de la sorte à l'exploitation des masses. Elle n'a songé qu'à sa proie. Le chaos est profond, et l'on ne saurait en accuser en particulier aucun système. C'est le législateur de 89 qui a manqué de prévoyance; ce sont les

propriétaires nouveaux, acquéreurs de biens nationaux, qui ont manqué de caractère et d'esprit public,
en disant à Napoléon Ier : *Règne et gouverne, pourvu
que nous jouissions.* Sous la Restauration, il y eut
un instinct de réforme; la bourgeoisie passa dans l'opposition, où est sa place; elle fit antithèse à l'État;
mais ce motif était accidentel : on voyait dans les
Bourbons les princes de l'ancien régime; on faisait
la guerre pour le maintien des ventes; et quand la
Révolution de juillet eut changé la dynastie, la propriété se donna au pouvoir. Leur marché fut bientôt conclu : la bourgeoisie, par ses députés, consentait
l'impôt, dont les neuf dixièmes lui revenaient par les
emplois. Elle a érigé la corruption en système, et
déshonoré la propriété par l'agiotage; elle a voulu
joindre les bénéfices de la banque à ceux de la rente;
elle a préféré les traitements de l'État, les gains du
trafic et de la bourse à la production terrienne, obtenue soit par le travail, soit par une bonne adminis-
tràtion; elle s'est laissé surcharger d'impôts; elle a
laissé prendre la prépondérance à la manufacture et
au commerce; elle est serve des grandes compagnies.

Un point capital qu'il ne faut pas oublier, c'est que
le citoyen, par le pacte fédératif qui lui confère la
propriété, réunit deux attributions contradictoires : il
doit suivre d'un côté la loi de son intérêt, et de l'autre
il doit veiller, comme membre du corps social, à ce
que sa propriété ne fasse détriment à la chose publique. En un mot, il est constitué agent de police et

voyer sur lui-même. Cette double qualité est essentielle à la constitution de la liberté : sans elle tout édifice croule ; il faut revenir au principe policier et autoritaire. Où en est la moralité publique sur ce chapitre ?

Nous avons eu une réglementation de la boulangerie. Or, elle eût été inutile si le corps social avait été organisé de manière que le commerce et la fabrication du pain, la vente des blés fussent véridiques et probes ; ce qui n'a pas lieu et n'aura pas lieu tant que nos mœurs ne seront pas renouvelées. La réglementation, d'ailleurs, n'a jamais rien pu contre les effets d'un pacte de famine, aussi réel aujourd'hui qu'avant 89. On a réglementé la boucherie, qui vend des cadavres pour viande fraîche, des chevaux pour des bœufs ; réglementé les marchés : poids et mesures, qualité et quantité. Légumes, fruits, volailles, poisson, gibier, beurre, laitage, tout est taré, surenchéri. Il n'y a de remède que dans la répression, tant que la conscience publique n'aura pas été renouvelée, tant que, par cette régénération, le citoyen producteur et vendeur ne sera pas devenu son propre et plus sévère surveillant. Cela se peut-il, oui ou non ? La propriété peut-elle devenir sainte ? La condamnation, dont l'Evangile l'a frappée, est-elle indélébile ? Dans le premier cas, nous pouvons être libres ; dans le second, nous n'avons qu'à nous résigner ; nous sommes fatalement, et pour jamais, sous la double loi de l'Empire et de l'Église, et toutes nos démonstrations de libéralisme sont hypocrisie pure et surcroît de misère.

En fin de compte, c'est une question de savoir si la nation française est capable de fournir aujourd'hui de vrais propriétaires. Ce qu'il y a de sûr, c'est que la propriété est à régénérer parmi nous. L'élément de cette régénération, c'est, avec la révolution morale dont nous venons de parler, l'équilibration.

Toute institution de propriété foncière suppose : 1° soit une distribution égale des terres entre les détenteurs; 2° soit, en faveur de ceux qui ne possèdent rien du sol, un équivalent. Mais c'est là une pure supposition : l'égalité de propriété n'est point un fait initial; elle est dans la fin de l'institution, non dans ses origines. Nous avons remarqué d'abord que la propriété, parce qu'elle est abusive, absolutiste, basée sur l'égoïsme, doit forcément tendre à se limiter, à se faire concurrence, et par conséquent équilibre. Sa tendance est à l'égalité des conditions et des fortunes. Justement parce qu'elle est absolue, elle repousse toute idée d'absorption. Pesons bien ceci.

La propriété ne se mesure pas sur le mérite, puisqu'elle n'est ni salaire, ni récompense, ni décoration, ni titre honorifique; elle ne se mesure pas sur la puissance de l'individu, puisque le travail, la production, le crédit, l'échange ne la requièrent point. Elle est un don gratuit, accordé à l'homme, en vue de le protéger contre les atteintes du pouvoir et les incursions de ses semblables. C'est la cuirasse de sa personnalité et de l'égalité, indépendamment des différences de talent, génie, force, industrie, etc.

« Supposons, disais-je en 1840, que la tâche sociale journalière, évaluée en labour, sarclage, moisson, soit de deux décamètres carrés, et que la moyenne de temps nécessaire pour s'en acquitter soit de sept heures : tel travailleur aura fini en six heures, tel autre en huit seulement ; le plus grand nombre en emploiera sept ; mais pourvu que chacun fournisse la quantité demandée, quel que soit le temps qu'il y emploie, il a droit à l'égalité de salaire. Le travailleur capable de fournir sa tâche en six heures aura-t-il le droit, sous prétexte de sa force et de son activité plus grande, d'usurper la tâche du travailleur le moins habile et de lui ravir ainsi le travail et le pain ? Qui oserait le soutenir ?... Si le fort vient au secours du faible, **sa** bienfaisance mérite louange et amour ; mais son **aide** doit être librement acceptée, non imposée par force et mise à prix. » (*Qu'est-ce que la Propriété?* 1ᵉʳ mémoire).

Sous le régime communautaire et gouvernementaliste, il faut de la police et de l'autorité pour garantir le faible des envahissements du fort ; malheureusement la police et l'autorité, depuis qu'elles existent, n'ont jamais fonctionné qu'au profit du fort, dont elles ont grandi les moyens d'usurpation. La propriété, absolue, incoercible, se protége d'elle-même. C'est l'arme défensive du citoyen, son bouclier ; le travail est son épée.

Voilà pourquoi elle convient à tous : au pupille comme à l'adulte majeur, au nègre comme au blanc, au retardataire comme au précoce, à l'ignorant comme au savant, à l'artisan comme au fonctionnaire, à l'ouvrier comme à l'entrepreneur, au paysan comme au bourgeois et au noble. Voilà pourquoi l'Église la préfère au salaire; et, par la même raison, pourquoi la papauté requiert à son tour la souveraineté. Tous les évêques, au moyen âge, furent souverains; tous, jusqu'en 1789, furent propriétaires; le pape seul est resté comme relique.

L'équilibre de la propriété requiert encore des garanties politiques et économiques. *Propriété,—État,* tels sont les deux pôles de la société. La théorie de la propriété est le pendant de la théorie de la justification, par les sacrements, de l'homme déchu.

Les garanties de la propriété contre elle-même sont :

1. Crédit mutuel et gratuit.

2. Impôt.

3. Entrepôts, docks, marchés. (Voir mon projet sur le *Palais de l'Exposition universelle,* p. 249.)

4. Assurance mutuelle et balance du commerce.

5. Instruction publique, universelle, égale.

6. Association industrielle et agricole.

7. Organisation des services publics : canaux, chemins de fer, routes, ports, postes, télégraphes, desséchements, irrigations.

Les garanties de la propriété contre l'État sont :

1. Séparation et distribution des pouvoirs.

2. Egalité devant la loi.

3. Jury, juge du fait et juge **du droit.**

4. Liberté de la presse.

5. Contrôle public.

6. Organisation fédérale.

7. Organisation communale et provinciale.

L'Etat se compose : 1° de la fédération des propriétaires, groupés par districts, départements et provinces ; 2° des associations industrielles, petites républiques ouvrières ; 3° des services publics (à prix de revient) ; 4° des artisans et marchands libres. Normalement, le nombre des industrieux, artisans, marchands, est déterminé par celui des propriétaires fonciers. Tout pays doit vivre de sa propre production ; par conséquent la production industrielle doit être égale à l'excédant de subsistances non consommé par les propriétaires.

Il y a des exceptions à cette règle : en Angleterre, par exemple, la production industrielle dépasse cette proportion, grâce au commerce extérieur. C'est une anomalie temporaire ; à moins que certaines races ne soient vouées à une éternelle subalternisation. Ailleurs il existe des productions exceptionnelles partout demandées : celles de la pêche, par exemple, celles d'une exploitation minière. Mais, calculée sur le globe entier, la proportion est telle que je le dis : la quotité des subsistances est le régulateur ; par conséquent, l'agriculture est l'industrie primordiale et prépondérante.

En constituant la propriété foncière, le législateur a voulu une chose : c'est que la *terre* ne fût pas aux mains de l'État, communisme et gouvernementalisme dangereux, mais sous la main de tous. La tendance est, en conséquence, on ne cesse de nous le dire, à l'équilibre des propriétés, et ultérieurement à celui des conditions et fortunes.

C'est ainsi que, par les règles de l'association industrielle, qui tôt ou tard, à l'aide d'une législation meilleure, comprendra de vastes corps d'industrie, chaque travailleur a la main sur une portion du *capital*.

C'est ainsi que, par la loi de diffusion du travail et la répercussion de l'impôt, tout le monde doit payer sa part, à peu près égale, des charges publiques.

C'est ainsi que, par une véritable organisation du suffrage universel, tout citoyen a la main sur le gouvernement ; c'est ainsi encore que, par l'organisation du crédit, tout citoyen a la main sur la circulation, se trouve à la fois commanditaire et commandité, escompteur et banquier devant le public.

C'est ainsi que, par l'enrôlement, chaque citoyen a part dans la défense ; par l'éducation, part dans la philosophie et la science.

C'est ainsi enfin que, par le droit de libre examen et de libre publicité, chaque citoyen a la main sur toutes les idées et les idéalités qui peuvent se produire.

L'humanité procède par des approximations :

1° Approximation de l'égalité des facultés par l'éducation, la division du travail, le dégagement des aptitudes ;

2° Approximation de l'égalité des fortunes par la liberté commerciale et industrielle ;

3° Approximation de l'égalité de l'impôt ;

4° Approximation de l'égalité de propriété ;

5° Approximation de l'*an-archie;*

6° Approximation de la *non-religion*, ou non-mysticisme ;

7° Progrès indéfini dans la science, le droit, la liberté, l'honneur, la justice.

C'est une preuve que la FATALITÉ ne gouverne pas la société ; que la géométrie et les proportions arithmétiques ne régissent pas ses mouvements, comme la minéralogie et la chimie ; qu'il y a là une vie, une âme, une liberté qui échappe aux mesures précises, fixes, gouvernant la matière. Le *matérialisme*, en ce qui touche la société, est absurde.

Ainsi, sur cette grande question, notre critique au fond reste la même, et nos conclusions sont toujours les mêmes : nous voulons l'égalité *de plus en plus approximée* des conditions et des fortunes, comme nous voulons l'égalisation de plus en plus approximée des charges. Nous repoussons, avec le gouvernementalisme, le communisme sous toutes les formes ; nous voulons la définition des fonctions officielles et des fonctions individuelles ; des services publics et des services libres. Il n'y a qu'une chose nouvelle pour nous dans notre thèse : c'est que cette même propriété, dont le principe contradictoire et injurieux soulevait notre improbation, nous l'acceptons aujourd'hui tout entière, avec sa réserve également contradictoire : *Dominium est jus utendi et abutendi re suâ, quatenus juris ratio patitur.* Nous avons compris enfin que cette opposition de deux absolus, dont un seul serait irrémissiblement condamnable ; qui tous deux ensemble devraient être rejetés, s'ils marchaient séparément, cette opposition est le fondement même de l'économie sociale et du droit public : sauf à nous à la gouverner et à la faire agir selon les lois de la logique.

Que faisaient les apologistes de la propriété ? Les économistes de l'école de Say et de Malthus ?

Pour eux, la propriété était un sacrement qui subsistait seul et par lui-même, antérieurement et supérieurement à la raison d'État, indépendamment de l'État, qu'ils déprimaient au delà de toute mesure.

Ils voulaient donc la propriété indépendamment du droit, comme ils veulent encore la concurrence indépendamment du droit ; la liberté d'importation et d'exportation, indépendamment du droit ; la commandite industrielle, la Bourse, la Banque, le salariat, le fermage, indépendamment du droit. — C'est-à-dire que dans leurs théories de la propriété, de la concurrence, du crédit, non contents de professer une liberté illimitée, une initiative illimitée, *que nous voulons aussi*, ils font abstraction des intérêts de collectivité, qui sont le droit ; ne comprenant pas que l'économie politique se compose de deux parties fondamentales : la description des forces et phénomènes économiques en dehors du droit, et leur régularisation par le droit.

Qui oserait dire que l'équilibration de la propriété, comme je l'entends, est sa destruction même. Quoi donc ! N'y aura-t-il plus de propriété, parce que le fermier participera à la rente et à la plus-value ; parce que les **droits du tiers** qui a bâti ou planté seront consacrés et reconnus ; parce que la propriété du sol n'emportera plus nécessairement celle du dessus et du dessous ; parce que le locateur, en cas de faillite, viendra avec les autres créanciers au partage de l'actif, sans privilége ; parce qu'entre détenteurs légitimes il y aura égalité , **non hiérarchie** ; parce qu'au lieu de ne voir dans la propriété que la jouissance et la rente, le détenteur y trouvera le gage de son indépendance et de sa dignité ; parce qu'au lieu de n'être qu'un personnage vulgaire et ridicule, M. Prudhomme ou M. Jourdain, le propriétaire sera un citoyen digne, conscient de son devoir comme de son droit, la sentinelle avancée de la liberté contre le despotisme et l'usurpation ? La propriété, transformée, humanisée, purifiée du droit d'aubaine, ne sera plus sans doute l'antique domaine quiritaire ; mais elle ne sera pas davantage la possession octroyée, précaire, provisoire, grevée de redevance, tributaire et subordonnée.

J'ai développé les considérations qui rendent la propriété intelligible, rationnelle, légitime, hors desquelles elle demeure usurpatoire et odieuse.

Et même dans ces conditions, elle conserve quelque chose d'égoïste qui m'est toujours antipathique. Ma raison égalitaire, anti-gouvernementale, ennemie de l'acharnement et des abus de la force, peut admettre, appuyer la propriété comme un bouclier, une place de sûreté pour le faible : mon cœur ne sera jamais à elle. Je n'ai pas besoin, quant à moi, ni pour gagner mon pain, ni pour remplir mes devoirs civiques, ni pour ma félicité, de cette concession. Je n'ai pas besoin de la rencontrer chez les autres pour venir en aide à leur faiblesse et respecter leur droit. Je me sens assez d'énergie de conscience, de force intellectuelle pour soutenir dignement toutes mes relations; et si la majorité de mes concitoyens me ressemblait, qu'aurions-nous à faire de cette institution ? Où serait le danger de tyrannie ? où le risque de ruine par la concurrence et le libre échange ? où le péril pour le petit, le pupille et le travailleur ? Où serait aussi le besoin d'orgueil, d'ambition, d'avarice, qui ne se peut satisfaire que par l'immensité de l'appropriation ?

Une petite maison tenue à loyer, un jardin en usufruit me suffisent largement : mon métier n'étant pas de cultiver le sol, la vigne ou le pré, je n'ai que faire d'un parc, ou d'un vaste héritage. Et quand je serais laboureur et vigneron, la possession slave me suffirait : la quote-part échéant à chaque chef de famille dans chaque commune. Je ne puis souffrir l'insolence de cet homme qui, le pied sur cette terre qu'il ne tient que par une concession gratuite, vous interdit le passage, vous défend de cueillir un bluet dans son champ ou de passer le long du sentier.

Quand je vois toutes ces clôtures, aux environs de Paris, qui enlèvent la vue de la campagne et la jouissance du sol au pauvre piéton, je sens une irritation violente. Je me demande si la propriété qui parque ainsi chacun chez soi n'est pas plutôt l'expropriation, l'expulsion de la terre. *Propriété particulière !* Je rencontre parfois ce mot écrit en gros caractères à l'entrée d'un passage ouvert, et qui semble une sentinelle vous défendant de passer. J'avoue que ma dignité d'homme se hérisse de dégoût. Oh ! je suis resté en cela de la religion du Christ, qui recommande le détachement, prêche la modestie, la simplicité d'âme et la pauvreté du cœur. Arrière le vieux patricien, impitoyable et avare ; arrière le baron insolent, le bourgeois cupide et le dur paysan, *durus arator*. Ce monde m'est odieux ; je ne puis l'aimer ni le voir. Si jamais je me trouve propriétaire, je ferai en sorte que Dieu et les hommes, les pauvres surtout, me le pardonnent !...

SOCIÉTÉ

DE

L'EXPOSITION PERPÉTUELLE

—

PROJET

—

SOCIÉTÉ

DE

L'EXPOSITION PERPÉTUELLE

—

PROJET (1)

.L'empereur Napoléon, ayant eu le dessin de faire servir le Palais de l'Industrie à quelque fondation d'utilité publique, qui témoignât de l'intérêt qu'il porte au bien-être des classes laborieuses, a chargé S. A. I. le prince Napoléon, président de la commission de l'Exposition universelle, de lui présenter une proposition pour cet objet.

De son côté, Son Altesse Impériale, désireuse de connaître l'avis des hommes qu'elle juge les plus capables par leurs études, leur expérience, leur connaissance des besoins et aspirations de la démocratie, de l'éclairer en cette circonstance, a bien voulu nous demander notre opinion.

(1) Écrit en 1855, pendant l'Exposition universelle de Paris. — Voir le renvoi à ce document, page 239.

Après nous être consultés, et avoir mûrement réfléchi, tant sur l'objet de la fondation demandée que sur l'initiative dont elle émane, nous avons cru qu'il ne pouvait en aucune façon convenir à des hommes qui, depuis plus de vingt ans, se sont dévoués à cette grande cause du travail et du prolétariat, qui, à cette heure encore, souffrent pour elle, de la part de tous les partis comme de celle du gouvernement, calomnie et refus de publicité, de se tenir à l'écart, dans une réserve qui serait regardée comme une marque d'impuissance et de mauvais vouloir, qui pourrait même un jour leur être imputée à crime.

S'abstenir sur une question qui peut devenir décisive pour le salut de la Révolution, alors que les ennemis de la Révolution, ceux qui se connaissent et ceux qui ne se connaissent pas, sont d'accord pour l'étouffer, ce n'est plus à nos yeux de la dignité; ce serait plutôt de la désertion.

Quelque faible espérance que nous dussions avoir de faire agréer nos idées, nous avons donc résolu, sans préoccupation de doctrines ni de parti, et en nous renfermant dans les limites de la question posée, de faire connaître avec simplicité et franchise notre sentiment. Et de même que nous espérons démontrer les résultats immenses de notre projet pour l'avenir de la démocratie ouvrière, nous n'en dissimulerons pas non plus les précieux avantages pour le Pouvoir, quel qu'il soit, qui s'en fera l'initiateur. En sorte que si ce projet était jugé digne, par Son Altesse Impériale, d'être mis sous les yeux de l'Empereur, Sa Majesté n'aurait pour l'écarter qu'une excuse : celle de servir mieux les intérêts populaires, en servant mieux aussi les intérêts du gouvernement.

CHAPITRE PREMIER

OBJET DE L'INSTITUTION

Pour déterminer le caractère de l'institution que l'Empereur demande à réaliser, et que lui-même ignore, nous nous poserons la question suivante :

Quel est l'emploi le plus utile, pour le pays et pour l'État, qu'on puisse faire, après l'exposition qui a lieu en ce moment, du Palais de l'Industrie ?

A quoi, pour peu qu'on veuille y réfléchir, la réponse n'est pas douteuse. Allant du particulier au général, suivant la méthode qui régit toutes les choses d'utilité publique, nous dirons :

Le Palais de l'Industrie ayant été construit en vue de l'Exposition de 1855, il faut, cette cérémonie terminée, s'en emparer pour une exposition permanente.

En autres termes, et pour donner plus de développement à cette idée, il faut d'une exposition passagère, sorte de joute industrielle, entreprise au point de vue théâtral et stérile de la vanité des nations et de l'orgueil des fabricants, faire une *Exposition permanente*, au point de vue positif, réaliste et pratique de *l'échange des produits*, de leur *circulation pleine et régulière*, de leur *consommation à juste prix*, de la *loyauté et de la facilité des transactions*, de *l'augmentation du travail et du salaire*, de *l'émancipation de l'ouvrier*, de *l'équilibre des valeurs*, de la *police des marchés*, de la *centralisation* en même temps que de la *liberté*

du commerce, du *crédit industriel et agricole,* du **progrès de
la richesse générale,** etc., etc.

Toutes choses qui impliquent un organisme, une administration, une puissance motrice, c'est-à-dire la formation d'une Société, agent et représentant de l'institution nouvelle.

Tel est, en termes généraux, l'emploi rationnel et utilitaire, hautement démocratique, que cherche pour le Palais de l'Industrie l'empereur Napoléon; — et tel sera l'*objet de la Société* à qui la concession en sera faite.

A cet égard, nous pouvons dire que nous avons trouvé toutes les opinions d'accord : fabricants, manufacturiers, en un mot producteurs; commissionnaires et entrepreneurs de transports; théoriciens et praticiens, utopistes et routiniers, toutes les professions, toutes les intelligences sont sur ce point unanimes, toutes les tendances y convergent : c'est pourquoi nous ne citerons point ici de noms ni d'autorités : le sens commun et l'évidence suffisent.

L'objet de la Société ainsi défini, une question non moins grave se pose, et d'une solution moins facile.

L'Empereur demande une institution d'utilité publique et populaire; et voici que nous parlons de donner à cette institution, pour moteur, agent, organe, une Société de commerce, c'est-à-dire un être collectif sans doute, et anonyme, mais pourtant personnel. Comment concilier ces deux choses que l'on a vues toujours et partout antagoniques? N'allons-nous pas tomber dans le défaut de toutes les fondations modernes, que l'intention de l'Empereur est précisément ici d'éviter?

CHAPITRE II

FORMATION DE LA SOCIÉTÉ

Dans l'ordre économique, — en dehors de la relation de l'État et des services spéciaux qui lui appartiennent, — il y a deux manières de constituer une entreprise d'utilité générale, et il ne peut y en avoir que deux :

La première, la plus connue et la plus ordinairement suivie, celle qui, dans ces dernières années, comme à toutes les époques antérieures, a obtenu presque seule la faveur du pouvoir, consiste à faire don, concession ou amodiation de la partie du domaine public (terres, mines, cours d'eau, routes, industrie, commerce), qu'il s'agit de mettre en valeur, à une compagnie de capitalistes, entrepreneurs déterminés, lesquels se chargent de l'entreprise à leurs risques et périls propres, mais aussi à leur profit exclusif, et en dehors de tout contrôle, sauf quelques réserves de mince importance que le ministre fait, au nom de l'État, dans l'acte de concession.

Dans ce système, ce n'est plus ni l'État ni le Pays qui agissent : c'est un groupe d'intérêts spéciaux, substitués au droit de l'État et du Pays, qu'ils exploitent, comme une clientèle, l'un et l'autre.

C'est ainsi qu'ont eu lieu dans tous les temps, chez toutes les nations, les démembrements du domaine public : à Rome, les terres conquises ; au moyen âge, les fiefs ; sous l'ancienne monarchie, les priviléges d'industrie, embrassant toutes les professions, arts et métiers, maîtrises et jurandes, jusqu'aux charges judiciaires ; plus tard, la Compagnie des Indes occidentales, organisée par Law ; après la Révolution, le privilége de la Banque de France, la législation des mines ; de nos jours, enfin, les concessions de chemins de fer, etc.

Au fond, ce système n'est autre que celui de l'appropriation habituelle. On ne peut pas dire qu'il soit mauvais en soi et absolument répréhensible, puisqu'à moins de décréter la communauté universelle de biens et de gains, et l'exécution de toutes choses par l'État, il est clair que, dans une certaine limite, le domaine d'une nation, territoire, commerce, industrie, science, etc., requiert, pour sa bonne exploitation, le partage, la propriété.

Mais il s'agit de savoir où doit s'arrêter l'appropriation, et si, en dehors de la sphère politique et gouvernementale, dont personne ne songea jamais à approprier les fonctions, il n'est pas certaines parties du domaine national, de l'ordre économique, qu'il est à désirer pour le peuple de ne pas confier à une exploitation égoïste, ayant des intérêts distincts de ceux du pays même?

A ne consulter d'abord que l'expérience des nations, il appert suffisamment que si les petites industries peuvent être sans danger appropriées, s'il n'y a nul danger pour la liberté du travail, du crédit et de l'échange, à ce que chaque famille de cultivateur possède autant de terre qu'elle en peut cultiver, il n'en est pas de même lorsqu'il est question d'agglomérer, en un petit nombre de mains, un vaste territoire, couvert d'une population nombreuse; de concéder à un propriétaire unique cinq cents kilomètres carrés de mines ; de livrer à cinq ou six compagnies toute la circulation, financière et mercantile, d'un empire.

En créant de tels priviléges, sous prétexte que les fonctions de l'ordre économique ne sont pas de son ressort, le gouvernement ne fait autre chose que préparer la servitude du pays et la sienne même. Il aliène son initiative, il se dépouille de sa légitime influence, il se fait serf de ses propres créatures ; il s'ôte la liberté d'action, languit, s'abaisse, s'efface, jusqu'au jour où, ayant perdu tout son ressort, **indifférent** aux privilégiés qu'il a faits, et qui le dominent, à la masse qu'il a trahie et qui le hait, il tombe, comme le fruit attaqué du ver, sans avoir rempli son mandat, sans avoir atteint sa maturité.

C'est ainsi que jusqu'à la Révolution française, l'ancienne monarchie, douée par moment d'une force irrésistible, a été toujours tenue en laisse par les grands feudataires, par l'Église, les corporations, les parlements; c'est ainsi que Louis-Philippe, esclave de la haute bourgeoisie, est devenu odieux aux masses, et s'est perdu un matin sous leur animadversion commune; c'est ainsi que déjà, sous un Empire qui compte à peine trois années d'existence, les puissances restaurées de l'Église, de la finance, de la commandite, ont le crédit et l'autorité de dicter à l'Empereur la politique qu'il doit suivre dans la question d'Orient, et qu'après lui avoir imposé la guerre lointaine, la guerre exclusivement politique et contre-révolutionnaire, l'amitié de l'Autriche et de la Papauté, elles le poussent à l'impopularité et à la ruine.

Certes, le système que nous combattons ici est facile à suivre : la voie est large, tracée de longue main, toute traditionnelle, comme l'on dit, et même *providentielle...* Il y faut peu de génie, peu de zèle du bien public, peu de souci de soi-même et de sa dynastie. Louis XV disait : *Cela durera bien autant que nous!* Mais il arrive parfois que cela dure moins longtemps que nous, témoin la Restauration et la monarchie de Juillet. Comme tous ceux qui l'ont précédé, le gouvernement du 2 décembre, soumis aux mêmes lois, périra ou se sauvera par les mêmes causes; nous ajouterons que déjà sa situation est compromise, et que, pour lui, il y a urgence.

Posons donc ce principe de politique élémentaire et d'économie rationnelle : qu'une institution d'utilité publique peut bien faire l'objet d'une attribution ou d'un mandat, jamais d'une appropriation.

On raconte qu'à Rome, dans l'ignorance universelle où l'on était des révolutions célestes, on avait chargé un collége de prêtres de déterminer la fin et le commencement de chaque année. Fonction d'utilité publique, s'il en fut jamais, et qu'on n'eût pas soupçonnée de pouvoir devenir l'objet de spéculations particulières et de prévarications arbitraires, opposées à l'intérêt public. Qu'arriva-t-il cependant? C'est que les pontifes allongeaient ou raccourcissaient l'année selon les pots-de-vin que leur payaient les fournisseurs de l'État dont les baux duraient un an, ou la faveur des consuls et autres magistrats dont les fonctions se réglaient aussi à l'année. Une chose qui dépendait du soleil était devenue l'objet d'un abominable trafic, jusqu'à ce que Jules César, aidé du mathématicien Sosigène, y eût mis ordre.

Une des plus belles créations de la Révolution française fut la réforme des poids et mesures. Nul doute que si on eût chargé de cette réforme une Compagnie en commandite, elle aurait trouvé le moyen de trafiquer et gagner, non-seulement sur la fabrication des monnaies, des pots, boisseaux et balances, mais sur la délimitation de l'unité primordiale, et jusque sur la mesure du méridien.

Il en sera ainsi du *Palais de l'Industrie* et de la fondation dont il doit être l'instrument monumental et central, si l'Empereur, suivant la voie battue du favoritisme et de l'appropriation, en fait l'objet d'une concession comme toutes celles qu'il a jusqu'ici décrétées, au lieu de se décider d'après une conception diamétralement opposée et nouvelle.

Ce sera d'abord, comme l'Exposition de 1855, une affaire de curiosité et de mode, moyen de spéculation et d'agiotage; puis bientôt un organe du monopole contre lequel se roidit la conscience du pays; un suçoir de plus pour la féodalité parasite et financière qui pèse sur le pays et sur l'État; un pendant du Crédit mobilier, aujourd'hui condamné de tous les amis du peuple, de la Révolution et de la liberté; à moins que ce ne soit un analogue du Crédit foncier, des Docks et autres établissements de même nature, que l'autorité impériale a bien pu décréter, mais auxquels elle n'a pu conférer la vitalité ni l'existence.

Résumons-nous et concluons :

Puisque, d'un côté, dans une institution de l'ordre économique, l'État ne peut ni ne doit substituer son action à celle du pays ; — que, d'autre part, dans un établissement d'utilité publique, il ne saurait, sans trahir ses intérêts les plus précieux, procéder par voie d'appropriation., individuelle ou collective ; mais qu'au contraire il doit maintenir avec force la propriété universelle, c'est-à-dire la communauté de l'usage et l'égalité du bénéfice ; que néanmoins, pour rendre cet usage possible, la formation d'un organisme spécial, soit d'une *Société*, est nécessaire ; un seul parti reste à prendre.

C'est d'appeler à faire partie de la Société nouvelle, sans limitation de nombre ni de délai, tous ceux qui, par leur travail, leurs échanges, leur consommation, les besoins de leur industrie, etc., sont intéressés à l'institution nouvelle ; en autres termes, c'est de prendre pour commanditaires de la Société ceux-là mêmes qui doivent en devenir les clients.

Ainsi constituée sur le droit commun, supérieur à toute idée d'appropriation, ouverte à tout le monde et toujours, et n'excluant aucun, ne demandant pour elle-même ni monopole ni privilége ; ayant la science pour principe et l'égalité pour loi ; profitable à tous, et ne faisant mal à personne, en ce sens du moins que nul ne peut légitimement considérer comme mal fait à sa personne et atteinte à sa propriété, la suppression des abus dont il profite ; aussi favorable à la stabilité de l'État qu'à la paix sociale et à la sécurité des citoyens, la Société de l'Exposition perpétuelle réunit tous les caractères d'une institution véritable, et ne possède aucun des inconvénients des concessions ordinaires.

Ce que la Banque de France devrait être, et n'est pas, pour la circulation banquière ;

Ce que la Société du Crédit foncier devrait être, et n'a pu devenir, pour le crédit foncier et sur hypothèque ;

Ce que le Crédit mobilier. foyer d'accaparement et d'agiotage, devrait être, et n'est pas devenu, pour la commandite industrielle;

La Société du Palais de l'Industrie le sera à la circulation des produits, à la police du commerce, à l'extension du débouché, à la garantie de la consommation, du travail, du salaire, et, par suite, au crédit agricole et industriel lui-même.

Le mode d'institution économique, ou, pour nous exprimer plus exactement, d'organisation sociétaire que nous préconisons ici, n'est point une conception qui nous soit particulière et personnelle : elle est indiquée par toutes les tendances de l'époque, et par ses manifestations les plus authentiques; c'est elle qui inspire tous les projets d'association pour le crédit, l'échange, le débouché, que chaque jour et chaque ville voit éclore.

Nous nous bornerons à citer ici :

1. Les *associations pour la consommation*, telles que la *Ménagère*, boucheries sociétaires, boulangeries sociétaires, etc.;

2. Les cités ouvrières, et toutes les Compagnies formées pour la construction de logements d'ouvriers, en Prusse, à Mulhouse, Marseille, Paris, etc., parmi lesquelles nous distinguerons la *Socié é des palais de famille;*

3. Les *Sociétés d'échange*, dont une multitude existent en France, à Paris, Lyon, Marseille, Nantes, et parmi lesquelles il suffit de rappeler la *Réforme monétaire*, de M. Mazel, devenue l'*Epargne et la Banque foncière*, de Mazel et Cie; — *la Banque de compensation*; — *le Comptoir d'échange et de commission*; — *la Société générale de crédit privé*; — *la Monnaie auxiliaire* de Desclée et Ce; — *la Banque d'échange* de Paris (La Châtre); — *le Comptoir général d'échange* de Lyon; — *l'Union régionale*, de C. Dumont, Aug. Jourdan et Cie; — *la Réforme commerciale par l'association de la production et de la consommation*, par le docteur de Bonnard; — *la Banque régulatrice des valeurs* de Bruxelles; — *le Comptoir d'escompte* de Nantes, par

M. Oudet; — la *Banque Gallas* de Rouen, par MM. Beslay,
Hocmelle, Lejeune, etc. ;

4. Les *Associations ouvrières*, dont plusieurs sont par-
venues à vivre et prospèrent, telles que celle des menui-
siers en fauteuils et en voitures, des tourneurs, facteurs de
pianos, ferblantiers-lampistes, ébénistes, fabricants de
limes, boulangers, maçons, formiers, etc.

Ces exemples suffisent pour démontrer aux esprits les
moins clairvoyants, aux consciences les plus timorées et
les plus prévenues, que l'Idée a mûri; que le pouvoir, en
prenant en main sa réalisation, ne fera autre chose que
répondre à un besoin aussi généralement compris que pro-
fondément éprouvé, et qu'en faisant du Palais de l'Industrie
le point central autour duquel rayonneront tous les essais
particuliers, ceux du moins que leur spécialité empêcherait
de venir s'y confondre, il ne fera autre chose que donner le
mot d'ordre, l'impulsion et la direction à tout un système
de forces, maintenant éparses, et qui demain s'agglomère-
ront dans une irrésistible unité, pour peu qu'elles y trouvent
la satisfaction du principe qui les a produites : la *garantie*
et la *liberté.*

CHAPITRE III

FORMATION DU CAPITAL SOCIAL

Le principe de l'institution nouvelle, à savoir l'identité
des commanditaires et des clients, une fois admis, avec la
ferme volonté de le respecter, toute difficulté, relativement
à la formation du capital social, aux opérations de la Société, à son administration, à son extension, etc., disparaît.

Comment, dira-t-on, à une entreprise d'intérêt public,

agissant exclusivement pour le compte de cet intérêt et sans arrière-pensée d'égoïsme, intéresser le public, alors qu'il se compose d'individualités que le motif seul du lucre ou de l'intérêt privé détermine?

Comment trouver à une pareille société des bailleurs de fonds, des actionnaires?

D'abord le public, celui des producteurs, auquel on prétend surtout s'adresser, a peu ou point d'argent; s'il en possède, c'est pour s'en servir, non pour le prêter; il est avare de ses capitaux, il n'aime point à s'en dessaisir.

Puis, il n'est pas dans le cœur humain de placer de l'argent sur des spéculations de cette espèce. L'intérêt de tout le monde n'est celui de personne. On a de l'argent pour son ambition, pour ses passions, pour ses jouissances; on n'en a pas pour une œuvre de philanthropie. On achète un billet de loterie, des actions de jouissance; on joue sur les plus mauvaises valeurs, parce que si la chance du succès est petite, le bénéfice, en cas de réussite, est énorme. Mais on n'achète pas, en général, des *garanties*. Un fabricant, trouvant un beau coup à faire, mettra 100,000 francs à des matières premières; il ne donnera pas un sou pour s'assurer le débouché. Peu de gens, par un sacrifice médiocre, s'assurent contre le chômage, la surproduction, la banqueroute, la mort!...

Comment donc, encore une fois, triompher ici de cette première difficulté, écueil ordinaire de toutes les commandites : la formation du capital?

Au chapitre précédent, en traitant de la formation de la Société, nous avons pris comme principe de droit ou base juridique, l'appel des clients de la compagnie à titre de commanditaires.

Partons de là, et posons de nouveau, comme principe d'économie, ou base scientifique, cet aphorisme si connu : *Les produits s'échangent contre les produits.* Principe incontestable, mais jusqu'à ce jour demeuré stérile aux mains des économistes, qui se sont contentés de le constater, sans essayer d'en faire la moindre application.

Puisque la commandite se compose de *producteurs*, et que le but de la société est, avant tout, l'écoulement ou la vente des *produits*, il n'y a nul inconvénient, il y a tout avantage à recevoir les souscriptions, non plus seulement en espèces, mais en nature; c'est-à-dire, pour une forte partie, soit les neuf dixièmes, en PRODUITS.

Ces produits seront vendus par la compagnie qui, pour cette vente, aura déjà à percevoir une commission; le produit des ventes, encaissé, sera porté au crédit du compte des actionnaires, qui se trouveront ainsi, presque sans bourse délier, avoir versé le montant de leurs actions.

Les titres d'actions seront de 100 francs et au porteur;

L'intérêt fixé à 4 p. 100, garanti par l'Etat, qui, de plus, à titre d'initiateur et pour donner l'impulsion à la Société, fera, pour trois années, l'avance gratuite du Palais de l'Industrie.

Qui ne voit que, dans ces conditions, la prise d'actions devient, pour chaque souscripteur, une véritable vente de ses produits, à trois ou six mois au plus de terme; puisque, l'intérêt de l'action étant garanti, l'action devient une véritable monnaie, égale aux bons du Trésor et aux billets de banque?

Dans cette combinaison, en effet, l'action n'est plus une valeur aléatoire, susceptible de hausse et de baisse : c'est un titre de rente qui ne peut perdre que par la destruction du gage, c'est-à-dire par la banqueroute de la Compagnie ou l'incendie de ses magasins : deux hypothèses que la constitution de la Société saura sans doute conjurer.

Mais, bien loin que la valeur de l'action puisse perdre par la destruction du gage, il est évident au contraire que ce gage ne peut que s'accroître par le trafic et les opérations de la Compagnie; puisque ces opérations, se résolvant toutes en ventes ou échanges, n'ont rien en elles-mêmes d'aléatoire, qu'elles sont aussi sûres, plus sûres même que le trafic des chemins de fer.

15.

Non-seulement donc la constitution du capital social, 25, 50, 100 millions, est assurée : mais on peut dire qu'alors même que la Société ne ferait pas d'autres opérations, et qu'elle se bornerait à recevoir des souscriptions d'actions, versables en produits, elle en aurait autant qu'elle en voudrait ; puisque, la perception des actions se réduisant à convertir, par la vente, des marchandises en numéraire, puis à convertir ce numéraire en titres de rentes portant intérêt à 4 p. 100 ; c'est comme si la Banque de France offrait aux industriels de la capitale de leur prendre toutes leurs marchandises à prix débattu, en échange de ses billets de banque, plus l'intérêt à 4 p. 100, que ne produisent pas aujourd'hui lesdits billets.

Ici, nous ne doutons pas que l'on ne se demande : Comment une idée si simple n'a-t-elle jamais été réalisée ?

Et nous répondrons : Par une raison encore plus simple : c'est que pour former une pareille commandite et déterminer le versement des actions, marchandises ou produits, il fallait un concours de volontés qui, dans l'état actuel de la Société, ne peut avoir lieu qu'à l'appel et sous la garantie de l'État, et que l'État, dans ses préoccupations aristocratiques et ses préjugés traditionnels, l'État, plus soucieux de la fortune des privilégiés que du bien du pays et de l'utilité publique, ne pouvait concevoir une pareille idée.

Or, bien que le système de formation du capital que nous proposons pour la Société du Palais de l'Industrie soit depuis plusieurs années entré dans le domaine public ; bien que nous le retrouvions dans presque toutes les Sociétés d'échange dont nous avons précédemment parlé ; bien qu'il ait reçu de la polémique des derniers temps un certain éclat, et qu'on le retrouve jusque dans la pratique des établissements qui semblent le moins l'admettre, tels que le Crédit mobilier, le Comptoir national et la Banque de France ; en fait, cependant, il n'a jamais été réalisé dans sa simplicité puissante, et nous doutons qu'en dehors de l'initiative de l'Etat, la force de l'opinion suffise, de longtemps encore, à lui donner cette réalisation.

CHAPITRE IV

OPÉRATIONS DE LA SOCIÉTÉ

Nous venons de montrer comment, indépendamment de l'objet de l'institution et des opérations de la Société, les producteurs auraient le plus grand intérêt à prendre des actions payables en nature; comment, par conséquent, la formation du capital social était assurée.

Il s'agit de voir à présent si les opérations de la Compagnie seront de nature à détourner les souscripteurs; si, au contraire, elles ne leur fourniront pas de nouveaux et énergiques motifs de souscrire.

Nous réduisons les opérations de la Société à neuf principales :

1° Vente des produits, soit qu'ils aient été versés en paiement des souscriptions d'actions, soit qu'ils aient été consignés pour la vente par les producteurs;

2° Emission d'un papier social;

3° Escompte des marchandises expertisées;

4° Escompte des effets de commerce à deux signatures;

5° Avances et prêts de produits sur produits;

6° Avances et prêts de produits sur hypothèques;

7° Tarif et réglementation du change;

8° Création de succursales;

9° Publication, au moins hebdomadaire, des opérations de la Société, et revue économique de l'agriculture, du commerce et de l'industrie.

Nous allons passer rapidement en revue cès diverses opérations, en déterminer les conditions et le caractère.

§ 1er. — *Vente des marchandises.*

La Société, n'étant qu'un établissement de commission, d'échange et de crédit, simple intermédiaire entre les producteurs et les consommateurs, s'interdit toute espèce de trafic et d'industrie pour son propre compte. A la différence des commerçants, qui, à l'aide de leurs capitaux, s'emparent de la marchandise, en deviennent acquéreurs et propriétaires pour la revendre ensuite ; jouant à la hausse quand ils achètent, à la baisse quand ils vendent ; la Société n'est ni ne peut jamais être, directement ou indirectement, propriétaire des produits. Elle agit toujours pour le compte d'autrui ; elle ne se permet aucune manipulation, mélange ou transformation de la marchandise ; elle la livre comme elle l'a reçue, sous la responsabilité du producteur, au prix indiqué par lui-même, et sous la garantie par lui exprimée de quantité, qualité et poids.

En conséquence, toutes marchandises, matières premières ou ouvrées, produits agricoles ou industriels, envoyés à la Société, devront porter :

Le nom du *producteur* ;

Le nom du *lieu de production* ;

La désignation de la *quantité, dimension* et *poids* ;

La désignation de la *qualité* ;

Enfin, le *prix*.

A leur arrivée, les marchandises seront expertisées ; un procès-verbal constatera si elles sont ou non conformes à la déclaration.

Indépendamment du prix indiqué par le propriétaire, estimation approximative sera faite du produit ; elle aura pour but d'en reconnaître la valeur intrinsèque, c'est-à-dire le prix certain qu'on pourrait en obtenir dans les circonstances même les plus défavorables. — Nous verrons plus bas l'utilité de cette estimation.

Des échantillons seront prélevés sur les produits, exposés,
avec copie du procès-verbal, au Palais de l'Industrie, à l'examen des acquéreurs.

L'original du procès-verbal de reconnaissance et d'estimation sera remis au bureau de la Compagnie, qui en
donnera aussitôt avis à l'expéditeur, en même temps qu'elle
lui ouvrira un crédit pour une somme égale au montant
de l'estimation.

Les marchandises ainsi reçues en bon état de condition-
nement, expertisées et estimées par la Société, seront ensuite emmagasinées et classées par catégories, genres,
espèces et variétés, de manière que le consommateur ait
sous les yeux, pour chaque objet, l'ensemble de la production sociale; qu'il puisse d'un coup d'œil juger des différences de qualité et de prix, et s'approvisionner, à son
choix, aux meilleures conditions et avec toute la sécurité
désirable.

De son côté, la Société, par les avis incessamment renouvelés de sa Feuille d'annonces, par les articles de sa
Revue, par l'exposition de ses types et échantillons, par
sa correspondance, en un mot, par tous les moyens à sa
disposition, provoquera la vente et l'écoulement des produits, et travaillera incessamment à se créer de nouveaux
débouchés.

Il sera publié un tarif indiquant, pour chaque espèce de
marchandises et produits :

a) Le droit d'exposition des types et échantillons au
Palais de l'Industrie ;

b) Les frais de magasinage;

c) La commission à percevoir par la Société sur les
ventes et échanges.

Les frais de garde, magasinage, exposition, seront cotés,
autant que possible, au prix de revient des immeubles et
services de la Société; — quant à la commission, elle ne
devra jamais, dans aucun cas, dépasser 2 1/2 p. 100.

La Société, ayant pour actionnaires ses propres clients,

n'a pas de bénéfices à réaliser sur eux ; par contre, **elle** a un immense avantage à réduire sans cesse les frais et faux frais de toute nature, qui, dans le commerce ordinaire, grèvent la marchandise, et élèvent souvent hors de toute proportion le prix des produits.

On peut juger de la faveur qu'obtiendra, à l'intérieur et au dehors, l'entremise de la Société, quand on sait que les commissions perçues par les courtiers et commissionnaires de vente et d'achat s'élèvent fréquemment à 10, 12, 15, 20 et 25 p. 100, c'est-à-dire au cinquième et au quart du prix des ventes. Le sieur Bonnard, de Marseille, dont le comptoir, établi à Paris, a acquis en quelques mois une vogue extraordinaire, — si toutefois on doit s'en rapporter aux jactances d'un homme connu par ses hâbleries autant que par son ignorance et ses plagiats, — Bonnard, disons-nous, prend jusqu'à 33 et 50 p. 100 de commission. Sa maxime est que, même en faisant vendre le produit au prix de revient, il lui rend service, et que toute commission, si élevée qu'elle soit, est légitime.

§ 2. — Émission du papier de la Société.

La Société fait tout à la fois la commission et la banque.

En couverture des marchandises qui lui sont remises en consignation ou dont elle opère la vente, des effets de commerce qui lui sont présentés à l'escompte, la Société, outre le numéraire dont elle dispose, émet des *Bons généraux d'échange*, représentatifs de valeurs par elle emmagasinées, réalisées, en portefeuille ou en caisse, et donnant droit à une valeur égale en marchandises, à prendre dans ses magasins au choix du porteur.

Ces bons généraux, à la coupure de 10, 20, 50 et 100 fr., seront la monnaie courante de la Société et reçus par elle en tous paiements de marchandises et remboursements de billets.

Tous les comptes de la Société seront balancés, et ses écritures tenues dans cette monnaie, qui deviendra pour elle insensiblement l'unité de valeur, et représentera le pair du change.

Comme ils auront cours entre les adhérents, correspondants, chalands, etc., de la Société, leur circulation s'étendra naturellement au dehors. Ils seront, en conséquence, remboursables à toute réquisition, en espèces comme en marchandises, aux conditions qui seront déterminées ci-après :

Ces *Bons généraux* étant, d'après le principe de leur émission, représentatifs de produits, non d'espèces, la Société a le droit de les émettre et de les faire circuler comme bon lui semble ; il ne saurait y avoir de difficulté au point de vue légal que pour le remboursement en espèces. — La Banque de France ayant seule le privilége d'émettre des billets payables *à vue* au porteur, peut-être y aura-t-il lieu pour la Société de l'Exposition de ne payer les siens qu'à *un* ou *plusieurs* jours de vue ; ce qui, une fois compris du public et passé dans les habitudes, ne causera aucun embarras.

Le papier circulable de la Société, maintenu par elle toujours au pair, grâce à la faculté de remboursement, à toute réquisition, en espèces ou marchandises de la Société, deviendra le grand levier de ses opérations et l'instrument irrésistible de sa puissance. Sans égal dans le monde pour la fixité comme pour la solidité, c'est par lui surtout que la Société commencera cette révolution pacifique dans les habitudes du commerce, les rapports du travail et du capital, l'équilibre de la production et de la consommation, la garantie du travail et du débouché, etc., qui est l'idéal des économistes, le gage du bien-être des masses, de la supériorité morale, politique et économique de la nation, et de la gloire de l'Empire.

§ 3. — *Escompte des marchandises.*

Sur la demande des déposants, et d'après l'estimation qui aura été faite des produits, la Société pourra en faire immédiatement l'escompte, soit en ses billets, soit en espèces, aux conditions ci-après :

Le consignataire souscrira envers la Société une promesse de rembourser à terme fixe les avances à lui faites, soit en produits de son industrie, soit en billets de la Société, soit enfin en espèces.

Plus simplement, l'escompte qui lui aura été accordé des marchandises par lui remises à la Société en dépôt et consignation, impliquera de sa part cette promesse de remboursement.

Si le déposant se contente de billets de la Société, il n'aura à supporter qu'une commission d'escompte, dont le maximum est fixé provisoirement à 1/2 p. 100.

S'il demande de l'argent, la Société en remettra : dans ce cas, le déposant aura à subir, en sus de la commission ci-dessus, un intérêt de 4 p. 100.

Si, ce qui est peu probable, la Société avait épuisé son encaisse, tant celui provenant de son fonds social que celui obtenu par la vente au comptant, elle se procurerait alors, au moyen de l'obligation souscrite par le déposant et revêtue de son endos, du numéraire à la Banque de France ; dans ce cas aussi, le déposant aurait à payer l'intérêt exigé par la Banque.

La raison de cette différence de prix de l'escompte, selon qu'il a lieu en espèces ou en billets de la Société, est facile à saisir.

La Société, intermédiaire entre le producteur et le consommateur, ne paye aucun intérêt pour les marchandises et produits qu'elle reçoit en consignation, puisque, au contraire, elle perçoit elle-même, pour cette consignation et pour la vente, une taxe de magasinage, commission, etc.

Les produits, s'échangeant les uns contre les autres, ne se doivent pas non plus d'intérêt, puisque l'intérêt, devant être réciproque, s'annulle.

Or, le papier de la Société est le signe et l'instrument de cet échange : il ne doit donc être l'objet d'aucun intérêt, mais tout au plus d'une commission.

Il n'en est pas de même du numéraire. La Société, soit qu'elle le prenne dans son fonds social, soit qu'elle se le procure à la Banque de France, doit en payer l'intérêt, dans le premier cas à ses actionnaires, dans le second à la Banque. L'escompté devra donc subir à son tour ce même intérêt.

C'est aux adhérents, déposants, chalands de la Société, à mesure que les opérations de celle-ci prendront du développement, et que ses bons généraux se répandront dans la circulation générale, à voir lequel leur est le plus avantageux, d'escompter leurs produits, d'opérer leurs achats, etc., sans intérêt de banque, ou de payer un intérêt. La Société leur offre l'option, et tout son effort sera de faire que cette option ne soit pas une vaine chimère.

§ 4. — *Escompte des effets de commerce.*

La Société, ainsi qu'il a été dit, faisant la banque, escompte les lettres de change à deux signatures.

Pour cet escompte, comme pour celui des marchandises, elle offre, soit des produits à choisir dans ses magasins, c'est-à-dire des bons généraux, ou billets, soit des espèces.

Si le porteur des lettres de change prend des billets de la Société, il n'a, comme tout à l'heure, à payer qu'une commission.

S'il veut de l'argent, la Société, soit qu'elle en fournisse de sa propre caisse, soit qu'elle porte les lettres de change à la Banque de France, perçoit, en sus de sa commission, un intérêt.

L'opération étant la même que tout à l'heure, les conditions sont aussi les mêmes.

De là une autre conséquence, qu'il importe de ne pas omettre.

Le papier de la Société, a-t-il été dit, est remboursable contre espèces à toute réquisition.

Rien de plus juste : en cela la Société remplit le devoir de toute véritable banque.

Mais, tandis que la Banque de France, par exemple, au moment où elle fait l'escompte des valeurs qui lui sont présentées, retient l'intérêt de la somme qu'elle remet en ses billets, et par conséquent doit faire à toute réquisition le remboursement de ses billets *au pair*, la Société de l'Exposition, qui, en faisant l'escompte en son propre papier, n'a perçu qu'une commission, ne peut plus faire le remboursement de ce papier aux mêmes conditions que la Banque de France ; elle doit retenir un intérêt.

L'intérêt à percevoir par la Société, dans ce cas, sera calculé d'après la moyenne des échéances des lettres de change qui lui sont offertes, et du magasinage des produits.

§ 5. — *Avances et prêts de produits sur produits.*

L'échange des produits les uns contre les autres, dans une nation, prend une variété infinie de formes. Nous venons de rendre compte des *ventes* et *achats*, *escomptes* de marchandises et de lettres de change, auxquelles pourvoit la Société.

Elle aura encore d'autres moyens d'écoulement.

Ainsi, elle fera des avances de produits sur consignation de produits ; elle livrera, par exemple, des matières premières à un producteur, en échange de produits manufacturés, dûment expertisés et estimés, et *vice versâ*.

Par ce genre d'opérations, la Société nouvelle réalise un

vœu. resté jusqu'ici à l'état de spéculation pure, mais qui n'a jamais pu se réaliser dans la pratique : elle met le crédit à la portée de tout le monde, même des simples ouvriers, qui, chaque jour, pourront apporter le fruit de leur travail, exposer leurs inventions et leurs chefs-d'œuvre, et emporter en échange la matière première nécessaire à leur travail du lendemain.

Pour bien se rendre compte de la nature de cette opération, dont l'importance égale la délicatesse, il faut se rappeler dans quelles limites agit la Société.

La Société de l'Exposition perpétuelle, avons-nous dit, est un établissement de commission; à ce titre, elle s'interdit toute espèce de trafic et d'industrie pour son propre compte; elle n'est qu'un *intermédiaire.*

D'après ce principe, elle s'interdit la *commandite*: puisque, en commanditant une industrie quelconque, elle prendrait, de fait, parti pour un de ses actionnaires adhérents contre tous les autres; elle se créerait un intérêt particulier, en dehors de l'intérêt public qu'elle représente.

Sous ce rapport, elle ne peut donc ni ne doit se faire agent. instigatrice d'aucune entreprise, d'aucune société ouvrière; prendre parti pour une classe de la société contre l'autre; attiser la guerre sociale, que son but est d'éteindre. Elle ne peut s'arroger une initiative qui n'est point dans sa nature : elle sortirait de ses attributions et de son caractère. et mériterait l'animadversion du pays et du gouvernement, Une société comme celle qu'il s'agit de fonder, qui, dans l'état actuel des choses, se livrerait à de pareilles manœuvres, devrait être immédiatement dissoute : elle serait une peste pour le pays et pour l'État.

Mais autant la Société doit se tenir en dehors de l'action industrielle et de la lutte des producteurs, autant il lui appartient de soutenir cette lutte, de la régler, de l'organiser, si l'on peut ainsi dire, d'en assurer la loyauté et la fécondité. La Société est ici juge du camp : si elle n'entre pas dans l'arène, elle soutient, elle protége les combattants; elle veille à **ce que** tout se passe selon les lois de la justice et de l'honneur chevaleresque.

Au *Crédit mobilier*, par exemple, la commandite industrielle;

Au ministère de l'*Instruction publique* de préparer, par l'éducation et les écoles de toutes pécialité et degré, l'émancipation du prolétariat.

Ce qui appartient à la *Société de l'Exposition,* c'est de pourvoir, par les facilités plus grandes et de moins en moins onéreuses de la circulation et de l'échange, au bas prix des produits, à leur amélioration; partant à l'excitation de la concurrence, au développement du génie industriel; finalement à l'augmentation du travail, du salaire et du bien-être.

Qu'elle facilite donc, tant qu'elle pourra, par ses **avances** de produits contre produits, de matières premières **contre** produits, de produits contre matières premières, le travail à l'ouvrier; qu'elle aiguise son génie; qu'elle encourage ses efforts; qu'elle fasse valoir ses essais; qu'elle organise même chaque année des concours; qu'elle rassemble des comices; qu'il y ait des distributions de médailles, **de** petites primes, des mentions honorables, etc. : toutes ces choses peuvent entrer dans les attributions de la Société.

Elles lui conviennent d'autant mieux, qu'après **tout** la Société, jugeant, non d'après l'opinion de ses **administrateurs** et experts, mais d'après le suffrage public, constaté par ses écritures, par l'importance des demandes et le chiffre des ventes, est ici l'organe de l'opinion du pays, et, pour ainsi dire, la voix la plus authentiquement exprimée du suffrage universel.

§ 6. — *Avances et prêts de produits sur hypothèque.*

De même que la Société de l'Exposition perpétuelle ne fait nulle concurrence à la Société de Crédit mobilier, dont l'attribution propre est **la commandite**, elle ne se propose pas davantage de rivaliser avec la Société de Crédit foncier, qui d'ailleurs n'existe pas.

Qu'entendons-nous par avances et prêts de produits sur hypothèque?

Tantôt la Société prêtera à un agriculteur des outils, des semences, des objets de consommation, des bestiaux au besoin, dont la valeur sera hypothéquée sur le sol, et de préférence sur les récoltes. — Elle fera de même pour le manufacturier : on comprend au surplus que l'avance ou prestation de produits à long terme sur hypothèques ne viendra qu'en dernier lieu, après qu'on aura épuisé les avances sur consignation de produits et à terme court.

L'importance de ces opérations, *lorsqu'il sera permis à la Société de s'y livrer*, est incalculable.

C'est un fait que le travail général a puissance de produire plus qu'il ne consomme, surtout dans l'industrie et les arts. Il y aura donc toujours dans les entrepôts des quantités considérables de produits en excédant, qui, ne pouvant s'échanger contre d'autres produits ou se placer à court terme, devront chercher leur écoulement au moyen du placement à long terme, et sur hypothèque.

Dans cette situation, il est évident que le preneur sur hypothèque rend au consignataire surchargé un service égal à celui qu'il en reçoit; leurs positions respectives sont identiques à celle des échangistes au comptant. Le placement pourra donc se faire aussi, comme l'échange immédiat, *sans intérêt*, sous la garantie de la Société, et moyennant la simple commission qui lui appartient.

Ainsi la *Société de l'Exposition perpétuelle*, qui ne semble faite, au premier abord, que pour l'échange des produits manufacturés et des objets de consommation, touche aux intérêts les plus intimes de l'agriculture; elle devient l'intermédiaire précieux, tout-puissant, **entre la** population rurale et la population industrielle.

On s'est ingénié à cette institution du *Crédit foncier* ; on a fait les combinaisons les plus savantes pour l'intérêt, l'annuité, l'émission des obligations; pour cette création avortée, on a réformé la loi des hypothèques; on a multiplié les encouragements, les excitations, les priviléges, et le résultat de ce long et solennel effort a été *néant*.

Sans afficher des prétentions aussi hautes, sans y mettre tant de mystère, la Société de l'Exposition perpétuelle pourra subvenir un jour pour une part considérable aux besoins de l'agriculture, avec profit pour elle, profit pour ses commettants, et sans exiger du laboureur aucune rétribution !...

Cette conception nouvelle du prêt sur hypothèque implique naturellement que le montant des avances faites d'après ce mode sera proportionnel aux existences de produits en excédant. Si l'excédant est faible, les prestations sur hypothèques seront peu considérables; si les excédants augmentent, les prestations augmenteront aussi : et qui sait si, après tout, ce mode de placement ne deviendra pas lui-même un objet de spéculation pour les consignataires?...

§ 7. — *Tarif du change.*

« Tous les objets mis à la disposition de la Société, l'or et l'argent y compris, et en général tous les articles de son bilan, seront gouvernés par un tarif du change toujours variable. La Société ne pourra bénéficier sur ce tarif, lequel a pour but unique d'assurer l'équilibre des valeurs.

« En conséquence, toute hausse du change d'un article sera balancée par une baisse équivalente du change d'un ou plusieurs autres articles, en ayant égard aux sommes totales existantes, sauf tolérance d'un dixième des variations en plus ou en moins. Les différences temporaires de la balance seront portées à un compte spécial de balance, qui devra finalement se solder d'une période à une autre.

« Les changements dans le tarif du change concernant

les proportions fondamentales, seront approuvés par une commission du change, composée de trois membres annuel-lement élus par l'Assemblée générale. »

Quelques explications sont ici nécessaires.

Dans les commencements, et pendant un assez long temps encore, la Société se bornera à faire la vente et l'échange des produits, de la manière qui a été plus haut indiquée §§ 1, 3 et 5, c'est-à-dire aux prix fixés par les producteurs, et renouvelés par eux à des époques plus ou moins rapprochées.

Il est clair que, dans ces conditions, les variations des valeurs ne regardent aucunement la Société; elles sont au risque comme à l'avantage des seuls déposants. S'il y a une hausse sur la marchandise, le producteur qui a fait la consignation en profite et gagne; si la baisse se manifeste, au contraire, une perte, ou tout au moins une diminution de bénéfice, s'inscrit pour lui.

Tel est, nous le répétons, le point de départ des opérations de la Société.

Mais cet état de choses ne peut durer toujours. Par l'objet de son institution, par son esprit et sa nature, la Société est régulatrice du marché : elle pousse à la stabilité des prix, à la constance de la mercuriale. Par son action incessante, l'écart des prix en *maximum* et *minimum* tend à s'amoindrir toujours davantage et à devenir, sans pouvoir néanmoins jamais y arriver, zéro.

Toute institution, ayant pour loi de se conformer à la loi des choses, de suivre le mouvement naturel des phénomènes et des idées, a le devoir, ce mouvement une fois reconnu, de le régulariser et faciliter : la Société de l'Exposition devra donc, après un certain temps d'expérience, prendre en main la direction des valeurs et de leurs oscillations.

A cet effet, elle procède en général de la manière suivante :

Au lieu de recourir simplement, comme il a été dit plus haut, aux indications arbitraires des déposants, elle traite avec eux, sous forme de marchés à livrer à époques échelonnées, de produits portant indication précise du prix, des quantités et qualités, livrables à la Société ou aux porteurs de ses ordres, contre des sommes déterminées en billets de la Société ou en valeurs sociales.

Par ces traités, dont les conditions ont été arbitrées contradictoirement entre les producteurs déposants et le jury d'estimation, lesdits producteurs se trouvent *assurés* contre la hausse et la baisse, qui, dès ce moment, deviennent sans intérêt. C'est la Société seule que cette hausse et cette baisse désormais concernent.

Mais, ainsi qu'il a été dit § 1er, la Société ne se livre pour son compte à aucun trafic; elle ne peut devenir acquéreur et propriétaire des produits; conséquemment elle ne sépcule point, à la manière des gens de bourse et courtiers de commerce, sur la hausse et sur la baisse; l'agiotage, l'accaparement lui sont interdits. Son salaire à elle, la source de son revenu et de ses bénéfices, est dans sa *commission* son *escompte*, ses menus droits de *magasinage* et *dépôt*. Si donc elle s'empare du mouvement, si elle tend, par tous ses efforts, non pas à se rendre maîtresse absolue des cours, ce qui est impossible, mais à les diriger; ce n'est point en vue d'un lucre : c'est uniquement afin de les modérer l'un par l'autre, d'en faire la compensation perpétuelle et quotidienne.

Si donc la demande se porte avec vivacité sur un produit, pendant qu'il y a délaissement d'un ou plusieurs autres, la Société élève de x p. 100 le prix du premier, et baisse en même temps d'une quantité x, égale à la précédente, le prix des autres, de façon que la compensation soit, autant que possible, exacte. C'est à cause de la difficulté d'obtenir cette exactitude mathématique qu'il est accordé une tolérance qui, se compensant elle-même d'une période à l'autre, ne peut jamais affecter l'avoir de la Société.

Supposons, par exemple, que l'or, ainsi qu'il arrive en ce moment, soit en baisse, c'est-à-dire plus offert, tandis

que l'argent est en hausse ou plus demandé : la Société, ayant
à faire l'escompte de ses valeurs en ses propres billets, donnera 100 francs de sa monnaie contre 105 francs d'or =
100 francs d'argent, ou, pour parler plus juste, contre un
poids d'or supérieur d'un vingtième à celui de cinq pièces
de 20 francs, et un poids d'argent inférieur d'un vingtième
aussi à celui de vingt pièces de 5 francs, soit dix-neuf.

Par cette compensation, la Société n'a fait aucun bénéfice; elle n'a fait autre chose qu'intervenir, avec la monnaie
qui lui est propre, pour rétablir l'équilibre, et c'est juste le
contraire de ce que pratique la Banque de France, qui,
maîtresse de payer ses billets en or ou en argent, les deux
métaux étant reçus comme monnaie légale, donne de l'or
si l'or est en baisse, ou paie en argent si l'argent est plus
offert et moins demandé: de sorte que, dans l'un et l'autre
cas, elle réalise un bénéfice. Par où l'on voit la différence
qu'il y a entre une institution de privilége et une institution
d'utilité publique : la première *exploite* le public, la seconde
le *sert*.

Ce que nous venons de dire pour l'or et l'argent a lieu
pour tous les produits, matières premières, substances ali-
mentaires : quelles que soient pour tous l'*offre* et la *demande*,
deux puissances qu'il n'est donné à personne de prévenir
ou d'empêcher, la Société, par son tarif du change, en annulle les oscillations en compensant à chaque instant la
hausse par la baisse, et *vice versâ*.

Ainsi, la Société suivant l'*offre* et la *demande* dans toutes
leurs évolutions, sans les quitter d'un pas, s'attachant à elles
comme l'ombre au corps, il en résulte que *la hausse et la
baisse du change* déterminé par le tarif tend à remplacer
la hausse et la baisse des produits.

Des conséquences inappréciables et d'une portée immense
résultent de là. Il s'ensuit, par exemple :

1° Que tous les produits sont pour ainsi dire *monétisés*,
doués au plus haut degré de la faculté circulatoire. Toute
la différence entre eux étant indiquée par le tarif du change,

comme nous venons de le dire pour l'*or* et pour l'*argent*; en payant la différence ou recevant la bonification, le producteur peut payer tout ce qu'il doit, soit sur place, soit au dehors, avec son produit, ou, ce qui revient au même, avec un autre produit en échange du sien. Par exemple, le marchand de charbon de Paris qui doit à Mons ou Sarrebruck une somme de 1,000 francs, et qui ne peut pas naturellement envoyer à son fournisseur du *charbon*, se procurera du *blé* ou tout autre produit ayant cours sur la place où il doit payer, comme le négociant de Lyon ou de Paris se procure du *Londres* ou du *Hambourg*, c'est-à-dire des lettres de change sur ces deux places, pour payer et pour effectuer les paiements qu'il doit y faire.

2° Il s'ensuit, en second lieu, que toute manœuvre d'accaparement, d'agiotage, de monopole, est rendue impossible, étranglée à sa naissance, étouffée dans son germe. Comment pourrait-elle avoir lieu? Le producteur a plus d'avantage à traiter avec la Société d'une façon régulière qu'à s'abandonner aux hasards de l'offre et de la demande et à se livrer aux spéculateurs; d'autre part, en face de la Société, qui spécule pour réaliser l'égalité des prix par la compensation des valeurs, sans *bénéfice* pour elle-même, comment ceux-ci oseraient-ils faire la moindre tentative?

3° Une autre conséquence, non moins grave, et pour la science économique du plus haut intérêt, est la solution du problème de la monnaie, inutilement cherchée jusqu'à ce jour, et que M. Chevalier, après les plus persévérants et les plus inutiles efforts, a abandonnée, au désespoir des économistes.

Le prix de tout produit, a dit A. Smith, est déterminé en dernière analyse par la quantité et la qualité du travail qu'il coûte ou qu'il est censé coûter.

La journée de travail, non pas quelconque, mais moyenne entre tous les travaux et services possibles : telle est donc, en réalité, l'unité fondamentale de toutes les valeurs.

La même pensée a été exprimée en autres termes par cet

aphorisme attribué aux Anglais : *Le te.ups est argent* ; et par cet adage d'un philosophe moderne : *Le temps est l'étoffe dont la vie est faite.*

Mais comment découvrir cette journée théorique, moyenne journée de tous les travailleurs du globe, dans l'ordre de la science, de l'art, de la politique, comme de l'agriculture et de l'industrie?

Comment la constater, la reconnaître, si elle-même, ce qui est indubitable, est, d'un siècle à l'autre, d'une génération à l'autre, variable?

L'impossibilité apparente d'une semblable détermination a fait abandonner, nier même le principe de A. Smith : chose aussi raisonnable que le serait la conduite d'un géomètre qui, ne pouvant résoudre un problème, prendrait le parti de nier ses axiomes. La pratique, malgré les constatations de la science et les perturbations du commerce, en est restée au point où l'a portée la Convention, dans son système de poids et mesures : après avoir déterminé, d'après les dimensions du globe, l'unité de poids, on s'est servi de cette unité, appliquée aux métaux précieux, pour détermi-ner l'unité de valeurs, comme si, entre le méridien et l'action industrielle de l'homme, il pouvait y avoir une commune mesure!

Aujourd'hui l'erreur est devenue si considérable qu'elle frappe tous les yeux : les transactions en sont faussées; le producteur en pâtit; l'ouvrier surtout en est victime. Quant à la Banque et aux autres soi-disant institutions de crédit, elles profitent de l'anomalie pour réaliser de gros bénéfices par un agio énorme.

Pour dire toute la vérité, le *franc* de la Convention n'est pas le FRANC véritable; c'est une fausse mesure, une fausse monnaie.

Eh bien! ce franc authentique, prétendu introuvable, nous l'avons trouvé sans effort et, pour ainsi dire, sans l'avoir cherché. Cette monnaie naturelle et légale, nous la possédons dans le bon général de la Société, et nous pouvons dire d'elle comme le roi Inachus de sa fille Io : *Tu non inventa, reposta es.*

Par le tarif du change, à l'arbitrage duquel ni l'or, ni l'argent, ni le platine, ni aucun métal, produit, ou service déterminé de quantité, qualité, poids, durée, etc., ne peut se soustraire ; — tandis que le billet de la Société ou bon général d'échange est représentatif du PAIR, c'est-à-dire de l'*unité* idéale dont on est forcé d'admettre que toute valeur échangeable se compose ; — par l'action de ce tarif, disons-nous, il est évident que ce papier social, gagé sur l'or, l'argent, les produits, les lettres de change, le travail des producteurs, le sol cultivable, les instruments de travail et les maisons, ce papier qui, dans le principe, semblait n'être, comme le billet de la Banque de France, qu'une représentation du numéraire, est devenu la représentation de toutes les valeurs possibles ; et puisqu'il s'énonce en *francs*, il est évident encore que ce *franc*, exprimé par le billet de la Société, n'est plus le franc de la Convention, soit 5 grammes d'argent à 9/10es de fin, ou une quantité proportionnelle d'or : c'est le franc de la nature et de l'humanité, le franc de la science que Adam Smith avait entrevu dans la journée de travail.

En effet, puisque le bon général d'échange est représentatif de toutes les valeurs produites ; que ces valeurs ont toutes pour origine et détermination primordiale la quantité de travail qu'elles ont coûté ; que, comparées entre elles, elles supposent une moyenne autour de laquelle chacune oscille et pivote dans une ellipse plus ou moins allongée, comme les planètes et les comètes autour du soleil : il s'ensuit que le bon d'échange, valeur typé ou étalon de la Société, n'est autre chose que l'expression de cette unité, ou d'un multiple de cette unité, ou d'une fraction de cette unité, que nous avons appelé la *journée moyenne* de travail.

Supposons, pour un moment, que cette journée moyenne réponde à une quantité de 25 grammes d'argent à 9/10e de fin, soit une pièce de cent sous : nous dirons que l'ouvrier qui gagne 5 francs par jour gagne une journée; que celui qui gagne 2 fr. 50 c., 3 francs, 4 francs, gagne 1/2, 3/5, 4/5 de journée; que celui dont le salaire s'élève à 10 ou 15 francs, gagne une journée double ou triple de la moyenne.

Et voyez maintenant les conséquences : si le salaire des ouvriers s'exprime en francs de la Société, non plus en francs métalliques de la Convention ou de la routine, le prix des objets de consommation peut osciller et danser tant qu'il voudra : l'ouvrier ne supportera jamais que sa juste part de la baisse comme de l'enchérissement. Est-ce que la journée moyenne de travail ne reste pas la base de toutes les évaluations? Est-ce que le billet de la Société n'exprime pas cette journée moyenne, quelle qu'elle soit? Que cette moyenne varie donc tant qu'elle voudra, comparativement à elle-même, elle n'en reste pas moins, relativement aux valeurs produites dont elle est la base, l'unité fixe, idéale, absolue. Tandis que nous voyons l'ouvrier qui, depuis un demi-siècle, reçoit un salaire moyen de 4 francs, appauvri de 25 p. 100 par l'effet de la hausse des autres produits et du stationnement, voire même de la baisse des métaux; ce même ouvrier, si son salaire eût été exprimé en francs théoriques de la Société, aurait bénéficié de toutes les améliorations industrielles : avec le même salaire, son bien-être se serait accru de toute la quantité dont il a été diminué, 25 p. 100.

Nous terminons ici ces éclaircissements, qui demanderaient un traité spécial. Bornons-nous à dire que c'est par cette monétisation générale des produits, par cette haute police exercée sur toutes les valeurs, consequence nécessaire de l'organisation de l'échange telle que nous l'avons précédemment exposée, que la France prendra le pas sur toutes les nations et deviendra pour jamais le porte-drapeau de l'humanité civilisée.

16.

§ 8. — *Création de succursales*

La Société de l'Exposition perpétuelle est destinée à centraliser toute la circulation commerciale. Elle n'existerait qu'à demi; elle manquerait à sa mission, elle péricliterait et tomberait à la fin, si, par une inconséquence sans excuse, elle agissait autrement.

Que serait son papier fiduciaire, si l'usage devait s'en renfermer dans le rayon kilométrique de la capitale, tout au plus dans les limites du département de la Seine? A quoi bon ce levier, d'un bras si long, capable à lui seul de déplacer le monde, s'il devait se borner à des économies de transport et d'usure du numéraire, d'un quartier de Paris à l'autre; tout au plus à des balances de comptes et des virements?

Comment ensuite, sans cette plénitude d'action que donne seule la généralité, mettre en rapport, en communication permanente, les producteurs des diverses régions du territoire? Comment provoquer, effectuer leurs échanges? Comment opérer le placement des produits et matières premières en excédant, soit sur autres produits et matières premières, soit sur hypothèque?

Comment enfin arriver à l'équilibre des valeurs, ce but suprême, idéal de l'économie publique?

Être ou n'être pas, c'est-à-dire embrasser la surface entière du pays ou rester dans le néant, telle est pour la nouvelle institution l'alternative.

Et il faut ajouter qu'il lui sera incomparablement plus aisé d'être le tout que de rester la partie : il suffit d'avoir la moindre idée de la circulation et de l'échange, d'en connaître les conditions et les exigences, pour s'en convaincre. Eh quoi! le moindre fabricant parisien, le plus petit banquier de province a des relations dans chaque chef-lieu, dans chaque capitale; il est, en puissance, la banque centrale du globe; il perdrait si on lui interdisait la moindre partie de la terre habitable. Et une Société dont la nature est d'être unique, qui a pour but de changer la routine mercantile et de régénérer la constitution économique de la société, hésiterait à suivre son développement légitime, naturel, nécessaire!

Non, non, il n'en saurait être ainsi. Le voulût-elle, la Société de l'Exposition ne le pourrait pas. Il en sera d'elle comme des chemins de fer : une fois installée et connue, elle sera appelée de tous côtés par les départements et les communes, comme la sauvegarde de tous les intérêts et de tous les droits.

Ne perdons pas de temps à répondre aux objections tirées de la grandeur de l'entreprise, de la multitude du personnel qu'elle suppose, de l'immensité des détails, de la surveillance infinie, etc. Après la Banque de France et les chemins de fer, de telles objections sont sans portée. Pourquoi donc la nouvelle Société, fondée sur l'utilité publique et dans le but d'assurer à tous la jouissance égale de leurs produits et de leur industrie, par l'échange, l'escompte, etc., serait-elle administrée, servie avec moins d'intelligence et de zèle que les entreprises qui reposent sur le privilége?...

Mais nous voulons donner une idée générale de cet organisme, jusqu'ici sans modèle.

On conçoit sans peine que la Société mère, créée à Paris, ayant son siége au Palais de l'Industrie, s'entoure, en chaque province et département, de succursales constituées à son image, recevant d'elle l'impulsion et la loi, comme a fait la Banque de France pour les comptoirs de départements.

Si la Société centrale nomme les directeurs, contrôle et surveille les opérations, fixe le tarif du change, émet le papier de la Société, recueille les renseignements et compose les statistiques, elle est le pivot auquel tout aboutit, le foyer d'action d'où rayonnent en tous sens la vie et la lumière.

Tout cela est de compréhension facile.

Mais qui ne voit qu'outre ces succursales, bureaux et bazars, établis sur le plan de la métropole, la Société, par la masse de ses placements, se met en relation avec les *Docks*, entrepôts, halles, magasins généraux et spéciaux, où se trouvent accumulés les produits et marchandises que sa tâche est d'écouler; que, tout en se distinguant de ces établissements et sans empiéter sur leurs attributions, c'est elle qui les· utilise, qui les discipline, qui leur donne l'impulsion et l'unité, qui en détermine l'importance?

Ainsi, par la constitution de la Société, les Docks, dont la création est demeurée jusqu'à ce moment, comme celle du Crédit foncier, une lettre morte, parce qu'ils manquaient de signification, de ressort, tranchons le mot, de raison suffisante d'être, les Docks trouvent immédiatement leur nécessité et leur emploi; avec le temps, la Société se les assimile, les moule à son calibre, les frappe de son estampille; elle en fait ce qu'il impliquerait contradiction qu'ils ne fussent pas, ce sans quoi ils ne sauraient, dans la France centralisée, démocratique et unitaire, subsister: des établissements comme elle-même, non plus d'exploitation privée, mais d'utilité publique.

Une influence analogue sera exercée par la **Société** sur le commerce de détail. La Société de l'Exposition donnant le ton au commerce de *gros*, les détaillants seraient bientôt entraînés, par la clameur publique et la force des choses, à ne mettre en vente que des produits ayant passé par les mains de la Société nouvelle, c'est-à-dire expertisés et estimés, et qu'ils exposeraient à leur tour, avec les procès-verbaux d'expertise, aux regards des amateurs et chalands. Par ce moyen, le détaillant, obligé de faire connaître à l'acheteur le prix du *gros*, devra se contenter d'un bénéfice modéré, avouable, le sou pour franc, par exemple. Et tandis que sous l'ancien régime commercial, la sagesse du législateur n'a pu aboutir, à l'égard des brevets d'invention, qu'à cette formule inepte : *sans garantie du gouvernement*, le consommateur petit et grand aura son vin, son huile, son linge et tous les objets de sa consommation *avec garantie de la Société.*

§ 9. — *Office de publicité.*

Le commerce actuel a pour règle d'établir le secret le plus absolu sur ses opérations. *Le secret est l'âme du commerce,* dit le proverbe. Empêcher tous rapports directs entre les producteurs et les consommateurs, appauvrir les uns et les autres par l'ignorance, les difficultés de rapprochement, les risques de transport, les hasards du marché, l'incertitude des besoins; en un mot, *pêcher en eau trouble,* tel est l'art et tel est l'objet du commerce. La Société de l'Exposition remplace ce secret abusif, qui ne profite qu'aux intermédiaires, par la plus complète publicité. Déjà nous avons dit, paragraphe 1ᵉʳ, à quelles conditions de déclaration de prix, de provenance, de quantité, qualité, poids, les produits et marchandises seraient admis à l'exposition; mais la publicité dont nous entendons ici faire une loi à la Société ne se borne pas là : elle s'étend sur tous les actes de la Société elle-même, autant du moins que ces actes ne compromettent pas des tiers déposants ou adhérents, ayant droit pour les procédés de leur propre industrie, le succès de leur entreprise, au secret.

En deux mots, la Société, si elle est tenue de garder le secret d'autrui, n'en a elle-même aucun pour le public, qui est et doit rester en tout et pour tout son souverain.

De même que la Banque de France, la Société de l'Exposition publiera un état de situation chaque semaine; — de même aussi que les compagnies des Docks, de navigation, de mines et de chemins de fer, elle aura un organe accrédité, paraissant une, deux ou un plus grand nombre de fois la semaine, et destiné à recevoir toutes les communications officielles et officieuses de la Société: statistiques, mercuriales, existences en magasins, dans les Docks, les entrepôts et les halles, mouvements des transactions, oscillations du change, etc.

Fidèle à son principe d'abstention, la Société ne publie ni ne subventionne un journal, dont la rédaction et la critique, même en ce qui concerne la Société, doivent rester complétement libres et indépendantes. Elle se borne à traiter avec lui pour toutes insertions et publications aux prix et conditions ordinaires des journaux.

Chaque année, ou deux fois l'an, la Société publiera un bilan général, détaillé par chapitres et articles, tel enfin qu'on peut l'exiger d'un établissement public destiné à servir de type et de modèle, aussi bien pour l'organisation, le service et la comptabilité, que pour la loyauté et la justice.

Tout ce qui peut intéresser la curiosité publique dans la constitution, la gestion, les tendances et projets de la Société : personnel et matériel, appointements, salaires, loyers, contributions, frais de bureaux, encouragements, récompenses, primes, médailles, secours et pensions, recettes de toute nature et par catégories, dépôt, magasinage, commission, escompte, intérêt, détails statistiques, opérations, transactions, ventes, échanges, placements, quantités, qualités, poids, prix, *maxima*, *minima* et moyenne, le compte rendu de la Société annuel et semestriel doit tout dire, tout soumettre au contrôle de l'opinion, tout exposer aux regards du maître, qui n'est autre ici que le public même.

La Société fera plus encore.

Expression de la science autant que de l'utilité publique, elle publiera de temps en temps dans la feuille qui lui servira spécialement d'organe, et avec l'assistance bénévole de la rédaction, une Revue des faits économiques les plus intéressants du pays et du globe; elle en fera ressortir les principes et les lois; elle en montrera les aberrations et anomalies; en un mot, elle ne négligera rien de tout ce qui peut contribuer à l'éducation économique de ses actionnaires, adhérents, commettants, clients, ainsi qu'à la réforme industrielle et mercantile de la nation. C'est en faisant la lumière que la Société étendra sa puissance au dedans et au dehors; c'est par la justice et la science qu'elle saisira le gouvernement des intérêts et le sceptre du monde.

Les articles qui précèdent, formant l'ensemble du chapitre IV et la série des opérations principales de la Société, ne sont pas le résultat de nos seules inspirations personnelles.

Désireux de donner à notre projet le caractère de la plus grande généralité d'opinion, et d'en faire, autant que possible, l'expression de la démocratie industrielle la plus avancée, aussi bien en pratique qu'en spéculation, nous avons consulté et comparé le plus grand nombre de publications faites depuis six ans sur la matière; nous en avons dégagé la substance; nous avons interrogé les hommes les plus remarquables par leur intelligence et leur expérience, ceux dont la probité et le dévouement pouvaient nous être une garantie de certitude. Nous n'avons pas négligé non plus l'opinion des gens d'affaires qui, étrangers à toute considération de parti, même de philanthropie, pouvaient nous éclairer sur une fondation d'une importance aussi décisive.

Nous croyons pouvoir affirmer que si les idées que nous venons de développer, par le fond et même par la forme, sont essentiellement *nôtres*, en ce sens qu'elles découlent toutes de principes supérieurs que nous avons émis et soutenus plus d'une fois, et qu'elles sont toutes autant de cas particuliers d'une synthèse générale des sciences morales, politiques et économiques, à la construction de laquelle nous travaillons chaque jour; en fait, la priorité d'émission, voire même d'application de plusieurs de ces idées, appartient à d'autres, dont il nous est d'autant plus agréable de reconnaître le droit, que nous y trouvons pour nous-mêmes une garantie de plus de certitude.

Nous citerons nommément, pour les §§ 3e, 4e, 5e et 6e, M. *François* COIGNET, manufacturier à Saint-Denis, l'un des industriels les plus recommandables du département de la Seine et de nos économistes les plus éclairés, et dont nous

nous sommes fait un devoir de suivre pas à pas le travail qu'il a bien voulu, à notre prière, faire sur l'institution en projet: pour l'application du *Tarif du change*, § 7, M. d'Esclée, auteur de plusieurs publications sur la matière, homme d'intelligence et de dévouement, que de longues et dures épreuves ont instruit, et dont nous aimons d'autant plus à relever le mérite que d'autres semblent davantage le méconnaître.

CHAPITRE V

ADMINISTRATION DE LA SOCIÉTÉ

Nous n'en ferons ici qu'une mention sommaire, pour dire qu'elle doit être organisée sur les bases de la plus large démocratie.

Elle se composera :

1° D'un conseil d'administration de **vingt-cinq** membres ;

2° D'un comité de direction de trois membres, avec sa hiérarchie d'employés par divisions, bureaux, etc.;

3° D'une commission de surveillance de cinq membres ;

4° D'un jury d'expertise ;

5° D'une commission du change de trois membres.

En principe, le conseil d'administration est élu par l'assemblée générale, et renouvelable d'année en année par cinquième.

L'intérêt de la mise en train de la Société, le droit qui appartient à toute initiative, nous semble exiger que sur vingt-cinq membres, quinze au moins soient pris parmi les fondateurs de l'institution, au nombre desquels il conviendra peut-être d'appeler les noms les plus connus et les plus honorables de la démocratie industrielle. Nous en avons cité un grand nombre ; il sera facile d'en trouver d'autres. La

Société a le plus grand intérêt à s'adjoindre, soit comme administrateurs, soit comme chefs de service, soit comme correspondants ou succursalistes, les hommes qui, depuis des années, à travers tous les sacrifices, toutes les difficultés et les dégoûts, ont préparé le sol économique, et pour ainsi dire conduit l'institution à maturité. Ces hommes, par leurs relations, leur entregent, leur entourage, leur dévouement à toute épreuve, nous paraissent être les plus capables de mener l'institution à bien, et avec toute la rapidité dont elle est susceptible.

A ces quinze fondateurs on adjoindra dix hommes, choisis autant que possible parmi les notabilités industrielles, et dont le nom impose tout d'abord, à la classe immense des producteurs, la considération et la confiance.

Aucun changement ne sera fait dans le conseil d'administration pendant les cinq premières années, sauf les cas de mort ou de démission.

Après cinq ans, le renouvellement commencera à s'opérer, par la voie du sort, et les remplacements seront effectués par l'assemblée générale.

Le comité directeur sera choisi par le conseil d'administration, soit parmi ses propres membres, soit en dehors.

Les deux commissions, de surveillance et de change, seront élues par l'assemblée générale ; le jury d'expertise, nommé par le conseil d'administration.

Les chefs de caisse et de comptabilité seront choisis par le conseil de surveillance ; tous les autres employés sont à la nomination du comité directeur.

Du reste, la Société, quoique d'institution essentiellement publique et dépouillée de tout caractère privé, est indépendante de l'État, qui n'exerce vis-à-vis d'elle d'autre action que celle qui appartient, de par la loi, au ministère public et au conseil d'État, à l'égard de toutes les sociétés de commerce.

La Société ne crée ni actions industrielles, ni actions de jouissance.

Par la nature et l'objet de sa constitution, ses actions de

capital, quoique portant intérêt à 4 p. 100, garanti par l'État et pouvant obtenir un dividende, ne peuvent guère plus s'élever au-dessus du pair qu'elles ne sauraient descendre au-dessous. De ce côté, comme de l'autre, toute spéculation agioteuse, toute réalisation de primes est impossible aux fondateurs, administrateurs, directeurs, etc., comme aux actionnaires.

Afin de donner à son administration l'énergie qui caractérise les entreprises d'intérêt privé, il sera fait chaque année, sur le produit net de la Société, un prélèvement de x p. 100, destiné, en sus des appointements fixes, à la rémunération du personnel.

Tous les employés de la Société sans exception, depuis le conseil d'administration jusqu'au dernier homme de peine, auront droit à ce prélèvement, en proportion de leur salaire et du produit net obtenu par la Société *dans la division du service dont ils font partie.*

Eu égard aux réductions possibles du taux des commissions et escomptes, le montant du prélèvement destiné à la rémunération du personnel sera calculé chaque année de manière à ajouter aux appointements et salaires une fraction croissante, depuis le dixième jusqu'à la moitié du chiffre des salaires et appointements, de telle façon que, les affaires de la Société devenant de plus en plus prospères, le revenu de chaque employé puisse, s'il y a lieu, s'accroître progressivement, en cinq ou dix années, de 50 p. 100.

Sur le montant des prélèvements, une retenue proportionnelle sera faite, servant de fonds de secours et de caisse de retraite.

Hormis les fonctions d'administrateurs ou de membres des commissions de surveillance et du change, qui dépendent de l'assemblée générale, tout employé de la Société peut aspirer aux grades les plus élevés de la hiérarchie. Les promotions ont pour conditions la capacité et l'ancienneté.

Toutefois, le service de la Société étant la loi suprême,

et la capacité de l'employé ne croissant pas avec le nombre des années, il est établi en principe, dans l'administration de la Société, d'une part, que tout employé pourra être admis, sur sa demande, à passer d'un service à l'autre, de manière à développer sa capacité, et conséquemment à se maintenir dans son grade; de l'autre, que la direction aura le droit de rattacher à un service inférieur l'employé que ses moyens ou son inconduite ne permettraient plus de maintenir au rang qu'il occupait.

Après trente années de service, tout employé de la Société aura droit à une retraite qui ne pourra, dans aucun cas, excéder la moitié des appointements moyens dont il aura joui pendant sa carrière.

Les administrateurs sortants seront l'objet d'une rémunération particulière, proposée par le conseil de surveillance et votée en assemblée générale.

BÉNÉFICES.

Chaque année, après l'apurement des comptes, le produit net de la Société sera divisé en deux parts, dont l'une sera ajoutée à l'avoir social et appliquée au développement de la Société, et l'autre sera distribuée, à titre de dividende, aux actionnaires, qui auront à décider ensuite, en assemblée générale, d'après l'importance de ce dividende, s'il y a lieu ou non de réduire d'une fraction, x p. 100, le taux des commissions, escomptes et intérêts de la Société.

APERÇU GÉNÉRAL DES RÉSULTATS
DE L'INSTITUTION.

Le projet que nous venons de développer et que nous proposons de réaliser par décret impérial, au moyen d'une concession conditionnelle du Palais de l'Industrie et d'une garantie également conditionnelle d'intérêt à 4 p. 100 aux actionnaires, peut se résumer et se définir dans les termes suivants, que nous recommandons à la méditation de Son Altesse Impériale :

Organisation et centralisation de l'échange des produits contre les produits, d'après la formule de J. B. Say, *avec le moins de numéraire, le moins d'intermédiaires, le moins de frais possible, et au profit exclusif des producteurs et consommateurs.*

Tel est le principe fondamental, scientifique et juridique qui domine tout notre projet, et dont tous les chapitres et articles, aussi nombreux que nous eussions pu les faire, aussi loin qu'ils puissent s'étendre, ne sont toujours que de rigoureux corollaires.

Examinons maintenant, d'un coup d'œil rapide, les conséquences, pour le commerce d'abord, puis pour la consommation, puis pour la production et le travail, pour le crédit, pour l'ordre public, pour les classes laborieuses et pour la société tout entière, de l'application de ce principe.

Personne n'ignore que la circulation de la richesse, en autres termes, l'échange des produits les uns contre les autres, fut de bonne heure l'objet d'une fonction ou industrie particulière de la société, abandonnée à l'initiative, aux risques et périls, et par suite aux manœuvres plus ou moins abusives, d'un certain nombre d'individus désignés, pour cette raison, sous le titre de *commerçants.*

On sait aussi quelle fut de tout temps l'influence de cette classe de la société sur les consommations générales, sur la classe laborieuse, sur la fortune publique et les mœurs des nations, et sur les gouvernements.

L'enchérissement constant des subsistances , matières premières et produits, quelquefois la disette;

L'exploitation des travailleurs, le paupérisme systématique, la misère constitutionnelle, effets d'une circulation subversive, de la prélibation capitaliste, et de l'accumulation des valeurs les plus positives en un petit nombre de mains;

La corruption des mœurs et leur hypocrisie;

La domination de l'État par une caste égoïste et sans principes;

Finalement des révolutions sans terme, sans efficacité, et par conséquent sans but :

Tels sont les fruits qu'a produits à toutes les époques, dans tous les pays, l'anarchie mercantile, et qu'elle est en train parmi nous de produire encore.

En ce moment, le prix de toutes les valeurs est arrivé à un taux si exorbitant, que ıa consommation devient impossible, et que la classe productrice, qui devrait, précisément parce qu'elle produit, être la plus riche, classe ouvrière et classe moyenne, s'enfonce de plus en plus dans la misère.

Le producteur ne consomme pas : telle est la formule qu'on peut donner au mal inconnu qui ruine et dévore la société.

Pour que le producteur consomme davantage, il n'y a que deux moyens :

1° Diminuer le prix des produits;

2° Augmenter le salaire ou revenu.

Occupons-nous d'abord du premier.

Jusqu'à ce jour on n'a demandé la diminution du prix des produits qu'aux salaires des travailleurs, soit en inventant des machines qui les remplacent, soit en diminuant, par la division du travail et autres combinaisons plus ou moins économiques, le prix de la façon, le taux de la main-d'œuvre. Ces moyens sont à peu près épuisés; et en admettant qu'il reste beaucoup à faire de ce côté, l'expérience acquise depuis un siècle chez toutes les nations les plus industrieuses et les plus commerçantes du globe, prouve que, loin de se ralentir, le paupérisme n'a fait que s'accroître par la catégorie de procédés que nous venons d'indiquer.

Et puis, voyez la contradiction! Le producteur ne consomme pas : pourquoi? C'est que le produit est trop cher. Pourquoi le produit est-il trop cher? C'est, dit-on, que le salaire est trop élevé. Donc on réduit le salaire afin de diminuer le prix; mais comme, cette diminution de prix obtenue, on a réduit d'autant les moyens d'acquérir du producteur, il se trouve qu'on n'a rien obtenu; on n'a fait que parcourir un cercle vicieux.

Cependant il reste à faire une chose.

Au lieu de demander la diminution du prix des produits au salaire, ne pourrait-on la demander aux frais de la circulation elle-même?

Si l'on examine la constitution actuelle du commerce, on trouve, en effet, que de ce côté le prix des produits est augmenté, en sus du prix de fabrique : de l'intérêt des capitaux employés dans le commerce, et dont la masse pourrait notablement être réduite; des appointements du personnel, dont la multitude est aussi hors de proportion avec le service qu'il rend; de l'exagération des loyers et fermages; de l'énormité des frais généraux et faux frais; de tout ce que prélèvent enfin le monopole, la spéculation agioteuse, et le parasitisme sous toutes ses formes.

La somme de ces augmentations, que nous désignerons d'un seul mot sous le nom de *frais de la circulation*, considérée comme fonctions intermédiaires entre la production et la consommation, a été évaluée pour la France, par un économiste conservateur faisant autorité en cette matière, M. Michel Chevalier, à *quatre milliards*, soit le TIERS de la production totale.

Tout le monde sait que le taux légal des capitaux engagés

dans le commerce est de 6 p. 100, tandis que l'intérêt des
fonds placés sur hypothèque, ou sur l'État, ou engagés dans
l'industrie et l'agriculture, n'est légalement que de 5 p. 100,
4 1/2, 4 et même 3 p. 100. Comme si l'État s'était fait précisément une loi d'augmenter les charges et surcharges,
taxes et surtaxes de la circulation, de ce monde d'intermédiaires parasites, qui grèvent la marchandise et l'empê-
chent d'arriver au consommateur, au producteur. La société
est pleine de ces contradictions.

Tout le monde sait également que les commissionnaires
et courtiers de commerce, que les boutiquiers et marchands
ne prennent pas moins de 10, 12, 15, 20, 25 p. 100 et au
delà de commission ou de bénéfice en sus des autres frais ;
et comme si cette pompe d'épuisement était à ses yeux une
fonction sacrée, l'État a eu soin d'entourer cet état-major
du mercantilisme de toutes les garanties et priviléges ; il en
a limité le nombre, il les constitue en monopole, il leur
donne des juges spéciaux, qu'il refuse aux écrivains politiques ; il leur rend pour leurs exécutions la loi sommaire et
expéditive.

Tout le monde sait enfin que pour opérer la distribution
des produits, ce commerce anarchique est forcé d'user d'une
multitude innombrable d'employés, voyageurs et stationnaires ; d'entretenir une infinité de relations qui se croisent,
se contrebutent, se contredisent, se neutralisent, se créent
des embarras inextricables : la fortune de chaque commerçant étant attachée à la ruine de son confrère, qui est son
compétiteur et son rival.

Or, ce que les chemins de fer ont fait pour l'industrie
voiturière et messagiste, ne saurait-on le faire pour le
commerce proprement dit, en un mot pour l'échange ? Seulement, tandis qu'en créant les Compagnies de chemins de
fer, l'État n'a fait que remplacer un chaos de petits monopoles par une demi-douzaine de grands monopoles, plus
redoutables pour le pays et pour l'État que n'était la four-
milière des entrepreneurs de transports et voituriers, et

qui se réservent la plus grosse part du bénéfice de l'invention qu'ils exploitent, nous proposons à l'État d'organiser, non pas un monopole, — que le commerce anarchique continue son agitation dispendieuse tant qu'il voudra, qu'il continue de faire des victimes s'il en trouve, — mais une Société centrale d'échange direct, garantissant le produit en quantité, qualité et prix, faisant l'escompte à 1/2 p. 100, et se contentant pour sa commission de 2 1/2 p. 100 en maximum : les bénéfices de l'exploitation devant en outre être partagés entre les producteurs consommateurs, appelés par préférence à souscrire.

Tel est le point de départ de la nouvelle institution dont nous allons maintenant parcourir les conséquences :

1. Si donc, par le système que nous proposons d'établir, les frais de circulation et d'échange, soit des intermédiaires entre la production et la consommation, frais qui s'élèvent aujourd'hui à 35 p. 100, d'après le témoignage de M. Chevalier, se réduisaient du premier coup à 5, le septième de la dépense actuelle ; il est clair que le prix des produits diminuerait sur la totalité de 30 p. 100, c'est-à-dire qu'il ne se composerait plus en général que des frais de production, augmentés de 5 p. 100 pour l'échange.

Le premier effet de l'institution est donc de créer la *vie à bon marché*, ce rêve d'Henri IV, poursuivi par quelques esprits généreux de notre époque.

2. Si le prix des produits diminue, la consommation croît d'autant, et par conséquent le bien-être. La circulation, de pauvre et fiévreuse qu'elle était, devient pleine, active et régulière. Nous touchons à la santé du corps social, à la vie normale.

3. La consommation rétablie, la production ordinaire devient insuffisante ; le débouché appelle le produit, comme l'estomac du convalescent appelle la nourriture. De là une demande plus considérable de travail et de bras. Quel service à rendre à la ville de Paris, aux départements, au commerce, à l'empire, écrasés sous les dépenses énormes

de travaux, de bâtisses, qui ne peuvent durer longtemps, et dont l'utilité douteuse rappelle involontairement aux esprits les trop célèbres *ateliers nationaux !*

4. Avec la demande plus considérable de travail, non-seulement la multitude des ouvriers déclassés ou chômant retrouve de l'occupation ; le taux des salaires recommence à monter : double avantage, d'un côté pour l'ouvrier, qui peut profiter de la hausse par le meilleur marché des produits et par l'augmentation de son revenu ; de l'autre, pour l'État, qui se trouve débarrassé d'une clientèle onéreuse, et qui voit s'éloigner de plus en plus le temps des chômages et des grèves. Sans intervention de la police et des tribunaux, la Société de l'Exposition, par son action économique, rétablit l'ordre dans l'atelier comme elle le fait sur le marché. Elle n'a pas besoin de regarder derrière elle ; il lui suffit de marcher.

5. Le Palais de l'Industrie a reçu, dit-on, cette année, les échantillons de vingt mille producteurs ! Prenons ce chiffre pour base hypothétique du nombre de producteurs de tout genre, auxquels ce magnifique bazar servira de montre et d'étalage ; la supposition est modeste, puisque avec l'adjonction des *docks*, *halles* et autres entrepôts, qui lui serviront d'auxiliaires, l'Exposition perpétuelle doit prendre une extension beaucoup plus considérable.

Voici donc vingt mille fabricants qui n'ont plus besoin de *boutiques*, et dont le commerce, parfaitement organisé, fait une concurrence sérieuse aux partisans de l'ancien système. Croit-on qu'il n'y ait pas là une force énergique pour contraindre, par les voies les plus légitimes, les propriétaires de Paris et des villes à réduire notablement le taux, vraiment tyrannique, de leurs loyers ? Croit-on que les petits magasins de détail, affiliés à la Société, ainsi que nous l'avons dit chap. IV, § 8, ne seront pas ici les agents irrésistibles de cette *révolution de la boutique*, aussi bien au point de vue du commerce de détail qu'à celui de la propriété ?

17.

6. Le mouvement ne s'arrêtera pas là. Dès lors que la *boutique* devient inutile au producteur, le domicile sur la rue, dans les grandes rues, sur les quais et les boulevards, au centre des cités, n'est plus nécessaire. Ils peuvent s'éparpiller dans les faubourgs, la banlieue, les moindres hameaux. Avec *la vie à bon marché*, réclamée par M. Delamarre, nous avons *le logement à bon marché*, réclamé par tout le monde, et qu'il n'est au pouvoir de personne, hormis la Société de l'Exposition, de procurer.

7. Nous avons dit, d'après l'autorité de M. Chevalier, que le prélèvement des intermédiaires, commerçants, monopoleurs et parasites, sur la production générale, était d'environ 35 p. 100, représentant une somme totale de 4 milliards. Supposons que, par le développement de l'institution nouvelle et son établissement dans toute la France, cette somme de frais se réduise seulement à 1 milliard. Les 3 milliards supprimés, ou pour mieux dire sauvés, et représentant partie du travail maintenant disponible, partie des intérêts de capitaux également rendus disponibles, il est indubitable que ce travail et ces capitaux se reportent sur la production proprement dite, c'est-à-dire l'industrie, l'agriculture, la navigation, etc.

Ainsi, l'industrie qui languit faute de capitaux;

L'agriculture qui se désespère faute du crédit promis, et que la défection du capital lui dérobe;

L'esprit d'entreprise refoulé de partout, à moins qu'il n'obtienne, Dieu sait à quel prix, l'*exequatur* des Pereire, des Mirès et consorts;

Tout ce qui constitue le travail national, en un mot, va recevoir une nouvelle vie, une nouvelle vigueur! Pas n'est ici besoin des trésors de la Californie et de l'Australie : un simple déplacement suffit. Le service de la circulation coûte trop cher; il absorbe trop de capitaux : il faut, en organisant la circulation, reporter ces capitaux du système veineux ou lymphatique au système musculaire: et la nation sera rendue à la santé; le malade pourra se moquer des médecins,

8. Produire davantage, augmenter les réserves, diminuer la somme du capital engagé, tout cela revient à dire augmentation des capitaux.

Mais plus une marchandise augmente, plus elle est offerte: plus elle est offerte, plus son prix baisse. Nous avons donc le *capital à bon marché*, comme la subsistance et le domicile, la commandite au rabais. C'est alors, et alors seulement, que l'Empereur pourra reprendre la réalisation de sa pensée d'une institution de Crédit foncier et agricole. La Société de l'Exposition, par ses avances et prestations de produits sur hypothèques à zéro d'intérêt, révolutionnant le bail à cheptel, ouvrira le sillon et tracera la méthode.

9. Une fois engagée dans ce courant, il n'est plus possible que la Société s'arrête. Ne voyons-nous pas en ce moment le paysan de la Picardie, de la Beauce, des meilleures régions de la France, restreindre son exploitation, borner ses dépenses d'entretien et d'amélioration au strict nécessaire, et réserver ses économies pour l'emprunt, parce qu'il considère que l'intérêt de 4 1/2 que lui offre l'État est plus lucratif que le revenu de la terre?... Les mêmes motifs existant dans le travail industriel, force sera aux propriétaires fonciers de réduire le prix de leurs fermages, bien plus, de vendre leurs terres. Alors, avec la réduction inévitable du prix des baux se réalise cet autre vœu de l'économie politique : *la terre à celui qui la cultive*, la rente foncière à l'État et au paysan.

Sans doute ce n'est pas dès le premier jour que l'on peut voir se réaliser dans leur plénitude ces magnifiques espérances ; mais peut-on nier que dans la société le bien et le mal ne se tiennent, et que, comme l'altération du sang produit à la longue la dissolution des organes, de même sa pureté et sa richesse amènent leur beauté et leur énergie?

10. Alors la nation pourra procéder d'ensemble aux grands travaux d'amélioration du sol et de colonisation, que, depuis vingt ans, tous les économistes, ceux de la tradition et ceux du progrès, novateurs et stationnaires, réclament pour elle : desséchement des marais; la Sologne, la Camargue, les côtes de l'Océan à conquérir; le reboisement, l'irrigation, le drainage; — avec les moyens que fournit la navigation à vapeur, la prolongation du territoire français jusqu'à l'Atlas, et, si nous osons ainsi dire, l'absorption dans la vieille Gaule de l'Afrique septentrionale... Tous les obstacles attachés à la colonisation seraient levés : la Société de l'Exposition assure les moyens matériels ; c'est à l'État, en poursuivant dans la voie qu'elle aura ouverte, que lui-même s'est ouverte déjà par son système d'emprunts, à substituer ensuite la colonisation par tout le monde à la colonisation par compagnies de monopoleurs et création de fiefs.

11. Mais nous ne répondrions pas à l'attente de l'Empereur et au désir par lui formellement exprimé, si, après avoir montré les effets de la nouvelle institution en ce qui touche l'amélioration du sort des ouvriers, la vie à bon marché, le travail plus abondant et mieux rétribué, nous ne faisions ressortir les conséquences que la Société est destinée, très-prochainement, à produire, relativement à leur indépendance et à leur émancipation.

En éliminant, comme nous l'avons fait, l'armée des intermédiaires parasites, et en organisant la circulation des produits par la commandite des producteurs eux-mêmes, nous avons interverti le rapport qui unit, dans l'économie sociale, les deux grandes puissances industrielles, à savoir : le *travail* et le *capital*.

Le travail était dominé et serf, — maintenant il est affranchi et libre.

Il recevait les ordres du capital ; — c'est lui qui commande et qui intime au capital ses propres volontés.

De subalterne, le travail est devenu maître ; par contre, de tyran et spoliateur, le capital est devenu un serviteur obéissant et utile.

Qu'avons-nous fait pour obtenir ce résultat ? Rien que d'ouvrir un asile aux producteurs dans le Palais de l'Industrie, de les mettre tous en présence les uns des autres, de leur apprendre à se connaître, et de leur proposer, sans qu'il leur en coûtât ni peine ni sacrifice, de faire eux-mêmes leurs affaires.

C'est sur cette INTERVERSION générale des rapports économiques que nous avons basé le nouveau système d'ordre public auquel, selon nous, toute la France, mais surtout la démocratie travailleuse, aspire ; c'est à l'aide de cette permutation de l'autorité que nous avons procédé au rétablissement de l'équilibre des forces sociales.

Considérons maintenant quelle est, dans ce nouveau régime, la situation de classes ouvrières :

12. On compte de vingt-cinq à trente mille ouvriers en soie dans la seule ville de Lyon. Cette corporation célèbre s'étend fort au loin dans les campagnes des départements du Rhône et de l'Ain ; la cherté des loyers et des subsistances les chassent de plus en plus de la ville dans les communes rurales, où la misère ne cesse de les poursuivre.

Ces ouvriers, sans relations entre eux ni avec le consommateur, indigène ou étranger ; sans nulles connaissances des choses du commerce, sont depuis un temps immémorial la mine féconde qui enrichit tout un peuple de commissionnaires et de négociants, race égoïste, rapace, étrangère à tout sentiment humain, autant qu'au travail même.

L'ouvrier travaille ; le marchand et le commissionnaire récoltent et jouissent.

L'ouvrier produit ; le marchand et le commissionnaire exposent. Combien de noms d'ouvriers en soieries sont arrivés à l'exposition ?

Le marchand, par ses capitaux, accapare la matière première ; le commissionnaire accapare la commande : tous les deux, unis pour exploiter cette branche d'industrie, ne laissent qu'un maigre salaire à l'ouvrier, au producteur. Ce qui est vendu au consommateur 10 francs par les intermédiaires, spéculateurs et parasites, a coûté 3 francs à la fabrication !....

Avec la Société de l'Exposition, le parasitisme **boutiquier**, agioteur, est éliminé ; l'ouvrier obtenant *avances de matières premières contre produits*, devient, sans qu'il lui en coûte ni une minute de son temps ni un centime de dépense, son propre marchand, son propre commissionnaire. Une part de l'énorme surcharge qui pesait sur son produit tombe dans son escarcelle ; l'autre part est bonifiée au consommateur.

Ce que nous disons de l'ouvrier en soie, il faut le dire de l'ouvrier rubanier, qui peuple les montagnes du Forez, de l'ouvrier passementier, qui jadis remplissait certains quartiers de la capitale, et que la misère, effet de l'exploitation, commence à faire défiler vers les plaines de la Picardie, où, loin des relations commerciales, se consomme son asservissement.

Il faut le dire enfin de toutes les professions où le travailleur travaille chez lui, pendant que son produit est groupé, aggloméré, agioté par les entrepreneurs spéculateurs.

13. Or, ce que le travailleur à domicile obtiendra d'emblée de la Société d'Exposition, le travailleur en atelier e manufacture l'obtiendra également, mais à une condition préalable, *l'association*.

Après la révolution de 1848, le gouvernement, sentant la nécessité de faire quelque chose pour la classe ouvrière, essaya de commanditer, aux frais du Trésor, quelques associations. Le succès obtenu par ce genre de secours a été plus que médiocre ; si l'État se met à commanditer le travail, l'État est perdu, et, ce qui est pis, la désorganisation se met dans la société.

En principe, l'État ne doit pas plus commanditer le travail que se faire industriel ou commerçant : son rôle est d'avertir, d'exciter, et puis de s'abstenir.

Mais que des sociétés ouvrières se forment pour l'exploitation des industries qui requièrent le travail combiné, divisé et groupé, comme celles qui, déjà en petit nombre, existent dans la capitale, alors la Société de l'Exposition peut leur venir en aide et assurer leur existence; — que n'ont pas à gagner, par exemple, les sociétés des ébénistes, des pianistes, des tourneurs, des limeurs, avec l'institution nouvelle?... Et ce mouvement commencé, qui ne voit que le courant emportera tout avec le temps : manufactures, métallurgie, houilles, gaz, navigation, chemins de fer? Bientôt, sous la pression de l'idée populaire et de la conscience publique, tous ces établissements du monopole, toutes ces forteresses du privilége devront liquider, et la féodalité financière fera sa nuit du 4 août. Alors, évidemment, la démocratie appartient au pouvoir qui lui aura ouvert cette large écluse, et, avec la démocratie, la société.

14. Élevons-nous à des considérations de plus en plus générales.

L'ouvrier émancipé, non plus par une vaine déclaration de droits civils, politiques et humanitaires, par un exercice impuissant du suffrage universel, par une promesse fallacieuse de commandite, par les secours d'une philanthropie injurieuse, arrachés aux classes riches au moyen de taxes arbitraires, vexatoires et toujours insuffisantes ; mais par la seule organisation de la faculté d'échange, l'ouvrier émancipé, disons-nous, le prolétariat s'évanouit, puisqu'il n'y a de prolétaire que celui dont le travail est sans garantie ni indépendance, ou qui même n'a point de travail.— Le rêve doctrinaire du *gouvernement de la classe moyenne* devient une vérité; car toute la nation entre dans la classe moyenne, et ne peut plus en sortir.

Un autre rêve, regardé dans ces derniers temps comme la plus dangereuse des utopies, trouve sa réalisation : c'est e *Droit au travail*....

Une troisième chimère, déclarée telle depuis cinquante ans par tous les économistes, et mise de pair avec la quadrature du cercle et le mouvement perpétuel, — l'*extinction du paupérisme*, l'*abolition de la mendicité*, — apparaît comme une vérité de sens commun.

Et qu'en aura-t-il coûté à l'État pour produire toutes ces choses? — Rien.

Quel effort de génie pour résoudre ces insolubles problèmes? — Aucun.

Quel coup de la puissance souveraine pour terrasser ces monstres? — Pas une chiquenaude.

« Les maladies ne se guérissent point, comme l'on croit, par une action directe, curative ou créatrice des remèdes, — nous disait un médecin de nos amis; — les médicaments, quels qu'ils soient, comme les opérations de la chirurgie, ne servent qu'à mettre les forces organiques EN PRÉSENCE d'elles-mêmes, et, cette mise en présence effectuée, la nature se guérit toute seule. »

Nous avons mis en présence les forces productives, et la société se guérit d'elle-même. L'Empereur peut régner : ni lui ni personne ne gouverne plus.

15. Une plaie de la société moderne, fondée tout entière, comme nous l'avons dit au début de ce projet, sur la division et l'aliénation inintelligente du domaine public et l'antagonisme universel; est la concurrence subversive, déloyale, destructive du travail et des capitaux. Nous manquerions à notre devoir si nous ne rappelions pas ici l'ouvrage, plein d'éloquence, et qui produisit, il y a une douzaine d'années, une sensation si vive, de M. Louis Blanc.

Une autre plaie est celle de la contrefaçon, à laquelle viennent se joindre la falsification, l'intoxication, la fraude, le vol.

Un troisième fléau, plus hideux encore, parce qu'il vient de plus haut, est le chancre de l'agiotage qui, des sommités de la finance se propageant jusqu'aux paysans et aux portiers, fait déserter pour la Bourse le travail et la culture, et défie toutes les habiletés de la police judiciaire, toutes les rigueurs du parquet.

La nouvelle institution met fin à toutes ces pratiques détestables.

La concurrence reprend ce caractère d'honneur, d'émulation libérale et féconde qui fit d'elle une des forces de la

Révolution de 89, quand il fallut combattre et renverser, avec les derniers vestiges de la féodalité nobiliaire, le système de monopole créé dans le Tiers-État par la politique routinière, imprudente, des anciens rois.

La contrefaçon ! Comment serait-elle possible avec le régime de haute et universelle garantie créé par la Société de l'Exposition perpétuelle ?

Quant à l'agiotage financier, au jeu démoralisateur et stérile sur les valeurs industrielles, il doit progressivement décroître, à mesure que la Société s'emparera de la circulation des produits ; que, par l'émancipation du travailleur et l'organisation ouvrière, elle soustraira ces produits à la spéculation agioteuse ; que, sous sa puissante influence, commencera la conversion des grandes compagnies actuelles de capitalistes en compagnies de producteurs et d'ouvriers.

Bientôt à l'agiotage il ne restera, comme il y a peu d'années, que les fonds publics, le 3, le 4 et le 4 1/2 p. 100. Mais est-ce que devant l'abaissement du taux de l'intérêt, produit par la circulation nouvelle, il n'est pas permis d'espérer que l'État, de conversion en conversion, arrive au remboursement de sa dette ?

16. Nous avons expliqué ch. IV, § 7, en traitant de la tarification du change, comment, dans les prévisions de la Société, devrait s'opérer, d'une manière insensible et sûre, la réforme des monnaies. Nous ne reviendrons pas sur ce sujet, l'un des plus ardus de la science et des plus féconds en résultats.

Mais, après avoir réglé le change à l'intérieur, est-ce donc que la Société n'aura pas puissance de le régler aussi au dehors ?

Qui ne voit ici qu'autant les producteurs et échangistes du pays montreront d'empressement à faire usage d'un papier qui, toujours remboursable, leur épargne 4 p. 100 d'intérêt dans toutes leurs transactions, autant les étrangers, Belges, Allemands, Suisses, Américains, Anglais, rechercheront ce même papier dont l'emploi leur procure, *ipso facto*, sur tous leurs achats, une économie de 4 p. 100.

Or, une fois le papier de change de la Société introduit dans le commerce des nations, la Société de l'Exposition universelle gouverne le commerce du monde; le métal détrôné ne remplit plus qu'un rôle secondaire; la douane perd en lui sa première et principale raison d'existence; et tandis que les protectionnistes et les libre-échangistes disputent de leurs systèmes, également faux dans leur absolu, le gouvernement, appuyé sur la nouvelle Société, suivant le mouvement qu'elle lui indique, abaisse progressivement son tarif douanier, élimine au fur et à mesure les articles que le bon marché créé par la Société protége mieux que son administration, et s'apprête à saisir la prépondérance sur l'Europe par la suppression définitive des barrières.

. . . .

Nous ne pouvons, dans ce court exposé, approfondir ni même énumérer toutes les conséquences heureuses que doit développer la Société de l'Exposition, soit dans l'ordre économique, soit dans l'ordre politique et moral.

Nous aurions voulu pouvoir dire, par exemple, comment elle crée la liberté la plus complète de l'homme et du citoyen, sans aucun risque pour l'État, et au contraire avec un avantage croissant pour le pouvoir; comment, en un mot, dans ce système de garanties réciproques, plus la liberté se manifeste par la littérature, les journaux, les discussions politiques et économiques, l'association, les réunions, etc., etc., plus le gouvernement se sent fort et à 'abri de toute atteinte.

Qu'il nous suffise, quant à présent, de rappeler ce seul fait rendu, par cet exposé, indubitable, palpable: à savoir que l'institution projetée a pour effet immédiat de convertir l'anarchie actuelle et la démagogie jacobinique en une démocratie organisée, solidaire, compacte, aussi amie de l'ordre qu'ardente au progrès, et de mettre cette démocratie travailleuse dans l'alliance du gouvernement, en opposition à la féodalité financière et mercantile, agioteuse, corruptrice et absorbante qui, avec l'Église et les vieux partis. menace d'anéantir, sous les ruines du nouvel empire, notre vieille Révolution.

Nous terminerons en donnant ici le profil de la Société :

La Société de l'Exposition perpétuelle a pour objet :

1° L'échange direct et aux moindres frais possibles des produits contre les produits, au moyen d'un bon général d'échange, remboursable à toute réquisition, soit en marchandises, soit en numéraire, aux bureaux ou magasins de la Société;

2° L'escompte des marchandises, matières premières et produits, soit contre bons généraux d'échange, soit contre espèces ;

3° L'escompte des effets de commerce à deux signatures ;

4° Les avances et prêts de produits sur produits et sur hypothèque;

5° La régularisation du change et l'équilibre des valeurs ;

6° La publicité, la bonne foi et la garantie dans les transactions.

Cette Société est fondée au capital de 100 millions de francs, divisé par actions de 100 francs, payables un dixième en espèces, et neuf dixièmes en produits ou marchandises. Ces actions au porteur portent intérêt à 4 p. 100, garanti par l'État.

La préférence de souscriptions est accordée aux producteurs et industriels sur tous les autres capitalistes : l'institution ayant pour objet le rétablissement des rapports naturels entre la production et la consommation, altérés par l'intervention exagérée et abusive du capital.

La Société s'interdit de la manière la plus formelle :

La fabrication (production industrielle, agricole, etc.), de quelque genre que ce soit;

Le commerce pour son propre compte;

Les opérations de bourse sur effets publics et titres d'actions;

La commandite.

Le taux des escomptes en bons généraux d'échange est fixé provisoirement à 1/4 p. 100; en espèces, à 4 1/4.

Le taux de sa commission en maximum à 2 1/2 p. 100.

Elle perçoit en outre, sur les marchandises qui lui sont confiées, un droit de magasinage, dépôt et annonces, le tout calculé sur le prix de revient.

Les conditions d'admission à la Société sont :

1° Souscription d'un nombre d'actions proportionnel à l'importance de l'industrie et des affaires du client ;

2° Dépôt d'échantillons de marchandises avec indication de prix, valable pour trois mois au moins, marque de fabrique, désignation de qualité, quantité et poids ;

3° Promesse de fournir à la Société, à prix convenu et dans la quantité désignée, les produits de la fabrication du souscripteur.

La durée de la Société est de 99 ans.

Les opérations de la Société commenceront aussitôt qu'il aura été souscrit pour *un million* d'actions.

En conséquence, et vu les motifs du projet et les conditions annoncées :

Le gouvernement impérial fait concession, à MM. X, Z, Y et Compagnie, du Palais de l'Industrie, avec ses annexes et dépendances, à perpétuité, c'est-à-dire pour autant de temps que durera l'institution.

Pendant les trois premières années de la Société, à partir du jour de sa constitution, la concession sera faite à titre gratuit. — A partir de la quatrième année, la Société payera à l'État, à titre de loyer, une somme annuelle, calculée à raison de 3 p. 100 sur le montant des dépenses de la *Compagnie du Palais*.

Le gouvernement garantit en outre l'intérêt à 4 p. 100 des actions souscrites.

FIN

TABLE DES MATIÈRES

LITTÉRATURE ET BEAUX-ARTS

Abbé*** (l'). — Le Maudit. 11ᵉ édit. 3 vol. in-8.. . . . . **15 fr.**
— La Religieuse. 11ᵉ édit. 2 vol. in-8. . . . . **10 fr.**
— Le Jésuite. 7ᵉ édit. 2 vol. in-8. . . . . **10 fr.**
— Le Moine. 4ᵉ édit. 1 vol. in-8.. . . . . **5 fr.**
Ainsworth (Harrison). — Guy Fawkes, ou la Conspiration des poudres. 2 vol.. . . . . **1 fr.**
Alarcon (A.-P. de). — Le Finale de Norma. Nouvelle traduite de l'espagnol par Charles Yriarte. 1 vol. in-18.. . . . . . . **3 fr.**
Alby (Ernest). — La Captivité du trompette Escoffier. 2 vol. in-18. **1 fr.**
Almanach de Mathieu de la Nièvre. Indicateur du temps pour 1867. Indispensable à tout le monde. Rédigé par les principaux savants, écrivains et tous autres gens de bonne volonté. Orné de vignettes par les premiers artistes. In-32. . . . . **50 o.**
Amour et controverse. 1 vol. in-8. . . . . **5 fr.**
Andrieux. — Poésies. 1 vol. . . . . **1 fr. 50**
— Épître au pape. 1 vol. . . . . **30 o.**
Aubertin (G.-H.). — Grammaire moderne des écrivains français. 1 vol. in-8 compacte.. . . . . **6 fr.**
— Petite Grammaire moderne, ou les Huit Espèces de mots. 1 vol. in-12.. . . . . **1 fr.**
Auerbach (Berthold). — Au village et à la cour. Roman traduit de l'allemand, par Mᶦˡᵉ Mina Round. 2 vol. in-18. . . . . **6 fr.**
Bancel (D.). — Harangues et Commentaires littéraires et philosophiques sur la littérature française. 3 vol. in-8. . . . . **15 fr.**
Baron (A.). — Caius Julius Cæsar, ad optimas editiones recensitus, cum commentario integro Jer. Jac. Oberlini, et selectis Oudendorpii, Achainterii variorumque notis 2 vol. in-8.. . **3 fr.**
— La Mosaïque belge. 1 vol. in-18. . . . . **1 fr.**
— Poésies militaires de l'antiquité, ou Callinus et Tyrtée; ouvrage trad. en vers français, avec notices, commentaires et traductions en vers latins, anglais, italiens, allemands et hollandais. 1 vol. in-8. . . . . **2 fr.**
— Résumé de l'histoire de la littérature française. 1 vol. in-18. **1 fr.**
Bécart (A.-J.). — Précis d'un cours complet de rhétorique française. 1 vol. in-8. . . . . **2 fr.**
Belmontet (L.). — Poésie des larmes. 1 vol. in-18.. . . . . . . **3 fr.**
Berend (Michel). — La Quarantaine. 1 vol. in-18. . . . . . . **3 50**

Berthet (Elie). — La peine de mort ou la route du mal. Roman. 1 vol. in-18. . . . . **3 fr.**

Biagio Miraglia. — Cinq Nouvelles calabraises. 1 vol. 3 fr. 50

Blum (Ernest). — Entre Bicêtre et Charenton. Avec une préface de M. Henri Rochefort. 1 vol. in-18. . . . . **3 fr.**

Bonau (Filip). — Les Vengeurs, roman-drame en vers, précédé d'une lettre de M. A. de Lamartine. 1 vol. in-8. . . . . . . **6 fr.**

Breteh (Mme de). — Gabrielle. Les Pervenches. 1 vol. in-18. . **3 fr.**

Castelnau (A.). — Zanzara, ou la Renaissance en Italie, roman historique. 2 vol. Charpentier. . . . . **7 fr.**

Catalan (E.). — Rime et Raison, ou Proverbes, apophthegmes, épigrammes et moralités proverbiales. Choisis et mis en vers. 1 vol. élégant in-32. . . . . **2 fr.**

Chassin (C.-L.) — Le Poëte de la Révolution hongroise, Alexandre Petœfi. 1 fort vol. Charpentier. . . . . **3 fr. 50**

Chateaubriand (De). — Atala. — Réné. 1 vol. in-18. . . . . **1 fr.**
— Essai sur la littérature anglaise. 2 vol. in-18. . . . . . . **2 fr.**
— Moïse. Tragédie. 1 vol. in-18. . . . . **50 c.**
— Le Paradis perdu de Milton. 2 vol. in-18. . . . . **2 fr.**
— Mélanges littéraires. 1 vol. in-32. . . . . **50 c.**
— Les Natchez. 2 vol. in-32. . . . . **1 fr.**

Chavée. — Essai d'étymologie, ou Recherches sur l'origine et les variations des mots qui expriment les actes intellectuels et moraux. 1 vol. in-8. . . . . **2 fr.**

Chénier (Marie-Joseph). — Poésies. 1 vol. . . . . **2 fr.**

Claude (F.). — Le Roman de l'Amour. 2e édit. 1 vol. in-18. . . **3 fr.**
— Les Psaumes. Traduction nouvelle. 1 vol. in-18. . . . . **3 fr.**

Contes de la sœur Marie. — Traduits de l'anglais. 1 vol. in-18, orné de vignettes. . . . . **1 fr.**

Constant (Benjamin). — Mélanges de littérature et de politique. 1 vol. in-18. . . . . **1 fr.**

Conversations d'un père avec ses enfants. — Traduit de l'anglais. 2 vol. in-18, ornés de gravures. . . . . **2 fr**

Curtis (G.-W.). — Rêveries d'un Homme marié. 2 vol. in-32. 2 fr. 50

Damoclès. — Le Dernier Misérable. 2 vol. in-8. . . . . . . **12 fr.**

Dérisoud (Ch.-J). — Les Petits Crimes. 1 vol. in-18. . . . . . **3 fr.**

Désaugiers. — Chansons et Poésies. 1 vol. . . . . **3 fr.**

Desbarolles (A.) — Le caractère allemand expliqué par la physiologie. 1 vol. in-18. . . . . **3 fr.**

Dialogues extravagants. 1 vol. in-18. . . . . **2 fr.**

Dœring (H.). — Mozart, sa biographie et ses œuvres. 1 v. in-18. 1 f. 25

Dollfus (C.). — Mardoche. La revanche du hasard. La Villa. 1 vol. in-18. . . . . **3 fr**

Dora d'Istria (Mme la princesse). — Des Femmes, par une femme. 2 beaux vol. in-8. . . . . **10 fr.**

Ducondut (A.). — Juvenilia virilia. Poésies. 1 vol. in-18. . . **3 fr.**

LITTÉRATURE ET BEAUX-ARTS

Dumas (Alexandre). — Les Crimes célèbres. Nouvelle édition. 4 vol. in-18. . . . . **8 fr.**

— Les Borgia. — La Marquise de Ganges. — Les Cenci. 1 vol. in-18. . . . . **2 fr.**

— Marie Stuart. — Karl Ludwig Sand. — Murat. 1 vol. in-18. **2 fr.**

— Massacres du Midi. — Urbain Grandier. 1 vol. in-18. . . **2 fr.**

— La Marquise de Brinvilliers. — La Comtesse de Saint-Géran. — Jeanne de Naples. — Vaninka. 1 vol. in-18. . . . . . . **2 fr.**

Ellerman (Charles-F.). — L'Amnistie, ou le Duc d'Albe dans les Flandres. Traduit de l'anglais. 2 vol. in-12. . . . . **2 fr.**

Emerson (R.-W.). — Les Représentants de l'humanité. Traduit de l'anglais. par P. de Boulogne. 1 vol. in-18. . . . . . . **3 fr. 50**

— Les Lois de la vie. Traduit par Xavier Eyma. 1 v. in-18.. **3 fr. 50**

— Essai sur la nature. Avec une étude sur la vie et les œuvres d'Emerson. Traduit de l'anglais par X. Eyma. 1 v. in-18. **3 50**

Ferrier. — La Russie. 1 vol. in-18.. . . . . **1 fr.**

Fétis. — La musique mise à la portée de tout le monde. Exposé succinct de tout ce qui est nécessaire pour juger de cet art et pour en parler sans l'avoir étudié. Dernière édition, augmentée de plusieurs chapitres et suivie d'un dictionnaire des termes de musique et d'une biographie de la musique. 1 vol. in-18 de 448 pages. . . . . **2 fr.**

Fould (fils). — L'Enfer des Femmes. 1 vol. in-12. . . . . . **3 50**

Galerie des femmes de George Sand, ornée de 24 magnifiques portraits sur acier gravés par H. Robinson, d'après les tableaux de Mᵐᵉ Geefs, MM. Charpentier, Lepaulle, Gros-Claude, Giraldon, Lepoitevin, Biard, etc., avec un texte, par le bibliophile Jacob, illustré de vignettes dessinées par MM. Français, Nanteuil, Morel-Fala, et gravées par Chevin. 1 vol. in-4. . . . **20 fr.**

Garcin (Mᵐᵉ Eugène). — Léonie, essai d'éducation par le roman, précédé d'une lettre de M. A. de Lamartine. 3ᵉ édit. 1 vol. Charpentier. . . . . **3 fr.**

— Charlotte. 1 vol. in-12. . . . . **3 fr. 50**

Gatti de Gamond (Mᵐᵉ). — Des Devoirs des femmes et des moyens propres à assurer leur bonheur. 1 vol. in-18. . . . . . . **1 fr.**

— Esquisses sur les femmes. 2 vol. in-18.. . . . . **1 fr.**

— Réalisation d'une commune sociétaire, d'après la théorie de Charles Fourier. 1 vol. in-8. . . . . **6 fr.**

Genlis (Mᵐᵉ de). — Mademoiselle de Clermont. — Cléomir. 1 vol. **30 c.**

— Laurette et Julia. 1 vol. . . . . **50 c.**

Gomzé (C.). — L'Écriture raconte son histoire. In-18.. . . . . **30 c.**

— Si j'étais roi. In-18. . . . . **30 c.**

Goncourt (Edmond et Jules de). — Idées et Sensations. 1 beau vol. grand in-8.. . . . . **5 fr.**

Gœthe. — Faust, tragédie. 1 vol. in-18. . . . . **3 fr.**

Grattan (Thomas Colley). — L'Héritière de Bruges. 3 vol. . . **3 fr.**

Histoire de la Néerlande. 1 vol. in-32 illustré. . . . . .1 f.

Hugo (Mᵐᵉ Victor). — Victor Hugo raconté par un témoin de sa vie (Mémoires). 6ᵉ édit. 2 vol. in-8. . . . . 15 fr.

Juste (Théodore) — Les Pays-Bas au xvɪᵉ siècle ; le comte d'Egmont et le comte de Horne. 1 beau vol. in-8. . . . . 7 fr. 50

— Les Pays-Bas au xvɪᵉ siècle. Vie de Marnix de Sainte-Aldegonde, tirée des papiers d'État et de documents inéd. 1 v. in-8. 4 fr.

— Histoire du Congrès national de Belgique ou de la Fondation de la monarchie belge. 2 beaux et forts vol. Charpentier. Nouvelle édition soigneusement revue. . . . . 7 fr.

— Les Pays-Bas sous Charles-Quint. La vie de Marie de Hongrie, tirée des papiers d'État. 2ᵉ édit. 1 vol. Charpentier. 3 fr. 50

— Christine de Lalaing, princesse d'Épinoy. 1 vol. in-12. . 1 fr.

— Souvenirs diplomatiques du xvɪɪɪᵉ siècle. Le comte de Mercy-Argenteau. 1 vol. Charpentier. 3 50

— Histoire du règne de l'empereur Joseph II et de la révolution belge de 1790. 3 vol. in-12. . . . . 9 fr.

— Histoire populaire de la Révolution française. 1 vol. in-18. 1 fr.

— Hist. populaire du Consulat, de l'Empire et de la Restauration.1 vol. in-18. . . . . 1 fr.

— Le Premier roi des Belges. Biographie populaire. In-18. . 75 c.

Klencke — Vie d'Alexandre de Humboldt. Traduit de l'allemand par Burgkly. 1 vol. Charpentier. . . . . 3 fr. 50

Koch (De) — Histoire abrégée des traités de paix entre les puissances de l'Europe, depuis la paix de Westphalie ; augmentée et continuée jusqu'au congrès de Vienne et aux traités de Paris de 1815, par F. Schœll. 4 vol. grand in-8 à 2 col. . . . . 48 fr.

Labarre (L.) — Éphémérides nationales. 1 vol. in-18. . . . 2 fr.

Labot (A.). — Convocation des états généraux et législation électorale de 1789. Cahiers, procès-verbaux, opérations électorales des assemblées du clergé, de la noblesse et du tiers état du Nivernois et Donziois, réunis à Nevers et à St-Pierre-le-Moûtier, en 1789. Extraits des documents officiels. 1 fort vol. in-18. . 4 fr. 50

Lacroix (A.) et **Van Meenen** (Fr.). — Notices historique et bibliographique sur Philippe de Marnix, avec portrait. 1 v. in-8. 1 fr. 60

La Fayette. — Mémoires. 2 vol. grand in-8 à 2 col.. . . . . 10 fr.

Lamarque (le général). — Mémoires et Souvenirs. 2 vol. in-18. 2 fr.

Lamartine (A. de). — Portraits et Biographies. (W. Pitt. — Lord Chatham. — Mᵐᵉ Roland. — Ch. Corday). 1 vol. in-8. . . 5 fr.

— Les Hommes de la Révolution (Mirabeau. — Danton.—Vergniaud). 1 vol. in-8. . . . . 5 fr.

— Les Grands hommes de l'Orient. (Mahomet. — Tamerlan. — Zizim.) 1 vol. in-8. . . . . 5 fr.

— Civilisateurs et conquérants (Solon. — Périclès. — Michel-Ange. — Pierre le Grand. — Catherine II. — Murat. — Fables de l'Inde). 2 vol. in-8. . . . . 10 fr.

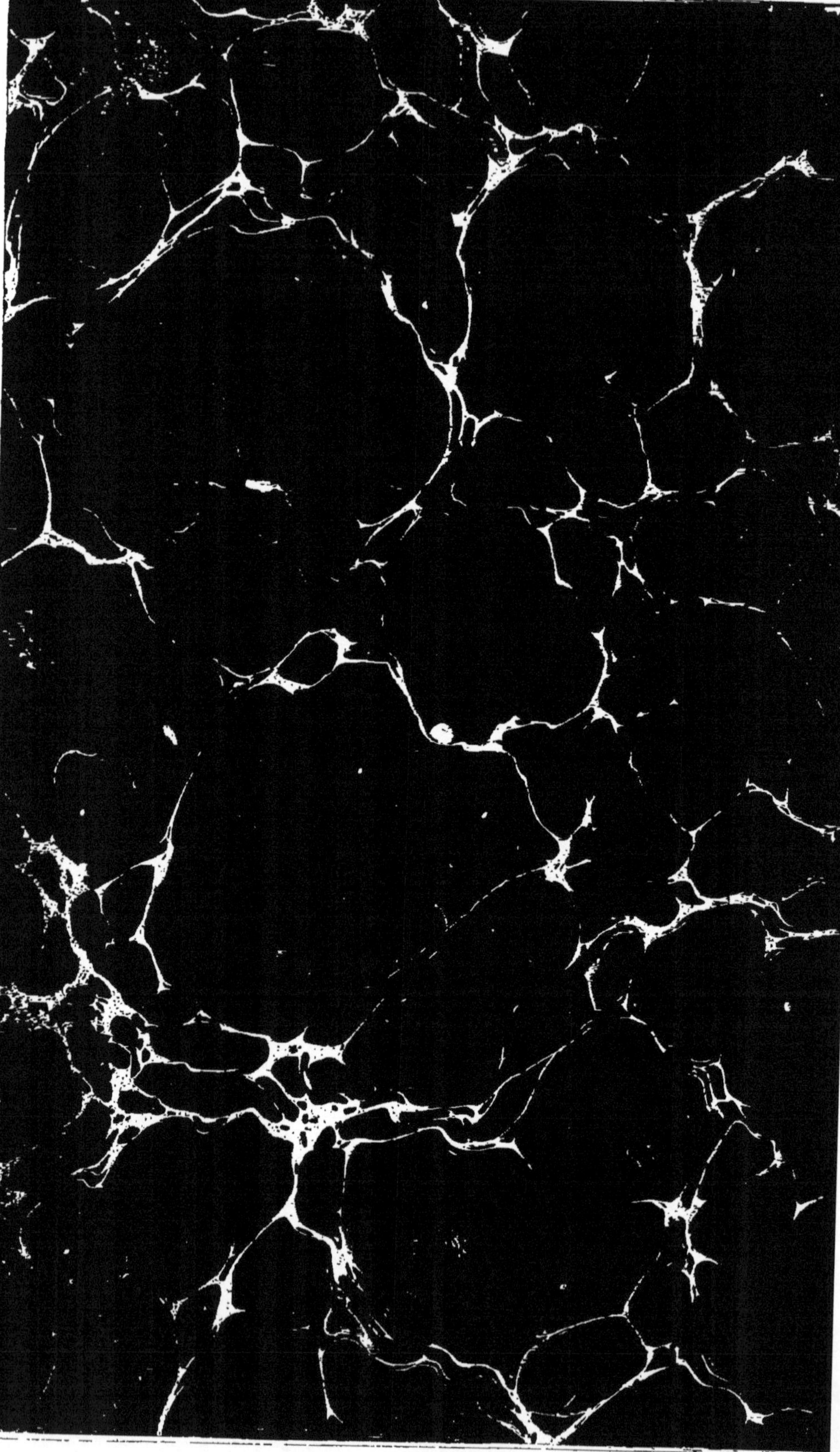

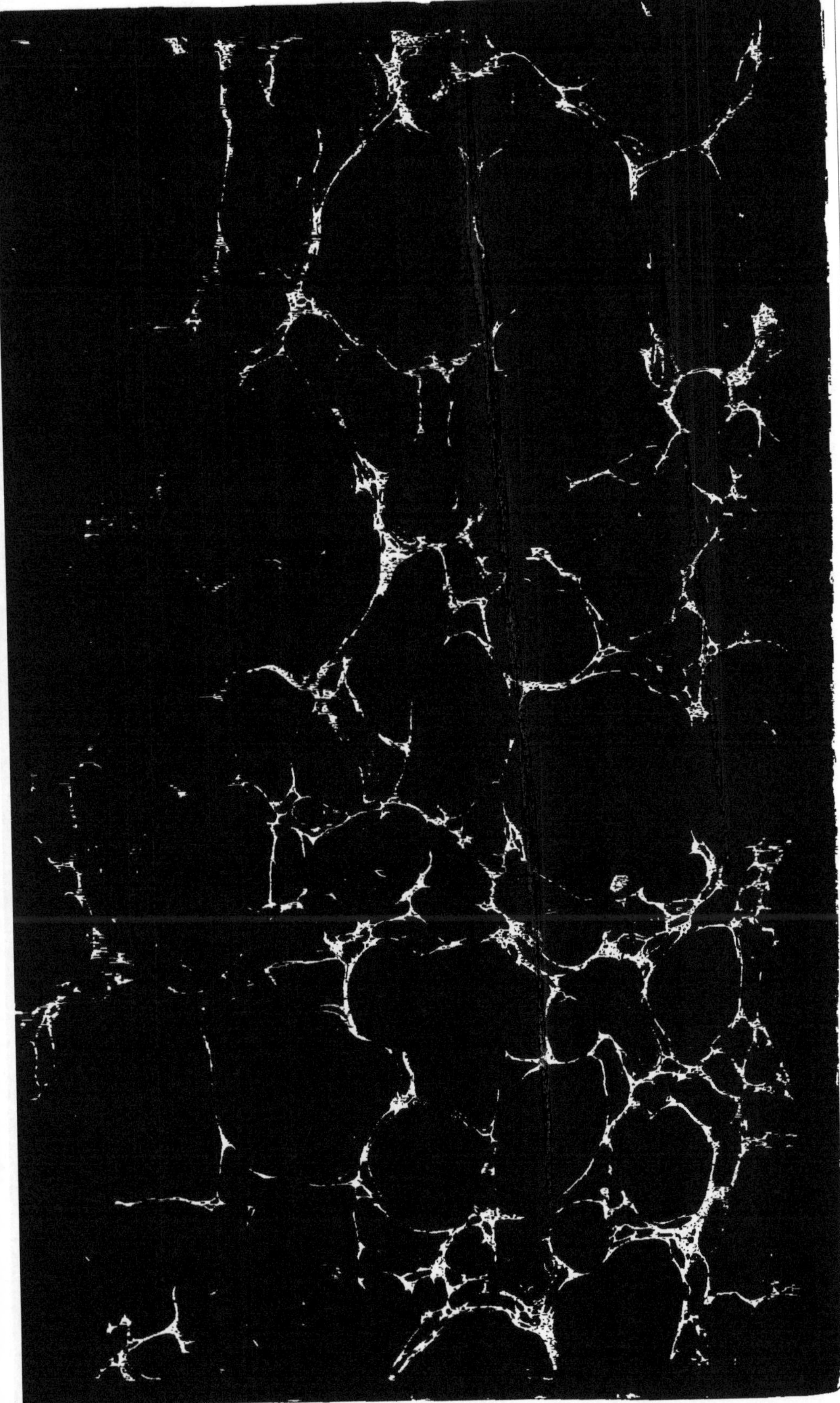